ombardi Christian Henn Bjarne Riis Georg Totschnig Udo Bölts

Hans Blickensdörfer

TOUR DE FRANCE

Mythos und Geschichte eines Radrennens

BIANCHI
PEUGEOT
28
49

Hans Blickensdörfer

TOUR DE FRANCE

Mythos und Geschichte eines Radrennens

Farbfotos von
Erich Baumann
Dieter Baumann
Jochen Stellwaag
Peter Witek

SIGLOCH EDITION

Inhalt

Impressum

Redaktionelle Mitarbeit: Friedhelm Messow
Satz: Sigloch Edition, Künzelsau
Reproduktion: Lihs Satz und Repro, Ludwigsburg
Druck: Druckerei W. Kohlhammer, Stuttgart
Papier: 135 g/m² nopaCoat glänzend chlorfrei, Nordland Papier AG, Dörpen
Bindearbeiten: Sigloch Buchbinderei, Künzelsau
ISBN:3-89393-160-0

Geheimnis einer Popularität

Einfach und vielschichtig zugleich ist das Geheimnis der Popularität dieses Radrennens durch Frankreich, und am leichtesten kommt man ihm wohl mit einer Studie des Volkscharakters auf die Spur. Leiden will der Franzose die Helden sehen, die er bewundert, und nichts stimuliert seine bekanntermaßen wache Einbildungskraft in diesem Fall mehr als die Strapazen, die die Tour-Fahrer im heißesten Monat des Jahres auf sich nehmen.
Man fährt viel Rad in diesem Land, und man weiß, was es heißt, eine Steigung von zehn Prozent mit schierer Muskelkraft zu nehmen. Aber wer erstürmt schon auf diese Weise die Bergriesen der Alpen und Pyrenäen! Wenn sich der buntschillernde Lindwurm der Tour durchs Land bewegt, verordnet er den Franzosen ihr Tour-Fieber.
Dem tragen die Massenmedien Rechnung. Mit technischen Anstrengungen, die von Jahr zu Jahr perfekter werden, bringt das Fernsehen die Tour „live" in die Wohnstuben, und die täglichen Sendungen auf allen Kanälen sind so umfassend, daß man meinen könnte, es blieben nur noch Brosamen für die Presse.
Aber das ist ein gründlicher Trugschluß. Nicht nur „L'Equipe" und „Le Parisien Libéré", die beiden Zeitungen, die das Rennen organisieren, erhöhen ihre Auflagen gewaltig, sondern auch alle anderen Blätter schneiden sich ihre Scheibe vom großen Tour-Kuchen ab, und wehe dem Verleger, der es sich erlauben würde, keine Reporter zu entsenden! Seine Zeitung würde schlicht unverkäuflich.
Denn nirgends wird deutlicher als bei der Tour de France, welch wichtiger Begleiter das geschriebene Wort für das außergewöhnliche Ereignis am Bildschirm ist. Die vom Bild stimulierte Einbildungskraft will durch die geschriebene Reportage befriedigt werden.
Wenig sagt ein vorbeihuschender Pulk von Rennfahrern aus. Der Reporter aber, der im Begleitwagen manövriert zwischen dem Gipfelstürmer, der dem Etappensieg entgegenstrebt, und dem hoffnungslos demoralisierten letzten, der nie das Ziel erreichen wird, hat die Hand am Puls des Rennens. Er spürt die Hitze im Brutofen der Provence am eigenen Körper, und wenn er dem Feld vorauseilt, um in einem längst ausgeplünderten Bistro noch etwas Trinkbares aufzutreiben, sieht er Schmeißfliegen um ein Thermometer taumeln, dessen blaue Alkoholsäule die 50 Grad überschritte, wenn sie Platz hätte.
Er sieht in den steilen Rampen des Mont Ventoux, wo kein Strauch Schatten spendet, Rennfahrer, die wie in einer glühenden Treppe ohne Stufen auf der Stelle zu treten scheinen, und er sieht andere, die ihre Maschinen dem Gipfel mit einer Energie entgegenwuchten, für deren Quelle es keine vernünftige Erklärung gibt.
Und so, wie der Rennfahrer die Kraft seines Willens und seiner Muskeln mittels einer Kette auf sein Hinterrad überträgt, setzt der Reporter seine Eindrücke um, und nur dem heißen Atem der geschriebenen Reportage verdankt es die große Karawane des Juli, daß sie das Jahrhundert der Motorisierung überleben wird. Mit dem spektakulärsten Raubmord und mit der skandalösesten Regierungskrise läßt sich nicht halb so viel Papier verkaufen wie mit den Qualen der

Nächste Doppelseite: Es herrscht Tour-Fieber, wenn sich der buntschillernde Lindwurm der Karawane durchs Land bewegt.

Tour. Sie ist das unsterbliche Sommerdrama, das sich die Franzosen nicht nehmen lassen und das die Frage nach der Grenze zwischen Begeisterung und dem morbiden Schauspiel der Strapaze aufwirft, welches dem Passiven ein prickelndes Gefühl des Wohlbehagens verschafft.
Für die großen Rennfahrer freilich lohnen sich die Strapazen. Mehrfache Tour-Sieger wie Eddy Merckx, Jacques Anquetil oder Louison Bobet sind nicht nur Millionäre geworden, sondern sie genießen eine gesellschaftliche Anerkennung, wie sie Sportlern nur selten zuteil wird. Die Frage, was ein Tour-Sieg einbringt, läßt sich allerdings nicht präzise beantworten. Muhammad Ali kannte die Einnahme, ehe er in den Ring stieg, auf den Dollar genau, und auch Franz Beckenbauer wußte, noch ehe der Ball rollte, was zu kassieren war. Aber der Mann, der das Gelbe Trikot nach Paris bringt, muß zuerst seine Mannschaftskameraden, lies Wasserträger, entlohnen. Denn ohne sie hätte er, obwohl dies ein individueller Sport ist, nie gewinnen können. Er braucht ihre Unterstützung sowohl in taktischer Hinsicht, wenn es gilt, gefährliche Konkurrenten zu neutralisieren, als auch bei Defekten oder Stürzen. Sie müssen ihm, unter Verzicht auf die eigene Chance, jede Hilfe gewähren. Treten freilich muß er selber, und deshalb ist auch noch keiner auf einer Sänfte zum Tour-Sieg getragen worden.
Als Gegenleistung teilt der Sieger alle seine unmittelbar aus dem Rennen kommenden Gewinne unter seinen Mannschaftskameraden auf. Und Geld klimpert genug in der Mannschaftskasse eines Tour-Siegers, auch wenn nicht übersehen werden darf, daß Fußballprofis in einem einzigen Europapokalspiel mehr verdienen können als die Namenlosen der Tour de France bei ihrer dreiwöchigen Tortur.
Man darf ihre Einnahmen nicht am Sieger messen, der seine Ernte erst nach dem Rennen und bis weit in den Herbst hinein einfährt. Daniel Dousset, ungekrönter König unter den Managern, setzt seinen Marktwert fest und bietet ihm Verträge an, die ihn praktisch jeden Tag irgendwo in Frankreich oder Belgien an den Start bringen. Nimmt man 50 solcher Verträge bei einem Startgeld von 8000 Mark als Norm, so kommt der Tour-Sieger auf 400000 Mark, zu denen man getrost eine ähnliche Summe hinzufügen darf, die sich aus der Prämie seiner Firma und Werbeverträgen aller Art zusammensetzt.
Wer unter „ferner" lief, verdient viel weniger als in anderen Sportarten. Andererseits muß man aber nicht unbedingt Tour-Sieger sein, um ans große Geld heranzukommen. Raymond Poulidor, der die Tour nie gewonnen hat und mit 40 Jahren immer noch den Kampf aufnahm mit Rennfahrern, die seine Söhne hätten sein können, ist das Paradebeispiel dafür. Mit der Popularität des ewigen Pechvogels strich er bei den täglichen Rennen nach der Tour Startgelder ein, die kaum unter denen des Siegers lagen.
Poulidor ist zur mythischen Figur geworden, die mithelfen wird, so manches Irrationale, das in diesem Buch angeschnitten wird, verständlicher zu machen. Man muß ihn im Ziel einer der vielen Etappen gesehen haben, in denen ihn das Pech verfolgte. Dann stieg kein Rennfahrer vom Rad, sondern Frankreich.
Den Pedalriemen löst er mit einem resignierten

Sie wuchten ihre Maschinen dem Gipfel entgegen mit einer Energie, für deren Quelle es keine vernünftige Erklärung gibt.

Raymond Poulidor

Kopfschütteln und einem Handgriff, der traurig bis in die Spitzen der Finger breiter Bauernhände ist, an denen Blut und ein zerfetzter Rennhandschuh kleben. Er hatte sein Rendezvous mit der Tristesse, aber er hat nicht geweint, sondern bonjour gesagt. Dafür weinen viele Frauen über das Malheur dieses so einfachen, so mutigen und so unglücklichen Burschen „de bien d'chez nous", der ihnen französischer als alle anderen vorkommt. In diesem Moment ist „Poupou" kein Rennfahrer mehr, sondern die unterschwellige Inkarnation Frankreichs. Sie lieben ihn, weil alles gegen ihn war. Die Rennfahrer, die Ebene, die Berge, das Material. Hatte er die Konkurrenz abgehängt, platzte ihm ein Reifen. Hatte er das Feld nach einer grandiosen Jagd wieder in Sichtweite, prasselte ein Steinschlag von der Felswand oder lief ihm ein streunender Hund ins Rad.

Raymond Poulidor, dessen Reifen mit Sicherheit den einzigen Reißnagel fanden, der sich auf einer Etappe von 200 Kilometern Länge verirrt hatte, suchte sein Unglück. Deshalb war er das unverdient geschlagene Frankreich – und ein Sieger dennoch.

Zwei Männer und eine Idee

Den Franzosen heute die Tour wegzunehmen, käme einer Abschaffung des Biers in Bayern gleich. Dennoch ist sie keineswegs in einer goldenen Schale aus der Taufe gehoben worden. Vielmehr wäre sie, wie so manches mutige und avantgardistische Projekt, fast an ihren Geburtswehen gestorben. Erst mußte sie Berge von Skepsis und Unverständnis bezwingen, ehe sie an die Herzen der Massen herankam.
Ich habe es deshalb als eine faszinierende Aufgabe betrachtet, die Geburtsstunde des Rennens, die mitten in die Pariser „Belle Epoque" fiel, zu rekonstruieren. Zwar leben Väter und Geburtshelfer nicht mehr, aber alle waren Journalisten, und ihre Aufzeichnungen in den Archiven von „L'Equipe" sind lückenlos.
Oft nennt man sie die älteste Sportzeitung der Welt, aber man wird sehen, daß sie Vorläufer hatte, in diesem Paris der Jahrhundertwende, das, wie ganz Frankreich, die „Belle Epoque" gar nicht in so vollen Zügen genoß, wie man heute glauben könnte.
Denn die Affaire Dreyfus spaltete Frankreich in zwei Lager. Und sie hatte, so seltsam es klingen mag, einen bedeutenden Einfluß auf die Geburt der Tour de France.
Pierre Giffard, Chefredakteur der täglich erscheinenden Sportzeitung „Le Vélo", ist der erste große Mann des französischen Sportjournalismus und mit einer Auflage von fast 100000 ein kleiner Zeitungskönig. Und der Sport ist nur ein Teil des großen Feldes, auf dem der komplette und heißblütige Journalist Giffard ackert. Im „Petit Journal", das bedeutender als sein Name ist, ergreift er mit Vehemenz die Verteidigung des auf die Teufelsinsel verbannten Capitaine Dreyfus.
Er macht das geschickt und bringt es sogar fertig, seine politischen Aktivitäten mit seinen sportlichen zu kombinieren. Sein Bordeaux–Paris, ein Radrennen über die enorme Distanz von fast 500 Kilometern, gewinnt von Jahr zu Jahr an Anziehungskraft, und bald gilt er als einer der erfolgreichsten Männer im Lager der Dreyfus-Sympathisanten. Er ist der erste große Mixer von Sport und Politik, und die Konkurrenz stöhnt und tobt vor Hilflosigkeit.
Wer soll Giffard stoppen? Unter anderen soll es ein gewisser Henri Desgrange, ein Journalist mit Talent und fanatischer Apostel der Körperertüchtigung, speziell mit Hilfe des schnell populär gewordenen Velozipeds. Automobil- und Fahrradkonstrukteure, die teilweise gegen Dreyfus und geschlossen gegen Giffard sind, weil er immer selbstherrlicher wird und unverschämte Anzeigenpreise nimmt, gründen die Konkurrenzzeitung „L'Auto-Vélo" und machen Henri Desgrange zum Zugpferd, das Giffard abfangen soll.
Aber Desgrange hat ein schlechtes Debüt. Er sitzt kaum auf seinem neuen Stuhl, als ihm Giffard schon einen Prozeß an den Hals hängt. Es ist ein Plagiatsprozeß wegen des Titels „L'Auto-Vélo". Giffard hat sein „Vélo" schützen lassen, und das Gericht gibt ihm recht. Verzweifelt sucht Desgrange nach Trümpfen, um Stiche gegen den unantastbar Scheinenden zu machen, aber was herauskommt, sind nichts als demütigende Sticheleien des erfolgreichen Konkurrenten. Ein Hundeleben für einen Chefredakteur, von dem potente und nervöse Geldgeber Taten erwarten. Daß er seine Zeitung in „L'Auto" umtaufen muß, ist die erste Niederlage.

Nächste Doppelseite: Den Franzosen die Tour wegzunehmen, käme der Abschaffung des Bieres in Bayern gleich.

BIANCHI
FIAT

Aber da kommt ihm Geo Lefèvre, sein getreuer Adlatus, zu Hilfe. Man schreibt das Jahr 1902, und fast auf den Tag genau 75 Jahre später wird ein junger Deutscher namens Dietrich Thurau nur ein paar Minuten entfernt von der Stelle, an der Geo Lefèvre und Henri Desgrange die Geburt der Tour de France beschlossen, auf den Champs Elysées das abschließende Zeitfahren seiner ersten Tour de France gewinnen.
Die Sache beginnt, wie so vieles, was groß geworden ist, klein, bescheiden und mit einer Menge von Zweifeln.
Schauplatz ist zunächst das Büro von Henri Desgrange in der Nummer 10 der Rue du Faubourg Montmartre und dann ein Restaurant gleich um die Ecke. Beide Plätze sind heute noch zu besichtigen, und an beiden werden wir uns jetzt ein Weilchen aufhalten, zusammen mit Henri Desgrange und dem kleinen Geo Lefèvre.
Klein ist er eigentlich gar nicht, aber erst 26. Deshalb nennt ihn Desgrange den Kleinen, obwohl auch er noch ein junger Mann ist, kaum zehn Jahre älter. Das Haus freilich hat mehr auf dem Buckel, und es hat sich bis heute nicht verändert, wenn man davon absieht, daß an der schmalbrüstigen Fassade nicht mehr „L'Auto" steht, sondern in weißen Lettern auf rotem Grund „L'Equipe".
Hier also beginnt die Geschichte der Tour de France, und sie beginnt gar nicht ernsthaft, sondern mit einem Lachanfall von Henri Desgrange.

Täglich müssen sie wieder auf die Reise gehen.

Genaugenommen, mit einem Stirnrunzeln. Denn Geo Lefèvre ist mit den Worten: „Chef, ich habe eine Idee!" ins Chefzimmer gestürzt.
Unwillig blickt Desgrange hoch. „Und ich habe keine Zeit für Spinnereien! Wir stagnieren, und Giffard treibt seine Auflage hoch. Das ist nicht der Moment, mir die Zeit zu stehlen!"
„Aber es ist wichtig, Chef! Ich sagte doch, daß ich eine Idee habe."
„Du mit deinen Ideen", brummt Desgrange, den sie damals noch nicht repektvoll den „Père Desgrange" nennen, weil er weder alt noch berühmt ist. Aber er deutet doch auf den wackligen Besuchersessel, weil man sich Ideen anhören muß. Das ist die Pflicht eines Chefredakteurs, der nicht genug Papier an die Leute bringt.
Doch der kleine Lefèvre kommt nicht weit mit seiner Idee. Schon nach zwei Minuten wird Desgrange von einem Lachanfall geschüttelt. „Tiens, tiens, mon petit, Bordeaux–Paris ist dir also nicht groß genug. Der junge Herr denkt größer als der große Giffard, bravo! Du willst ein Rennen durch ganz Frankreich veranstalten, eine Tour de France, sozusagen. Wenn du meine Meinung wissen willst: Du spinnst, mein Junge! So etwas ist nicht überschaubar, ganz abgesehen davon, daß die Fahrer ja auch schlafen müssen."
Aber darauf ist der kleine Lefèvre gefaßt. „Bien sur, patron, natürlich werden sie schlafen. Wir werden Etappen festlegen, und jeden Morgen gehen die Fahrer mit den gleichen Abständen auf die Strecke, mit denen sie das Rennen am Vortag beendet haben."
„Hm", macht Desgrange. Aber er lacht nicht mehr. Wie ein Jagdhund nimmt er die Spur auf.
„Nein, Kleiner. Das wäre langweilig. Sie müssen wieder gemeinsam auf die Reise gehen. Jeden Tag neu. Man müßte eine Gesamtwertung ausrechnen, die sich aus der Zeit ergibt, die jeder Fahrer für die jeweilige Etappe benötigt hat. Das ist viel Arbeit, aber nur so kann es gehen."
Geo Lefèvre strahlt, „Sehen Sie, Chef, Sie sind schon mittendrin."
„Langsam, langsam, Kleiner. Hast du dir auch überlegt, daß man alle diese Burschen unterbringen und ernähren muß? Oder sollen sie einen Rucksack mit Hartwürsten und Eiern von zu Hause mitbringen? Für das billigste Hotelzimmer mußt du zwei Francs rechnen, für die Verpflegung mindestens drei. Aber man könnte zehn oder zwanzig Francs Startgeld verlangen. Komm, es ist Zeit zum Mittagessen, wir werden bei ‚Zimmer' weiterreden."
Das Restaurant „Zimmer" liegt nur ein paar Schritte um die Ecke am Boulevard Montmartre und ist ein bevorzugter Treffpunkt von Künstlern und Journalisten. Es heißt heute „Le Madrid", und an der Stelle, wo Desgrange und Lefèvre die Tour de France ausknobelten, hängt das überdimensionale Bild eines schnurrbärtigen Rennfahrers der Jahrhundertwende mit einer Gedenkplakette für jenes sporthistorische Mittagessen.
Es ist eines jener vergleichsweise seltenen Arbeitsessen, bei denen wirklich etwas herauskommt. Lange vor dem Dessert weiß der kleine Lefèvre, daß der geborene Journalist und Organisator Desgrange angebissen hat.
Auf dem Rückweg hat es der Chef so eilig, daß er ihm kaum folgen kann. Zwei Stufen auf einmal nimmt er auf der ausgetretenen Treppe, die zum Büro von Victor Goddet führt.
Diese Festung muß er im Sturm nehmen. Mit einem Handstreich sozusagen, denn Victor Goddet ist der Schatzmeister der Zeitung. Ohne ihn geht nichts, und er ist ein scharfer Rechner.

Aber er ist kein engstirniger Geizkragen. Er hat ein Flair fürs Außergewöhnliche, und er weiß, daß etwas Außergewöhnliches geschehen muß, wenn die Zeitung aus dem Schatten herauskommen soll, den dieser verdammte Giffard wirft.
„Du mußt deine Kasse leeren, Victor, aber die Tour de France wird sie wieder vollmachen!"
Doch das genügt dem Schatzmeister noch nicht. Er will mehr wissen und gibt zu bedenken, wie launisch das große Publikum ist. Wenn man es nicht erfaßt, ist das Geld zum Fenster hinausgeschmissen. Und kann man es erfassen? Sicher, es gibt Sportzeitungen. Aber Giffards „Vélo" wird die Tour de France boykottieren, und die großen Tageszeitungen haben noch gar keine Sportteile. Gewiß, sie haben neulich einem Langstreckenrennen, das von einem feudalen Herrenklub im Tuileriengarten veranstaltet wurde, ein paar Zeilen gewidmet, und sie haben auch schon über Flugversuche und Automobilrennen berichtet. Doch würden sie für ein Radrennen durch Frankreich zu begeistern sein?
Victor Goddet hat seine Zweifel, aber Desgrange, jetzt in der gleichen Rolle wie vorher der kleine Lefèvre, redet mit Engelszungen und mit dem gleichen Erfolg. Der Mann, der die Kasse aufmachen muß, läßt sich überzeugen.

„Sollen sie einen Rucksack mit Hartwürsten und Eiern von zu Hause mitbringen?" Als die Idee zur Tour de France geboren wurde, war die Ernährungsfrage für die Fahrer nur eines von vielen Problemen.

MIKO
MERCIER
gitane

Die heroische Epoche

Am 20. Mai 1903 schreibt Henri Desgrange die Tour de France in „L'Auto" aus. Etappenziele bei einer Distanz von 2400 Kilometern sind Lyon, Marseille, Toulouse, Bordeaux, Nantes und Paris. Es gibt 20000 Francs an Preisen, davon 3000 Francs für den Sieger, und die ersten 50 der Gesamtwertung erhalten täglich fünf Francs Taschengeld.
Aber die Rennfahrer beißen nur zögernd an. Zwar gibt es Ruhetage, die die Angst vor den Strapazen mildern, aber die Dauer des Rennens erschreckt sie. Vom 1. bis 19. Juli! Für so lange Zeit hat der Sport noch keinen aus dem Haus getrieben.
Immerhin, bis zum 30. Mai haben 27 Fahrer ihre Meldung abgegeben. Aber es sind Leute dabei, von denen Desgrange weiß, daß sie keine drei Etappen durchhalten werden. Mindestens 50 Fahrer braucht er, und es müssen die Asse dabeisein, die das Publikum kennt. Deshalb appelliert er am 5. Juni sowohl an die Ehre als auch an den gesunden Sinn der französischen Veloziped-Rennfahrer für den Wert des Geldes.
„Die Konkurrenten der Tour de France können versichert sein, daß sie unterwegs nicht mehr Geld brauchen werden, als wenn sie zu Hause blieben. Die Hoteliers bieten ihnen Sonderpreise an, und die Zuschüsse der Organisation sind großzügig. Und vergeßt nicht, daß jeder, der etwas leistet, für seine zehn Francs Startgeld hohe Preise gewinnen kann. Zauderer, gebt eure Meldung ab!"
Dieser Appell hat den gewünschten Erfolg. Am 13. Juni, 48 Stunden vor Ablauf der festgesetzten Meldefrist, unterschreibt der 50. Fahrer seinen Vertrag. Desgrange nimmt noch 10 weitere an, aber 25 Nachzügler lehnt er ab, und er denkt dabei nicht nur an sein Budget. Das Rennen muß kontrollierbar bleiben, und 60 Starter geben die Garantie, daß wenigstens ein Dutzend in Paris ankommen wird.
Psychologisch hochinteressant ist aber auch sein Appell an das Publikum. Unterschwellig sicherlich, aber mit sicherem Gefühl für die Mentalität des Passiven, der auch gern ein Held wäre, aber einfach zu bequem für die freiwillige Strapaze ist, schreibt er in seinem Leitartikel vom 1. Juli 1903: „Mit dem mächtigen Elan, den Emile Zola in seinem Roman ‚La Terre' seinem Bauern gibt, lanciert ‚L'Auto' als Zeitung mit avantgardistischem Mut heute das größte Rennen der Welt mit den prächtigsten, unerschrockensten aller Athleten. Während 2400 Kilometern werden sie auf staunende Faulpelze am Wegesrand treffen, die sich ihrer Bequemlichkeit schämen und aufgeweckt werden von der Kraft und der unbezähmbaren Energie dieser außergewöhnlichen Männer."
In der Tat hat die außergewöhnliche Leistung den Faulpelz zu allen Zeiten beeindruckt.
Doch Desgrange gibt sich keinen allzu großen Illusionen über die Macht des geschriebenen Wortes hin. Er weiß, wie sehr seine journalistische Reputation leiden kann, wenn das Rennen, das er da erfunden hat, zum Fiasko wird. Nicht nur, daß sich Giffard, der selbstherrliche Konkurrent, halb totlachen würde. Ganz Frankreich würde er zum Lachen bringen!
Deshalb bleibt Desgrange zu Hause, um das Echo abzuwarten und die Redaktion zu hüten, während

Fliegende Übergabe des Verpflegungsbeutels. Der Kalorienhaushalt der Rennfahrer muß ständig aufgefüllt werden. Bei einer schweren Bergetappe werden bis zu 12000 Kalorien verbraucht. Nächste Doppelseite: Fans am Straßenrand

Das historische Foto eines denkwürdigen Tages der Sportgeschichte: In den frühen Morgenstunden des 1. Juli 1903 wird die erste Tour de France in Villeneuve-Saint-Georges bei Paris gestartet.

60 Rennfahrer sich an den Start begeben, der für die dritte Morgenstunde des 1. Juli 1903 angesetzt ist, vor der Herberge zum „Reveille Matin", was zu deutsch „Morgenwecker" heißt, in Villeneuve-St.-Georges bei Paris.
Obwohl der Tag, der in die Geschichte des Sports eingehen wird, erst zu grauen beginnt, haben sich einige hundert Neugierige eingefunden. Geo Lefèvre, lockerer und tatendurstiger als sein von Zweifeln geplagter Chef, schreibt noch ein paar Zeilen über die Startvorbereitungen und drückt sie einem Redaktionsboten in die Hand.
Dann sitzt der eigentliche Erfinder der Tour de France, obwohl die Legende Desgrange die Ehre gibt, auf einem Rennrad wie die Männer, die das große Abenteuer wagen. Aber nicht, um ihnen nachzujagen, sondern um über die großen Boulevards zur Gare de Lyon zu flitzen. Er erwischt gerade noch den Frühzug nach Lyon, dem Ziel der ersten Etappe. Zwar hätte er auch einen anderen Weg wählen können, denn Automobilisten, die das Rennen als amüsante Abwechslung betrachten, haben der Rennleitung ihre Fahrzeuge angeboten. Aber der kleine Lefèvre hat mehr Zutrauen zur Eisenbahn und zu den Muskeln der Rennfahrer als zu diesen stinkenden Knatterkisten. Die Fahrer jedenfalls würden Lyon in ungefähr achtzehn Stunden erreichen. Das konnte man auf Grund der bisherigen Erfahrungen ausrechnen. Allein, wer wollte im Jahre 1903 die Fahrzeit eines Automobils errechnen?
Das große Problem ist die Berichterstattung. Ohne einen detaillierten Rennverlauf sind alle Anstrengungen für die Zeitung nutzlos, aber wie ist die Tour de France journalistisch in den Griff zu kriegen?
Desgrange hat auf der ganzen Strecke in regel-

mäßigen Abständen Posten aufgestellt, die die Redaktion mittels Telegrammen zu unterrichten haben. Ihre Arbeit sieht so aus:
„Neuville-sur-Rivière: Das Hauptfeld, mit Garin an der Spitze, kam hier um 14.39 durch. Dupont nach Reifenschaden 35 Minuten zurück. Unterschrift Meunier."
Man schmückt das auf der Redaktion aus, aber bei aller Phantasie fällt es schwer, von Paris aus mit dem heißen Atem des Rennens zu blasen.
Deshalb verlangt Desgrange von seinem Lieblingsschüler Geo Lefèvre die farbige Reportage, obwohl er als Rennleiter, Zielrichter und Quartiermacher genug am Hals hat. Gewaltig muß der kleine Geo für seine Idee schuften, aber er verzagt nicht. Am 3. Juli kann man in „L'Auto" lesen:
„Heute nacht habe ich mich, um die entscheidenden Kampfhandlungen dieser Etappe zu erleben, am Rande der prächtigen Landstraße postiert, die, flankiert von alten Bäumen, deren Wipfel sich in der Dunkelheit verlieren, von Nevers nach Moulins führt. Ich sitze im Straßengraben, mein Fahrrad zwischen den Beinen, und warte auf die Spitzengruppe. Endlose Zeit verstreicht, aber dann, gegen 1 Uhr morgens, nähern sich zwei schemenhafte Gestalten auf Rennrädern. Ich springe auf und brülle: ‚Wer sind Sie?'
‚Garin', ruft der eine mit fast fröhlicher Stimme.
‚Pagie', röhrt der andere, und ehe sie um die Kurve biegen, höre ich noch schallendes Gelächter und so etwas Ähnliches wie: ‚Wird Zeit, daß du ins Bett kommst, Kleiner!' "
Daran hängt Geo Lefèvre seine weiteren Betrachtungen auf, und er endet mit der Feststellung, daß die Tour de France ganze Kerle braucht. Muttersöhnchen müssen zu Hause bleiben.
Das haben später auch andere geschrieben, als die Tour de France zur nationalen Institution geworden war. Doch damals ist sie so weit davon entfernt wie die Sterne über den Köpfen der Rennfahrer. Auf entsetzlich empfindlichen Reifen rollen sie über steinige Straßen. Eine Reifenpanne löst die andere ab, und immer wieder passiert es, daß sie an einer Straßenkreuzung die falsche Richtung einschlagen, weil niemand da ist, um ihnen den Weg zu weisen. Der arme Lefèvre hat auch nur zwei Hände und zwei Füße, und es grenzt schon ans Wunderbare, daß er die kläglichen Reste seiner Zweirad-Armada zurück nach Paris bringt, wo ihn freilich ein begeisterter Empfang seiner „Giganten" im Prinzenpark für alles entschädigt.
Aber die Enthusiasten, die den Sieger Maurice Garin feiern, der mit fast drei Stunden Vorsprung auf Pothier gewinnt, sind nicht das große Publikum. An den Lesern der großen Tageszeitungen ist die Tour de France ziemlich spurlos vorbeigegangen, ohne daß die Auflage von „L'Auto" so gestiegen wäre, wie Desgrange gehofft hatte. Zwar war der Abschluß ermutigend und das Defizit erträglich, aber Desgrange zögert lange, ehe er zur zweiten Tour de France aufruft. Sein Instinkt sagt ihm, daß es Ärger geben wird, und er täuscht sich nicht. Er hat viel gelernt, doch die Rennfahrer haben ihre eigenen Lehren aus den enormen Problemen der Organisation gezogen, und schamlos nützen sie vor allem die langen Nächte auf der Landstraße aus.
So wird die zweite Tour de France zu einer

Nächste Doppelseite: Muttersöhnchen müssen zu Hause bleiben. Dieser Sport fordert harte Männer, die bereit sind, sich bis zum Umfallen zu quälen.

RALEIGH
RALEIGH

MIKO
MIKO

ESSO
ESSO

KAS
SOFT DRINKS

KAS
SOFT DRINKS
KAS

CYCLES

BP
BP
LEJEUNE
LEJEUNE

In der Anfangszeit der Tour passierte es immer wieder, daß die Fahrer an einer Straßenkreuzung den falschen Weg einschlugen, weil niemand da war, der ihnen die Richtung wies. Heute ist dies natürlich alles perfekt organisiert.

einzigen Katastrophe. Es gibt Fahrer, die sich detaillierte Landkarten besorgen und bedenkenlos immer neue Abkürzungen finden. Aber das sind nicht einmal die schlimmsten. Andere tun über viele Kilometer keinen einzigen Pedaltritt, weil sie sich mit Stricken an Autos hängen. Die Raffiniertesten aber steigen auf die Eisenbahn um und tauchen im Morgengrauen wieder ausgeruht auf der Landstraße auf.

Geo Lefèvre ist als Rennleiter total überfordert, und in seiner Pariser Redaktionsstube ahnt Desgrange das Ausmaß der Täuschungsmanöver nicht. Doch dann wird einwandfrei nachgewiesen, daß die vier Erstplazierten, nämlich Maurice Garin, Pothier, César Garin und Aucouturier die Strecke auf höchst gemütliche Weise per Eisenbahn abkürzten. Das Resultat ist verfälscht, und Desgrange bleibt nichts anderes übrig, als die Dunkelmänner als sportliche Sittenstrolche zu apostrophieren und – zu disqualifizieren.

Zwischen den wütenden Zeilen, mit denen er seine garstige Pflicht tut, spürt man sein Zähneknirschen.

Er hat genug von der Tour de France. Ist er vielleicht der Popanz von Burschen, die ernten wollen, wo sie nicht gesät haben?

Aber als der Zorn verflogen ist, riecht die Spürnase des Avantgardisten Desgrange etwas anderes. Sollen die Leute doch ruhig lachen über ihn. Wer lacht, der redet auch, und auch negatives Gerede ist Propaganda. Folglich wird er den Lästermäulern eine dritte Tour de France zum Fraß hinwerfen.

Bei dieser Tour des Jahres 1905 wird der Skandal noch größer. Im wahrsten Sinne des Wortes platzt er in den heißen Sommer hinein, und diesmal stehen die Tageszeitungen, bereits vom Vorjahr alarmiert, nicht abseits.

Maurice Garin, der erste Tour-de-France-Sieger

Und dies ist ein positiver Skandal. Nicht die Rennfahrer, die von Desgrange an ihrer Ehre gepackt wurden und ihr Metier ernst nehmen, sind die Schuldigen, sondern böswillige Elemente im Publikum. Eine veritable Mafia ist es, die tonnenweise Nägel auf die Straßen streut. Stabile Nägel mit schweren Köpfen sind es, die den Stachel beim Aufprall automatisch nach oben stellen. Das Platzen der Reifen gleicht dem Feuer eines Maschinengewehrs, und ganz Frankreich fühlt sich angegriffen. Selbst die dicken Marktfrauen in den Pariser Zentralhallen stemmen entrüstet die Fäuste in die prallen Hüften. Für Desgrange sind sie, die die Revolution von 1789 mit ihrem Marsch auf die Bastille eingeleitet haben, untrügliche Glücksboten. Sachen, in die sie sich hineinmischen, pflegen zu gedeihen. Auch seine Zeitung gedeiht. Immer mehr Leute greifen nach dem auf gelbem Papier gedruckten „L'Auto", um aus erster Hand unterrichtet zu werden. Die Nagel-Affaire nagelt die Tour ins Bewußtsein der Franzosen.
Und Desgrange vergrößert. Er geht auf über 3000 Kilometer Gesamtlänge und bezieht mit Nancy, Besançon, Grenoble, La Rochelle, Rennes und Caen neue Etappenstädte ein. Ans Hochgebirge denkt er freilich noch nicht. Kein Mensch hat jemals den Versuch unternommen, es auf einem Fahrrad zu erklimmen. Das wäre nicht nur eine Wahnidee, sondern es wäre einfach unmöglich.
Leichter als über die Berge kommt man über Grenzen. Wer weiß heute noch, daß die Tour de France in den Jahren 1906, 1907, 1908 und 1909 Station in Deutschland machte? Jedesmal war die lothringische Garnisonstadt Metz, die nach dem Krieg 1870/71 wieder deutsch geworden war, das Etappenziel.

Man kann nicht behaupten, Desgrange habe die Deutschen sonderlich geliebt. Ja, ich fand beim Durchstöbern der Archive von „L'Auto" vergilbte Artikel von ihm, deren chauvinistischer Ton in Richtung Berlin unüberhörbar war. Erst im hohen Alter ist er toleranter geworden. Damals aber wollte er den verhaßten Preußen mit seiner Tour einen Streich spielen: „Je vais leur jouer un mauvais tour avec mon Tour."

Das war eine gallische Bombe mit bemerkenswerter Wirkung. Der Gouverneur von Lothringen, ein Neffe des Grafen Zeppelin, der sich bei der Regierung in Berlin für das Etappenziel Metz erfolgreich eingesetzt hatte, konnte nicht ahnen, welch eine Begeisterung die Tour de France in der für Frankreich „verlorenen Provinz" auslösen würde.

Zum erstenmal seit 1871 wurden in Metz Plakate in französischer Sprache an die Häuser geklebt, und die Bevölkerung geriet in einen nationalen Begeisterungstaumel, der, sehr zum Leidwesen des Gouverneurs, unverkennbar französischen Charakter trug.

Aber die Deutschen machten – selbst Desgrange hat es anerkannt – gute Miene zum bösen Spiel. Die Schlagbäume gingen ohne jegliche Formalitäten hoch; alle Gendarmen befolgten die Anweisung, keinen Rennfahrer wegen Überschreitens der zugelassenen Höchstgeschwindigkeit zu bestrafen.

Sarkastische Bemerkung von Henri Desgrange im intimen Kreis: „Wenn der Deutsche einen Befehl aus Berlin kriegt, steht er stramm!"

In „L'Auto" aber lobte er den Gouverneur: „Die französischen Behörden sollten sich eine Scheibe von der verständnisvollen Toleranz abschneiden, die die Deutschen der Tour de France in Lothringen entgegengebracht haben!"

Der flotte Rechner! Er konnte auf zwei Schultern tragen, wenn es um seine Tour ging. Aber als das Jahr 1910 herannahte, sah er ein, daß er im Lande bleiben mußte, um sich redlich zu nähren, denn Berlin untersagte ihm einen neuen Einbruch in deutsches Gebiet.

Einfach genug war der Grund: Spontan hatten Tausende in Metz die Marseillaise angestimmt, und es kam, wie es kommen mußte. Der Gouverneur von Lothringen bekam seinen Rüffel, und der Kaiser verbannte die Tour de France aus seinem Herrschaftsbereich.

Holzfällerwege und Bären

Es warf Desgrange nicht um. Metz hatte ihn gereizt, aber er war bei der wachsenden Popularität seines Rennens nicht auf Lothringen angewiesen. Sogar die belgische und die italienische Presse fingen an, sich für die Tour zu interessieren, und die Organisation lastete längst nicht mehr ausschließlich auf den Schultern des kleinen Lefèvre. Er hatte viele Helfer bekommen, und besonders ein gewisser Steines war Desgrange durch seine Zuverlässigkeit aufgefallen.

Im Frühjahr des Jahres 1910 jedoch fiel er ihm auch durch seine Hartnäckigkeit auf. Und es passierte etwas Ähnliches wie damals, als Geo Lefèvre mit seiner Idee ins Zimmer des Chefs gestürzt war.

Desgrange lachte diesen Alphonse Steines aus. Und er sagte ihm auch klipp und klar, daß er verrückt sei. Denn dieser Spinner wollte die Tour, die das Schwerste hinter sich hatte und gerade dabei

Die Tour – ein Spiel ohne Grenzen. Die Schlagbäume öffnen sich ohne jegliche Formalität, die Rennfahrer haben überall Vorfahrt.

VERA DE BIDASOA

DOUANE
SERVICE MÉDICAL
ASPRO
475 AAF 75

war, sich einen festen Platz in den Herzen der Massen zu erobern, wieder kaputtmachen. Über die wilden Gipfel der Pyrenäen wollte er sie führen! Ausgerechnet die Pyrenäen! Hat man nicht schon am Ballon d'Alsace, am Elsässer Belchen, die verheerende Wirkung der Berge erlebt? Ein Drittel der Fahrer ist in seinen steilen Rampen ausgeschieden.
„Schlag dir das aus dem Kopf, Steines. Glaubst du, ich will gelyncht werden von Menschenfreunden, die die Überquerung der Pyrenäen dem Adler überlassen, der keine Straße braucht, um seine Beute über den Schneefeldern zu suchen?"
Aber Steines bleibt hartnäckig. „Man braucht keine Flügel, Chef, um die Pyrenäen zu überwinden. Sie werden die große Attraktion sein, nach der Sie ständig suchen. Oder suchen Sie etwa nicht?"
„Natürlich suche ich, du Witzbold! Aber dieser Witz ist einfach zu schlecht, verstehst du? Wo der Wald aufhört, hören auch die Straßen auf. Sollen sie ihre Räder wegschmeißen und mit Pickel und Seil weitermachen?"
„Es gibt überall Wege, Chef."
„Und ich sage dir, daß es keine gibt! Aber wenn du mich unbedingt ruinieren willst, dann fahre hin und überzeuge dich selbst!"
Alphonse Steines, der Hartnäckige, läßt sich das nicht zweimal sagen. Schon dreimal hat er die Etappe Nimes – Toulouse vorbereitet, aber diesmal will er nach Perpignan fahren, um von dort über die Etappenziele Luchon und Bayonne den

Die Pyrenäen mit dem Rennrad zu überqueren, das war 1910 eine geradezu verrückte Idee. Auf den holprigen Holzfällerwegen konnten einem damals noch Bären begegnen. Obwohl die Straßen heute geteert sind, fürchten die Fahrer diese tristen Etappen immer noch.

Weg über die Bergriesen Peyresourde, Aspin, Tourmalet und Aubisque zu finden.
Doch Desgrange will nicht gleich mit dem ersten Schuß übers Ziel hinausschießen. Erst will er einen Probeschuß, dann sieht man weiter. „Von mir aus kannst du einen Artikel über deine verrückte Idee schreiben, und ich werde ihn sogar veröffentlichen. Aber glaub bloß nicht, daß dir die Leute um den Hals fallen werden!"
Steines schreibt, und Desgrange behält recht. Die Reaktion der Leser ist vernichtend. Sie wünschen Desgrange, der die armen Rennfahrer über die schneebedeckten Gipfel der Pyrenäen hetzen will, die Pest auf den Hals.
Mit so viel Empörung hat er gar nicht gerechnet. Sie beweist, wie sehr sich die Leute mit der Tour beschäftigen. Warum also das Feuerchen nicht schüren? Er schickt Steines hinunter zur spanischen Grenze mit dem Auftrag, auszukundschaften, ob die vier Pässe Peyresourde, Aspin, Tourmalet und Aubisque tatsächlich von Menschen überquert werden können, die sich mit Hilfe von Zahnkränzen und einer Kette fortbewegen.
Es ist Frühling in Paris, und in den Straßencafés der großen Boulevards verkaufen alte Frauen den duftenden Muguet, das Maiglöckchen. Alphonse Steines aber bricht dahin auf, wo das Edelweiß wächst, und als er im Zug sitzt, fühlt er sich gar nicht mehr so stark wie im Büro des Chefs. Wie ein Zauberer kommt er sich vor, der dem Publikum einen sensationellen Trick versprochen hat und fünf Minuten vor der Vorstellung noch nicht weiß, wie er die Erwartungen erfüllen soll. Die Ankunft am Fuße der Pyrenäen ist nicht dazu angetan, sein Selbstvertrauen zu heben. Der selbstbewußte Sohn der Hauptstadt, der mit den Bürgermeistern der Provinzstädte in Sachen Tour de France zu verhandeln pflegt wie ein Quartiermacher der Armee mit verängstigten Bauern, fühlt sich beim ersten Kontakt mit den Gebirgsbewohnern unsicher und ein wenig lächerlich.
Viel gewaltiger und unheimlicher kommen ihm plötzlich die wolkenverhangenen Gipfel der Pyrenäen vor. Und als man ihm sagt, daß erst vor einigen Tagen eines dieser supermodernen Mercedes-Benz-Automobile beim Versuch, den Tourmalet zu erklimmen, in eine tiefe Schlucht gestürzt ist, möchte er am liebsten umkehren und sich an der Brust von Desgrange ausweinen.
Aber der Alte würde ihm was husten! Lieber im Schnee sterben als unter seinem Donnergelächter. Alphonse Steines beschließt, nach Pau zu fahren, um einen landeskundigen Mann aufzusuchen, den man ihm empfohlen hat. Er heißt Blanchet und ist Chef des Hoch- und Tiefbauamtes im zuständigen Departement.
Steines hat das Glück, auf einen sportfreundlichen Beamten zu treffen, was in diesem Frühsommer des Jahres 1910 einiges heißen will. Als regelmäßiger Leser von „L'Auto" weiß Blanchet sogar viel über die Tour de France. Aber er muß erst einmal Luft holen, als Steines mit seinem Vorhaben herausrückt.
„Ich glaube, ihr seid alle miteinander verrückt geworden in Paris! Die Tour über den Aubisque! Kennen Sie diesen Berg überhaupt?"
Steines nickt. „Ich habe ihn mir angeschaut. Die Holzfällerwege sind zwar schmal und übersät von Geröll, aber wenn man sie herrichtet . . ."
„Herrichten? Sie machen Witze, lieber Freund! Wer soll das bezahlen?"
Aber solche Fragen schrecken Steines nicht.
„Wenn es sich nur ums Geld dreht, mein Lieber, werden wir die Sache schaukeln!"
Und er denkt an den wackeren Schatzmeister Victor Goddet, der bisher immer tief in den

Kassenschrank gegriffen hat, wenn es galt, der Tour de France zu helfen. Desgrange/Goddet, das war das dynamischste Gespann, das jemals den Karren einer Sportzeitung zog. Das Goddets vierjähriger Sohn Jacques einmal das Erbe übernehmen wird, kann Steines an diesem Tag nicht wissen. Aber er spürt schon, daß es ein sporthistorischer Tag ist, und er greift an.
„Hören Sie, Blanchet. Was brauchen Sie zum Ausbau der Straße?"
„Nun, mit 5000 Francs wäre es vielleicht zu schaffen."
„Sollen Sie haben! Ich melde sofort ein Gespräch nach Paris an, und Sie werden selbst hören, daß Desgrange keine Schwierigkeiten macht."
Eine Reihe von glücklichen Umständen begünstigt die Tour de France. Erstens bringt die Post es fertig, das Gespräch innerhalb weniger Minuten herzustellen, zweitens hält Desgrange sich gerade in seinem Büro auf, und drittens ist die Verständigung ausgezeichnet.
So ausgezeichnet, daß Steines beinahe den Hörer fallen läßt, als der Chef brüllt: „Was, 5000 Francs, wollt ihr mich ruinieren?"
Doch nach dem ersten Schreck realisiert Steines, daß tausend Kilometer zwischen ihm und diesem Schreihals liegen. Und obwohl 5000 Francs im Jahre 1910, wo man das Ei für 0,05 Francs kauft, ein kleines Vermögen bedeuten, wagt er einen neuen Vorstoß. „Niemand will Sie ruinieren, Chef. Aber bedenken Sie, wir werden für lumpige 5000 Francs Sportgeschichte machen!"
„Sportgeschichte? Wenn du meinst, daß wir die Tour kaputtmachen, hast du vielleicht recht! Zum Unmenschen werden mich die Leute machen. Doch damit du siehst, daß ich keiner bin: Ich bewillige 1500 Francs, aber keinen Sou mehr!"
„Sagten Sie 3000, Chef? Wunderbar, ich denke, daß wir damit auskommen!"

Auf Holzfällerwegen durch die Pyrenäen
Nächste Doppelseite: Durch steile Felswände dem Gipfel entgegen. Noch ist das Feld geschlossen, doch nach jeder Kurve fallen einige zurück.

MICHELIN

FIAT

Die ersten Pyrenäenetappen: Geröll und zahllose Schlaglöcher sind eine arge Belastung für Fahrer und Material.

Triumphierend knallt Steines den Hörer auf die Gabel und lädt Blanchet zum Essen ein. Er tut einen tiefen Griff in die Spesenkasse, und als sie beim Käse, einem wundervoll aromatischen Pyrenäen-Ziegenkäse angekommen sind, ist Blanchet völlig überzeugt davon, daß die Tour über den Aubisque rollen muß. Zumal Steines nicht versäumt hat, den Bordeaux fließen zu lassen.
„Wir werden Sportgeschichte machen, Steines! Morgen beginne ich mit den Arbeiten."
Steines bestellt Cognac zum Kaffee und schmunzelt. Er hat den Aubisque in Sturm genommen, jetzt wird er den noch wilderen Tourmalet packen. Am nächsten Mittag erreicht er Sainte-Marie-de-Campan, jenes kleine Gebirgsdorf am Fuße des Tourmalet, an dem ein junger Rennfahrer namens Eugène Christophe drei Jahre später tatsächlich Sportgeschichte machen wird. Aber Tränen ohnmächtiger Wut werden diesem dabei in seinen Augen stehen, und er wird wilde Flüche gegen den Mann ausstoßen, der dem Vater Desgrange diesen heimtückischen Berg aufgeschwätzt hat. Doch davon ahnt Alphonse Steines nichts, als er ein gediegenes Mittagessen in der einzigen Wirtschaft des Dörfchens einnimmt, die sich gegenüber der Kirche befindet.
„Ihr Schinken ist Sonderklasse, Patron! Zerschmilzt einem direkt auf der Zunge. Übrigens: Wie kommt man eigentlich über den Tourmalet?"
„Über den Tourmalet? Nun ja, wenn's Juli wird, vielleicht schon, aber erst vor ein paar Tagen hat es oben geschneit. Tiens, Louis, kannst du dem Herrn aus Paris sagen, ob man jetzt über den Tourmalet kommt?"
Der alte Bergbauer mit dem verwitterten Gesicht, das Sonne, Wind und Schnee gegerbt und zerfurcht haben, blickt den Stadtmenschen ein wenig belustigt an.

„Der Tourmalet? Warum nicht? Da kommt man schon rüber, wenn man ein bißchen Schneid hat. Allerdings nicht mit den Lackschuhen, wie sie der Monsieur aus Paris trägt, ha, ha."
Andere mischen sich ein, und in einer Viertelstunde hat Steines so viele Meinungen gehört, daß ihm der Kopf schwindelt.
„Am besten werde ich mir euren Tourmalet selbst einmal ansehen, und zwar sofort!"
„Warum nicht, Monsieur! Aber bedenken Sie, daß Sie von hier bis zum Gipfel 19 Kilometer zurücklegen müssen und daß der Tag schon fortgeschritten ist."
„Bah, wir werden mein Auto nehmen. Schaufeln und Stangen habe ich dabei."
Einen Chauffeur, der die Region wie seine Hosentasche kennt, hat sich Steines bereits in Bagnèresde-Bigorre gemietet, und bis zum 16. Kilometer kommen sie so gut voran, daß Steines schon bereit ist, die Bergbauern als geschwätzige Wichtigtuer zu belächeln. Freilich, die schmale, geröllübersäte Straße ähnelt eher einem Holzfällerweg, und zahllose Schlaglöcher sind eine arge Belastungsprobe für Achsen und Federn. Holpernd und ächzend quält sich der Wagen die steilen Rampen hinauf, bis ihn der Schnee zum Stehen bringt.
Steines will ihn freischaufeln, aber der Chauffeur winkt ab. „Ich fahre keinen Schritt weiter!"
„Wegen dem bißchen Schnee? Den müssen Sie als Bergbewohner doch gewöhnt sein!"
„Es ist nicht der Schnee, Monsieur. Aber wenn er so liegt, kommen die Bären aus Spanien herüber, um unsere Herden aufzufressen. Es geht auf sechs Uhr, und das ist ihre Zeit. Nein, ich kehre um. Selbst wenn Sie mir tausend Francs bieten. Ich kenne den Berg!"
„Aber ich muß heute noch auf den Gipfel!"
Doch der Mann, der den Berg und die Bären kennt, ist schon dabei, den Wagen zu wenden. Nur noch zu ein paar guten Ratschlägen ist er bereit.
„Halten Sie sich an die Stangen, die aus dem Schnee ragen. Sie markieren die Mitte der Straße."
Steines weiß, daß er Desgrange nie mehr unter die Augen treten kann, wenn er jetzt aufgibt wie der Chauffeur.
„In Ordnung. Sie fahren also jetzt zurück, um den Berg herum und erwarten mich auf der anderen Seite in Barèges."
„Ist gemacht, Monsieur Steines. Aber bedenken Sie, daß Sie von hier aus über den Gipfel und nach Barèges hinunter mindestens 12 Kilometer zurücklegen müssen."
„Verlassen Sie sich darauf, daß ich das tun werde."
Und dann steht Alphonse Steines allein mit seinen Lackschuhen und seinem Spazierstock in der schneebedeckten Wildnis, drei Kilometer unter dem Gipfel des Tourmalet.
Als er etwa einen Kilometer durch den Schnee gestapft ist, sieht er keine Pfähle mehr in der Straßenmitte. Dafür hört er – er traut seinen Sinnen kaum – plötzlich Stimmen. Schafshirten sind es, die eine große Herde bewachen, und auf Steines' Rufen eilt ein etwa 15jähriger Junge herbei.
„Kennst du den Tourmalet, mein Sohn?"
„Aber natürlich, Monsieur."
„Also dann los. Führe mich auf den Gipfel."
„Das geht nicht, Monsieur. Wenn der Schäfer merkt, daß ich weggehe, gibt's Prügel!"
„Aber siehst du denn nicht, daß ich dich brauche? Hier, nimm dieses Goldstück. Zwanzig Francs! So viel kannst du den ganzen Sommer hier oben nicht verdienen!"
Der Junge zögert noch einen Moment, ehe er Steines die Hand reicht. Sie brauchen länger als

zwei Stunden, um die zwei Kilometer bis zum Gipfel zu schaffen, und als sie oben sind, verwünscht Steines die Bauern von Sainte-Marie-de-Campan und den Chauffeur, mit denen er kostbare Zeit vertrödelt hat. Denn die Nacht, eine kalte Nacht ohne Sterne, fällt über das wilde, unwirtliche Massiv der Pyrenäen.
„Hier, nimm dein Goldstück, mein Junge, und wenn du mich nach Barèges gebracht hast, bekommst du noch eines."
„Das kann ich unmöglich, Monsieur! Der Schäfer würde mich nicht nur verprügeln, sondern auch wegjagen."
Und die Furcht vor dem Schäfer ist größer als die Sorge um den Fremden. Ehe ihn Steines festhalten kann, ist er mit seinem Hund in der Dunkelheit verschwunden. Zurück bleibt ein hilfloser Wandersmann mit einem lächerlichen Spazierstock und ebensolchen Lackschuhen, die längst vom Schneewasser durchnäßt sind. Wolkenfetzen und finstere Nacht hüllen ihn ein.
Jetzt erst wird Alphonse Steines richtig bewußt, welches Wagnis er eingegangen ist. Die Bären, die der Neuschnee aus Spanien herübertreibt, fallen ihm ein, und einen Augenblick lang überlegt er, ob er zurück zu den Schäfern soll.
Doch er nimmt alle Energie zusammen: „Ich muß den Weg nach Barèges finden, und ich darf nicht rasten. Wenn ich hier oben einschlafe, werde ich entweder erfrieren oder von den Bären gefressen. Nach Barèges muß ich!" Stundenlang irrt Steines durch die Wildnis. Seinen brennenden Durst

Die Freundlichkeit des Bildes trügt. Zwar sind die Straßen heute in gutem Zustand, aber Bergetappen mit kilometerlangen, mörderischen Anstiegen scheiden immer noch die Spreu vom Weizen.

löscht er mit Schneewasser, und als die Schneefelder dünner werden, hört er das Rauschen eines reißenden Gebirgsbachs. Das muß der Bastan sein, der nach Barèges hinuntergurgelt.
Plötzlich verliert er den Boden unter den von der ungewohnten Anstrengung zitternden Füßen, und rücklings rutscht er, eine gewaltige Steinlawine auslösend, einen steilen Abhang hinunter. Wie durch ein Wunder bleibt er unverletzt, und nur unter Aufbietung der letzten Kräfte kommt er, auf allen vieren kletternd, wieder aus der Schlucht heraus.
In solchen Momenten redet kein Mann nach der vornehmen Art der Pariser Salons. „Desgrange hat doch recht gehabt", flucht Steines. „Diese Scheiß-Pyrenäen können mich am Arsch lecken!"
Aber nun sieht er Lichter in der pechschwarzen Nacht. Das können nur die Häuser von Barèges sein! Mit letzter Energie schleppt er sich weiter, bis er die primitive Straße, die sich die Holzfäller gebaut haben, unter den zerschundenen Füßen spürt. Taumelnd fällt er um drei Uhr morgens einem der Bergführer in die Arme, die ausgezogen sind, ihn zu suchen.
Ganz Barèges ist auf den Beinen. Der Chauffeur, der ihn drei Kilometer unterhalb des Gipfels seinem Schicksal überlassen hat, ist klug genug gewesen, in Barèges Alarm zu schlagen.
Es gibt in Barèges sogar einen Mitarbeiter von „L'Auto". Der Aufschwung der Tour de France hat das Netz der Korrespondenten erheblich vergrößert, und im Hause dieses braven Mannes nimmt der total erschöpfte Steines ein heißes Bad. Dann schläft er zwölf Stunden wie ein Murmeltier.
Und als er aufwacht, reibt er sich nicht lange die Augen, sondern er setzt ein Telegramm an Desgrange auf:

GUT ÜBER DEN TOURMALET GEKOMMEN STOP STRASSE IN GUTEM ZUSTAND STOP KEINE SCHWIERIGKEITEN FÜR DIE FAHRER!
STEINES

Und nichts mehr ist zu stoppen. Schon am nächsten Tag veröffentlicht Desgrange jenen aufsehenerregenden Artikel, in dem er dem staunenden Volk Frankreichs ankündigt, daß die Tour de France 1910 über die vier Bergriesen Peyresourde, Aspin, Tourmalet und Aubisque führen wird. Nie hat er heftigere Diskussionen ausgelöst!
Nicht nur Sensationshunger, sondern puren Sadismus bekommt er vorgeworfen, aber als der Start herannaht, sind es Hunderttausende, die dem großen Wagnis der Pyrenäenüberquerung entgegenfiebern. Und bald werden Millionen von diesem Fieber gepackt sein, das die Tour de France im heißesten Monat des Jahres auslöst, wenn das Gras am Straßenrand verdorrt und die Kühe auf den Weiden vor Durst brüllen.

Nächste Doppelseite: Giganten der Landstraße oder von der Nacht in den Tag

Heiße Suppe auf dem Tourmalet

Eines Abends waren wir in Sainte-Marie-de-Campan, diesem winzigen Bergdorf am Fuße des Tourmalet, das so berühmt wie der Berg geworden ist, weil Eugène Christophe im Jahre 1913 in der Dorfschmiede mit ohnmächtiger Wut seine gebrochene Gabel reparierte.
„Morgen", sagte Antoine, „fahren wir mit den Rädern auf den Tourmalet."
Ich lachte und wollte auf diesen guten Witz noch eine Flasche Roten in der kleinen Wirtschaft neben der Kirche bestellen, aber Antoine wies den Wein zurück. „Nimm von mir aus noch ein Wasser. Wer über den Tourmalet schreiben will, fährt nicht mit dem Auto, sondern auf dem Rad hinauf!"
Zum Frühstück bestellte er Steaks, als ob wir nicht Touristen, sondern Rennfahrer wären, und sagte, daß er Aspin und Aubisque aus dem Programm gestrichen hätte. Normalerweise mache man, wenn man schon einmal hier sei, alle drei Berge zusammen und eventuell noch den Peyresourde dazu.
„Aber der Tourmalet", wagte ich einzuwenden, „ist doch der schwerste."
„Stimmt", sagte Antoine, „du mußt auch bloß den Tourmalet machen. Sind nur 17 Kilometer bis zum Gipfel, und wir können ja mal eine Pause einlegen."
Es gab keinen Ausweg, wenn man davon absieht, daß ich immer noch ein freier Mann war und absteigen konnte, wann ich wollte.
Unmittelbar hinter Sainte-Marie-de-Campan steigt man in den Tourmalet ein. Es gibt kein gemächliches Einrollen, und die ersten Rampen sind auf einer Länge von ungefähr fünf Kilometern von unregelmäßigen Steigungsgraden. Dann kommt ein Weiler namens Gripp, wo ich schon deshalb gerne die erste Pause gemacht hätte, weil man jetzt erst den Berg in seiner wilden Größe vor sich sieht und sich nicht vorstellen kann, wie man die Straße meistern soll, die sich unter Betonpfeilern, die Lawinendächer stützen, an seinen Flanken entlangzieht, um sich dann blank den 2114 Metern des Gipfels entgegenzuwinden.
Antoine blieb bei mir, was seinen Rhythmus störte. „Von La Monie aus", sagte er, „sind es nur noch vier Kilometer bis zum Gipfel."
Aber ich stieg ab, und Antoine holte Würfelzucker aus seiner Tasche. Ich schaute nicht zum Gipfel hoch, sondern nach unten, wo Sainte-Marie-de-Campan lag.
„Fahr allein weiter, Antoine. In zehn Minuten bin ich wieder unten, aber keine zehn Gäule bringen mich weiter nach oben."
„Du erkältest dich", sagte Antoine, und wir fuhren weiter. Natürlich nach oben. Die letzte steile Schleife, die 500 Meter unter dem Gipfel beginnt, habe ich nicht mehr geschafft. Ich stieg ab und schob, aber das hat's an dieser Stelle auch schon bei der Tour de France gegeben. Der Automobilist jedoch, der mir grinsend zurief: „Auf geht's, Anquetil, die anderen sind nicht weit!", hätte ruhig sein Maul halten können.
Als ich ankam, hatte Antoine im Restaurant des Tourmalet schon eine heiße Suppe vor sich und meinte, daß es eine herrliche Abfahrt hinunter nach Argelès-Gazost gebe.
„Und wie kommen wir dann wieder zum Auto nach Sainte-Marie-de-Campan?"
„Über den Tourmalet natürlich", sagte er freundlich schmatzend, als ob er seinen ganzen geliebten Berg im Suppenteller hätte.
Aber da habe ich gestreikt. Zweimal Tourmalet an einem Tag wird schließlich nicht einmal von Rennfahrern verlangt.

KAS
KAS

teka
MERCIER

Giftanschlag

Am 3. Juli des Jahres 1910 nehmen die Giganten der Landstraße des Henri Desgrange 15 Etappen mit einer Gesamtlänge von 4474 Kilometern in Angriff. Die kürzeste Etappe, Nimes – Perpignan, führt über 216, die längste, Brest – Caen, über 424 Kilometer!

Ganz zu schweigen von den Pyrenäen. Immerhin haben diese Teufelsberge auch einen humanen Effekt. Nach jeder Etappe wird ein Ruhetag eingelegt, um demoralisierten Fahrern wieder auf die Beine zu helfen.

Auf diese Weise bringt Desgrange von 136 Gestarteten 41 nach Paris zurück und liefert den Beweis, daß furchtlose Männer die wilden Pyrenäenberge tatsächlich auf fragilen Zweirädern bezwingen können. Niemand hat das für möglich gehalten, und Frankreich hat den Gesprächsstoff, von dem Desgrange träumte.

Freilich, viele geben entkräftet und entmutigt am Tourmalet und am Aubisque auf; andere überwinden die giftigsten Steigungen zu Fuß. Aber die ganz Zähen bringen es fertig, auf schauerlichen Holzfällerwegen im Sattel zu bleiben und diese Bergriesen zu besiegen, ohne auch nur für eine Sekunde den Fuß auf den Boden zu setzen, auf dem sich von nun an die großen Dramen und Heldentaten der Tour abspielen sollen.

So einer ist Octave Lapize. Dieser 21jährige, schwarzgelockte Sohn einer Pariser Arbeiterfamilie, den sie wegen seiner Haarpracht „Le Frisé“ nennen, ist der Held der beiden großen Pyrenäenetappen. Er gewinnt beide und schafft damit die Voraussetzung für den Gesamtsieg vor dem luxemburgischen Riesen François Faber und seinem Landsmann Garrigou.

Die Pyrenäen sind bezwungen, und Paris bereitet den 41 „Überlebenden“ einen Empfang, der nicht weniger stürmisch ist als der, den die ersten er-

folgreichen russischen Kosmonauten ein halbes Jahrhundert später in Moskau erleben werden. Desgrange aber verbeugt sich vor dem weitsichtigen Alphonse Steines und schickt ihn, kaum, daß man wieder in Paris ist, auf Erkundungsfahrt in die Alpen. Schon im nächsten Jahr nehmen sie den mehr als 2500 Meter hohen Alpenriesen Galibier ins Progamm, auf dessen Gipfel der Schnee auch im Juli nicht wegschmilzt.
Aber das Drama dieser Tour de France 1911 spielt sich nicht in den Alpen, sondern in den Pyrenäen ab. Am Aubisque, um genau zu sein, den Alphonse Steines ein Jahr zuvor mit Hilfe des Monsieur Blanchet für 3000 Francs „befahrbar" gemacht hat. Duboc, ein kleiner und fast unbekannter Mann aus Rouen, der so schmalbrüstig ist, daß seine kraftstrotzenden Konkurrenten Faber, Garrigou, Lapize und Christophe behaupten, er habe sich noch niemals in seinem Leben sattgegessen, hat sich zur allgemeinen Überraschung nach zehn Etappen an die Spitze gesetzt. Die Tour hat den Pyrenäen-Kurort Luchon am Fuße des Tourmalet erreicht, auf dem der wackere Alphonse Steines beinahe von den spanischen Bären aufgefressen worden wäre.
Aber der kleine Duboc, der bisher außer den sanften Hügeln seiner Normandie keinen Berg kennengelernt hat, fürchtet sich nicht vor dem Riesen mit der Schneemütze. Hurtig wie eine Gemse nimmt er die steilsten Rampen, und als er die Gipfelhöhe erklommen hat und den letzten Pedaltritt vor der halsbrecherischen Abfahrt hinunter nach Argèles-Gazost tut, quälen sich die Konkurrenten mit den großen Namen noch tief unten durch die Serpentinen.
Das macht den kleinen Duboc so fröhlich, daß er zu pfeifen anfängt. Aber leichtsinnig wird er nicht. Wenn ihm Wolkenfetzen die Sicht nehmen, bremst

Oben: Pierre Duboc, ein kleiner, schmächtiger Mann aus Rouen, führt bei der Tour 1911 klar, als ihm ein Unbekannter eine Trinkflasche mit vergiftetem Inhalt reicht.
Links: Octave Lapize gewann 1910 und war der erste „König der Pyrenäen".

RALEIGH
90
YOPLAIT
T.I.-RALE

er scharf ab, denn wer einen solchen Vorsprung herausgefahren hat, braucht kein Risiko einzugehen. Er wird die Tour de France gewinnen und sich ein Häuschen in der Normandie bauen.
Zwangsaufenthalt bei der Verpflegungskontrolle in Argèles. Hunderte wollen dem kleinen Mann auf die Schulter klopfen, als er seinen Namen unter das Kontrollblatt schreibt. Und auch Duboc möchte alle diese Leute, die ihn, den Sohn der grünen Normandie, als den König der Pyrenäen feiern, umarmen.
Der Tourmalet? Nun ja, ein mächtiger Brocken ist er schon. Aber er hat ihn genommen, als ob ihm Flügel gewachsen wären. Nur Durst hat er gemacht, und dankbar greift Duboc nach der Flasche, die ihm ein Unbekannter reicht, ehe er wieder aufsitzt, um den Aubisque in Angriff zu nehmen. Einen gewaltigen Schluck nimmt er, und dann will er den Berg genauso verschlucken. Doch gleich nach den ersten Rampen ist ihm, als habe er einen Schlag vor den Kopf bekommen, und aus den sehnigen Beinen schwindet die Kraft wie die Luft aus einem defekten Reifen. Er zickzackt von einer Straßenseite auf die andere, und dann kann ein Begleitwagen gerade noch abbremsen, um den stürzenden Duboc nicht zu überfahren. Eine Flasche in seiner Trikottasche zerbricht und verbreitet einen widerlichen Geruch nach Apotheke.
Die Männer, die den von Krämpfen geschüttelten Duboc behutsam in den Straßengraben legen, brauchen nicht lange zu rätseln: Vergiftung!

Aus den sehnigen Beinen schwindet die Kraft wie die Luft aus einem defekten Reifen.

Länger als eine Stunde liegt er im Straßengraben. Zehnmal übergibt er sich, und sein schmales, blasses Gesicht scheint nur noch aus den Backenknochen zu bestehen.
In einen Begleitwagen wollen sie ihn legen, aber als er zu wimmern aufhört, schreit er nach seinem Rad. Und unendlich langsam quält er sich die lange Steigung zum Aubisque hinauf. Als letzter erreicht er das Etappenziel Bayonne, und sein schöner Traum vom Tour-Sieg ist vernichtet.
Die Untersuchung bestätigt die Vergiftung, aber der Mann, der Duboc die Flasche reichte, ist nicht aufzufinden. Nutznießer des Attentats ist der große Favorit Garrigou, der die Führung in der Gesamtwertung übernimmt, aber schon am nächsten Tag Drohbriefe erhält. Zwar kann er nachweisen, daß er unschuldig ist, doch er muß abends in den Etappen Leibwachen vor seinem Hotelzimmer aufstellen, um von den erbitterten Anhängern Dubocs nicht gelyncht zu werden.
Desgrange erkennt den Propagandawert der Sache. Ganz Frankreich diskutiert die Affaire. Aber sie ist zu heiß, und eine Katastrophe bahnt sich an, als sich die Tour Rouen nähert, der Heimatstadt des kleinen Duboc.
Vor dem Start zu dieser „Lynch-Etappe" hält Desgrange ihm ein Plakat unter die Nase, das ihm ein Mitarbeiter aus Rouen geschickt hat, wo es Fanatiker an die Hauswände kleben: „Bürger von Rouen, wenn man mich nicht vergiftet hätte, dann wäre ich heute Spitzenreiter. Ihr wißt, was ihr zu tun habt, wenn die Karawane durch Rouen rollt!"

In halsbrecherischer Fahrt ins Tal

Dieses Pamphlet trägt die Unterschrift „Duboc". Desgrange schäumt. Er weiß, daß in Rouen sein ganzes Rennen auf dem Spiel steht.
„Hast du diesen Mist geschrieben?"
„Aber nein, Monsieur Desgrange!"
Er ist genauso empört wie der Tour-Chef, und er will das Rennen sogar aufgeben, obwohl er sich inzwischen wieder auf den zweiten Platz der Gesamtwertung vorgearbeitet hat.
Doch da poltert Desgrange, überzeugt von Dubocs Ehrlichkeit, los: „Von wegen, mein Junge! Jetzt wird nicht gekniffen. Wir werden diese Idioten übertölpeln!"
Und so geschieht es zum ersten- und letztenmal bei der Tour de France, daß der Rennleiter höchst persönlich einen Fahrer „verkleidet". Garrigou, die Zielscheibe der aufgebrachten Menge, erhält eine dunkle Sonnenbrille und wird in ein anderes Trikot gesteckt. Der Rahmen seiner Maschine wird mit einer neuen Farbe überpinselt, und drei der vorsintflutlichen Automobile des Jahres 1911 umzingeln ihn knatternd und stinkend während der Fahrt durch Rouen, dessen Straßen schwarz sind von aufgeregten, rachsüchtigen Menschen. So erregt sind sie, daß sie den Trick des gewitzten Desgrange nicht durchschauen. Es passiert gar nichts, und als die Karawane die letzten Häuser von Rouen hinter sich läßt und hineinrollt in den grünen Obstgarten der Normandie, lehnt sich Desgrange aufatmend in seinem Wagen zurück: „Diese verbohrten Fanatiker! Fünf Jahrhunderte nach Jeanne d'Arc wollten sie in Rouen abermals einen Unschuldigen auf den Scheiterhaufen bringen!"
Garrigou gewinnt diese Tour vor Duboc und Georget, dem Sieger des Galibier, auf dessen Gipfel man für die Fahrer einen schmalen Pfad durch die Schneemassen geschaufelt hatte. Das

Hochgebirge ist endgültig erobert, und das Heldenlied der Giganten der Landstraße dringt über die französischen Grenzen, und in den nächsten drei Jahren sind es belgische Rennfahrer, die den Ton auf Frankreichs Straßen angeben: 1912 erringt Odile Defraye den ersten Sieg für Belgien, 1913 und 1914 folgt ihm sein Landsmann Philippe Thys. 48 Stunden nach seinem zweiten Sieg bricht der Erste Weltkrieg aus.
Er bedeutet das Ende des ersten Kapitels in der ereignisreichen Geschichte der Tour de France, das Ende der „époque héroique", der heroischen Epoche.

Links: Der Belgier Philippe Thys war der erste Fahrer, der es auf drei Tour-Siege brachte (1913, 1914, 1920).
Rechts: Gustave Garrigou beim Aufstieg zum Tourmalet 1911

Ein Toter steht auf

Obwohl sich ein Buch über die heroische Epoche füllen ließe, kann sie im Rahmen dieses Buches nur ein Kapitel sein. Um es jedoch nicht lieblos zu verlassen, wollen wir noch einmal zurückkehren zu dieser Tour von 1911, die eigentlich der kleine Duboc hätte gewinnen müssen. Warum er sie nicht gewann, wissen wir. Warum sie ein Luxemburger namens Ernest Paul nicht gewinnen konnte, hat andere, wenn auch ähnliche Gründe. Und es ist eine Geschichte, wie sie nur die Tour de France in ihrer heroischen Epoche hervorbringen konnte.
Eine phantastische Geschichte, weil in einer heißen Julinacht des Jahres 1911 ein Rennfahrer alle Erfahrungen der ärztlichen Wissenschaft ad absurdum führte, aus dem einfachen Grund, weil er nicht in einem Bett sterben wollte. Wenn schon, dann sollte es auf der Landstraße sein, wo er hingehörte.
In diesem Jahr hat die Tour einen Ruhetag in Marseille. Acht Etappen sind noch bis Paris zurückzulegen, und die Backofenhitze, die über dem Häusermeer der großen Hafenstadt brütet, läßt die Fahrer mit Grausen an den folgenden Tag denken. 335 Kilometer müssen bewältigt werden, um Perpignan, das nächste Etappenziel, zu erreichen. Die heutigen Rennfahrer haben kürzere Tagesstrecken, und sie verstehen nicht nur, Ruhetage geschickter auszunützen, sondern auch, sich zweckmäßiger zu ernähren.
Immerhin haben auch die Männer der heroischen Epoche schon einiges gelernt. Die meisten von

Sie haben keine Blicke für Palmen und Meer, denn eine schwere Etappe liegt vor ihnen.

ihnen liegen bei verschlossenen Jalousien in den weichen Betten ihrer Hotelzimmer, wobei sie die Beine, ihr kostbarstes Gut, höher lagern als den Kopf. Sie haben herausgefunden, daß ihnen diese Ruhestellung die beste Entspannung bringt.
Aber der luxemburgische Riese François Faber und sein Stiefbruder Ernest Paul spötteln über solches Verhalten „de fils à papa", was am besten mit Muttersöhnchen zu übersetzen ist. Kraftstrotzende Riesen sind sie, die nach einem elfstündigen Rennen, wenn nicht gerade die Defekthexe mitfährt, so frisch vom Sattel steigen, als ob sie einen Sonntagmorgenausflug unternommen hätten. Ein Spaziergang auf der Cannebière reizt sie mehr als das Bett. Schließlich kommt man, verdammt noch mal, nicht alle Tage nach Marseille! Und der Anblick der kleinen Fischerboote, die auf den sanften Wellen des Alten Hafens tanzen, bringt Ernest Paul auf eine Idee.
„Hör zu, François, ich habe die Schnauze voll von den lumpigen Beefsteaks, die der Vater Desgrange jeden Abend servieren läßt. Ich möchte mal wieder wie ein richtiger Monsieur essen, frischen Fisch und auch Austern und Hummer, so lange, bis ich genug habe."
Ernest Paul braucht seinen Stiefbruder nicht zweimal zu bitten. Schmalbrüstige Flöhe wie der kleine Duboc mögen ja satt werden von den Mahlzeiten, die die Tour-Leitung spendiert, aber er, François Faber, hat andere Muskeln zu versorgen.
Ein paar Minuten später sitzen die beiden in einem Restaurant des „Vieux Port" und erregen mit ihrem gewaltigen Appetit die Bewunderung eines ganzen Bataillons von Kellnern. Austern, Langusten und Muscheln, mit denen eine vierköpfige Familie für eine Woche versorgt wäre, sind lediglich die Vorspeise zu einer Mahlzeit, die drei Stunden dauert und ihre ganze Barschaft verschlänge, wenn der von seinen Kellnern alarmierte Patron den beiden Giganten der Landstraße und der Gabel nicht einen Sonderrabatt einräumen würde.
Zum Nachtisch verzehren sie die ganze Käseauswahl, die ihnen angeboten wird und bei der feine Herren sich mit kleinen Stücken begnügen, und dann kippen sie, nach Chablis und Bordeaux, noch einige Cognacs, um dem überladenen Magen Ruhe zu verschaffen. Arm in Arm wanken sie, lustige Lieder singend, ins Hotel zurück.
Im Doppelzimmer mit der geblümten Tapete lastet die dumpfe Schwüle des Marseiller Sonnentags, aber die beiden mit allen Annehmlichkeiten von Küche und Keller gefüllten Gesellen merken nichts davon. Nach wenigen Minuten schnarchen sie, daß es auf drei Etagen zu hören ist.
Aber plötzlich ist da ein anderes Geräusch, das François Faber hochschrecken läßt. Ein langgezogenes Wimmern ist es, und zunächst denkt der Riese aus Luxemburg an die vielen Katzen, die im Marseiller Hafen herumstreunen. Ob sich so ein Biest unter seinem Bett verkrochen hat?
Doch dann wird er stocknüchtern. Dieses jämmerliche Wimmern kommt vom anderen Bett, und von keinem anderen als von seinem Stiefbruder! Als er Licht gemacht hat, sieht er ein totenbleiches Gesicht mit weit aufgerissenen Augen. Ächzend und stoßweise geht der Atem.
Und François Faber, von dem sie sagen, daß ihm nichts auf der Welt Angst machen könne, wird von Panik gepackt.
„Ernest stirbt!" schreit er, als er die Tür des Zimmers aufreißt, in dem der Masseur Panosetti schläft.
Sekunden später wimmelt der Korridor von aufgescheuchten Rennfahrern und Offiziellen, aber Faber läßt nur Panosetti ans Bett seines Bruders.

Der sieht sofort, daß mit seiner Kunst hier nichts mehr zu machen ist. Man muß Manchon wecken, den ungekrönten König der Pfleger und Masseure, der alles in seinem Wunderkoffer hat, was kranke Männer wieder in den Sattel bringt. Einen Arzt gibt es bei der Tour de France noch nicht. Daran hat Desgrange noch gar nicht gedacht.
Aber der abgebrühte Medizinmann, zu dessen Kunst sie alle grenzenloses Vertrauen haben, erschrickt, als er sich über den von Krämpfen geschüttelten Mann beugt, die Augenlieder anhebt und den Puls prüft. Und er sieht auch die geschwollene, schwärzlich gefärbte Zunge im weit geöffneten Mund des Kranken.
„Schlimm, François", sagt er. „Schwere Fischvergiftung. Da muß sofort ein Arzt her!"
Fast eine Stunde vergeht, ehe der Arzt am Krankenbett steht, und stumm machen ihm zwanzig Männer, die eigentlich schlafen müßten, weil sie morgen nach Perpignan radeln sollen, Platz.
Sehr ernst sagt der Arzt, nachdem er die Untersuchung beendet hat und eine Spritze vorbereitet: „Der Mann leidet an einer schweren Vergiftung. Man muß mit dem Schlimmsten rechnen. Lassen Sie ihn keine Sekunde allein und geben Sie ihm ununterbrochen kleine Eisstücke in den Mund. Außerdem wäre es gut, seine Familie und einen Pfarrer zu benachrichtigen. Morgen früh um acht komme ich wieder."
Und nur angesichts der flehenden Blicke der Männer verkneift er sich, hinzuzufügen, daß es wenig Sinn haben wird.
Aber damit, daß der Kranke jedes Wort verstanden hat, rechnet der Doktor nicht, und er weiß auch nicht, welche Energie sich der Bursche im Kampf auf glutheißen Landstraßen und schneebedeckten Gebirgspässen angeeignet hat. Die Landstraße, das ist seine Welt. Und wenn er ster-

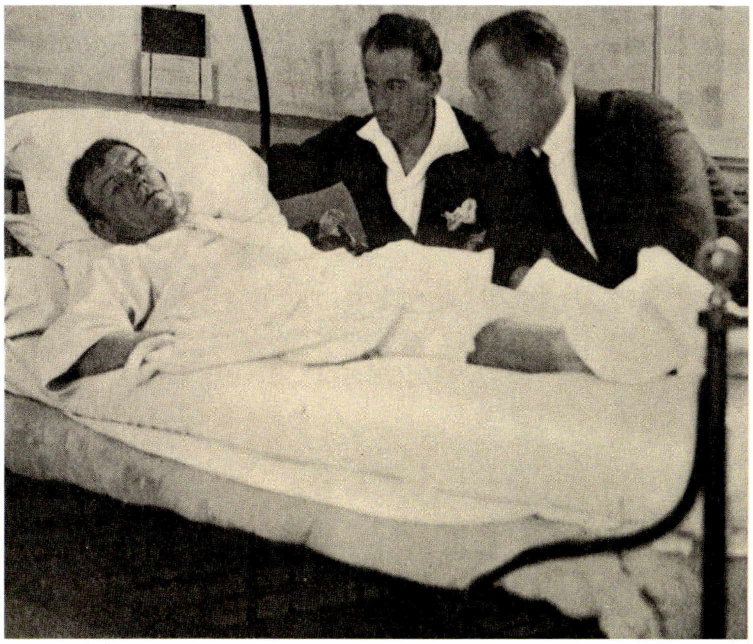

Radrennfahrer leben gefährlich. Eine Austernvergiftung allerdings, wie sie auf der ereignisreichen Tour von 1911 den Luxemburger Ernest Paul an den Rand des Todes brachte, gehört zu den Kuriositäten.

ben soll, dann wird er es dort tun, wo er hingehört, aber nicht in einem Hotelbett!
Und während François Faber ihm behutsam Eisstückchen in den Mund schiebt und scheue Blicke zum Fenster hinüberwirft, hinter dem der Tag zu grauen beginnt, bekämpft Ernest Paul die Krise mit einer Willenskraft, die der brave Doktor aus Marseille, der nie zuvor einen Giganten der Landstraße gesehen hat, mit Sicherheit als übermenschlich bezeichnet hätte.
Manchon, der ihn ebenfalls keine Sekunde aus den Augen läßt, stellt fest, daß die Schwellung an der Zunge zurückgeht. Und dann verlangt Ernest Paul, lallend zwar, aber verständlich, zu trinken. Sie flößen ihm ein wenig kalten Kaffee ein, und zehn Minuten später atmet er wieder besser, und auch der Herzschlag wird stärker. Und Manchon, der Medizinmann, spürt wieder Boden unter den Füßen.
„Er ist über den Berg, François! Leg dich ins Bett, du kannst morgen beruhigt an den Start gehen. Ich werde dafür sorgen, daß er hier noch ein paar Tage gepflegt wird. In einer Woche ist er wieder munter wie ein Fisch im Wasser!"
„In einer Woche?" Ernest Paul hat sich, trotz der Proteste seines Stiefbruders, im Bett aufgesetzt. „Ihr glaubt wohl, ich lasse François im Stich? Er muß diese Tour gewinnen, und ich werde ihm dabei helfen! Wenn dieses Doktorlein wiederkommt, um meinen Totenschein auszustellen, dann sagt ihm, ich hätte heute noch ein wenig zu tun. Und nun steht nicht so dumm herum, sondern helft mir ins Trikot und in die Rennhose. Vater Desgrange hat es nicht gern, wenn man zu spät zum Start kommt!"
„Trink wenigstens noch eine große Tasse heißen Kaffee mit Milch", rät Manchon.
Diesmal gehorcht Ernest Paul. Und dann sehen Hunderte von erstaunten Passanten, wie ein Rennfahrer, wankenden Schrittes, gestützt von einem anderen, sich vom Hotel zum Startplatz schleppt. Weit kommt der nicht, davon sind alle überzeugt, selbst François Faber.
Und im Hotel wartet Manchon auf die Ankunft des Arztes. Denn erstens hat man ihn bestellt, und zweitens muß die finanzielle Seite geregelt werden.
Als der Doktor das leere Bett sieht, ist der Fall für ihn klar: „Sie dürfen mir glauben, ich habe alles versucht, aber hier kam ärztliche Hilfe zu spät."
„Aber, lieber Doktor", sagt der König der Masseure mit viel Stolz und einem bißchen Ironie, „wir sind Ihnen zu größtem Dank verpflichtet. Durch diese Tür ist er hinausgegangen, und jetzt sitzt er schon wieder auf seinem Rennrad." Das ist zuviel. Minutenlang muß Manchon dem verdutzten Arzt beteuern, daß er die Wahrheit spricht. Und als er nach dem Honorar fragt, ist er der Überraschte: „Die Behandlung war kostenlos. Ich nehme nur Geld von gewöhnlichen Sterblichen. Aber der da, das ist ein Übermensch. Sie dürfen mir glauben, daß ich nie mehr über die Tour de France lächeln werde!"
Ernest Paul erreichte an diesem Tag das Etappenziel Perpignan zwar erst eine Stunde nach dem Sieger Duboc, aber noch vor Kontrollschluß. Und als der Ring dieser Tour de France sich in Paris schloß, lag er in der Gesamtwertung auf dem achten Rang.
Der Doktor aus Marseille aber fand wenig Glauben, wenn er seine erstaunliche Geschichte erzählte. Selbst in der Stadt von Marius und Olive, wo die unwahrscheinlichsten Fabeln für bare Münze genommen werden, hielt man ihn für einen Aufschneider.
Die Rennfahrer der „heroischen Epoche" wußten

freilich so gut wie nichts vom Wert konzentrierter und dennoch leicht verdaulicher Nahrung für die außergewöhnliche Dauerleistung. Sie betrieben Hochleistungssport mit Mitteln, die heutigen Sportmedizinern die Haare zu Berg stehen lassen. Und der Vergleich mit Rennwagen, die mit Heizöl aufgetankt werden, ist nicht zu weit hergeholt.

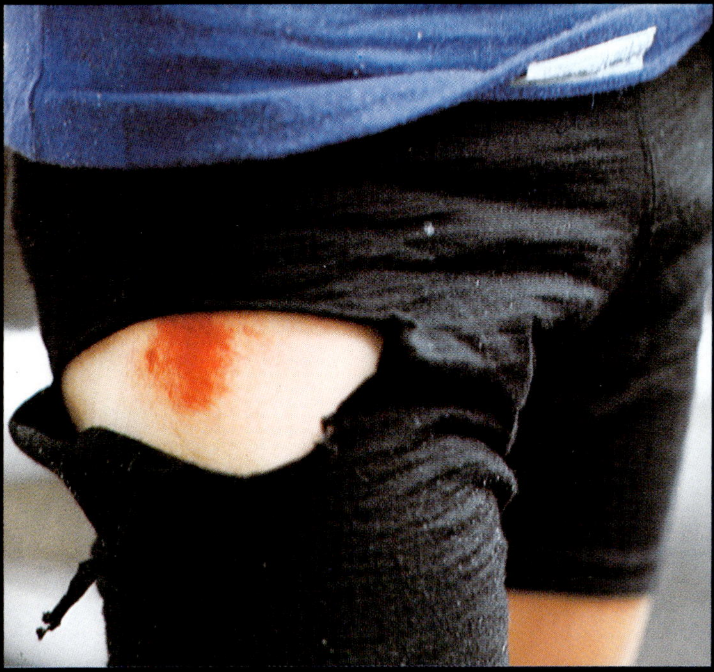

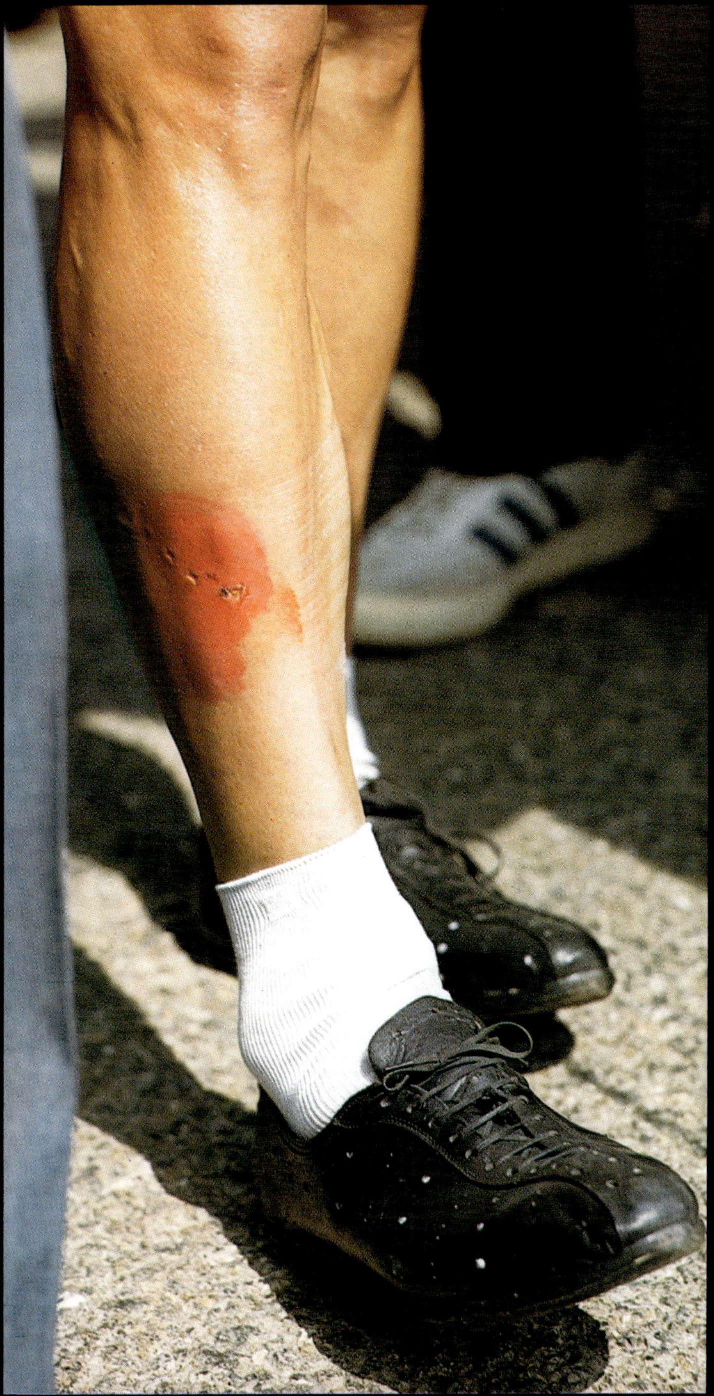

Sturzverletzungen sind an der Tagesordnung. Meist sehen die Stürze allerdings schlimmer aus, als sie sind, und für kleine Wunden und Hautabschürfungen haben die Fahrer nur ein müdes Lächeln übrig.

Die fliegende Spritze

Wenn die Tour zu Ende geht, sind auch die Zähesten gezeichnet. Die Hälfte der Gestarteten ist ausgeschieden; von der anderen Hälfte ist die Hälfte krank.
Aber jetzt geht es ums Durchhalten, weil in Paris Zahltag ist. Wer ausscheidet, bekommt weniger. Fußballer führen ein rosiges Leben gegenüber den Männern, die als Giganten der Landstraße bezeichnet werden, aber sich selbst ihre Sträflinge nennen, seit der berühmte Reporter Albert Londres diesen Begriff prägte.
Jetzt geht's darum, Paris zu erreichen, und mancher fühlt sich nicht besser als Napoleon bei seinem Rückzug von Moskau. Aber wenigstens schneit es nicht, und die Straßen sind besser.
Und es gibt den Doktor. Genauer gesagt, die vier Doktoren. In dieser Schlußphase des Rennens arbeiten sie rund um die Uhr.
Stoßzeit haben sie nach der Ankunft im Etappenziel, wenn es gilt, die Mannschaften in ihren Hotels aufzusuchen. Da gilt es, frische Wunden zu untersuchen, die nicht allein der Pflege des Masseurs überlassen werden können, und oft genug kann im Hotel nichts entschieden werden. Röntgenaufnahmen in der Klinik sind notwendig.
Die Kundschaft der Ärzte setzt sich aus allen Teilen der Karawane zusammen. Da hat ein Rennkommissar einen schlechten Fisch gegessen und fühlt sich vergiftet. Da packt den Tour-Direktor plötzlich das Zipperlein, und der Technische Direktor einer Mannschaft sieht nichts mehr, weil ihn eine Wespe ins Auge gestochen hat. Und morgens um drei fällt ein Mechaniker, der die Rennmaschine seines Stars zum drittenmal auseinandergenommen hat, mit einem Kreislaufkollaps auf die Nase.
Jetzt, kurz vor Paris, müßten eigentlich die Ärzte zum Doktor. Oder morgens, wenn's wieder losgeht, im Auto etwas Schlaf nachholen.
Aber das geht nicht. Vorbei die ruhigen Tage, an denen ihnen die Rennfahrer lachend zuwinkten und fragten, ob sie nicht zufällig eine schnelle Pulle in ihren schwarzen Beständen hätten.
Jetzt lassen sie sich, kaum daß gestartet ist, scharenweise zum weißen Ärztewagen, der unmittelbar hinter dem Feld fährt, zurückfallen. „Docteur, s'il vous plait! Mein linkes Knie ist wieder dicker geworden."
Der Doktor reicht Pomade aus dem Wagen, und im 40-Kilometer-Tempo reibt der Fahrer sein Knie ein. Umgekehrt wie ein normaler Mensch. Er braucht nur die Hand hinzuhalten, das Knie kommt immer von alleine.
Ein anderer braucht Tabletten gegen Halsschmerzen und Fieber und der nächste gar eine Spritze. Er zieht die Rennhose ganz hoch, hält sich mit der Hand am Wagen fest, rollt im Freilauf und winkelt dem Arzt den Schenkel entgegen. Und der haut ihm das Ding rein, als ob es keine Spritze, sondern einer jener bunten Pfeile des Dart-Spiels wäre, mit denen man im Garten auf Korkscheiben zielt.
Ist natürlich kein Doping, und dankbar stößt sich der Rennfahrer vom Wagen ab und strampelt dem davongeeilten Haufen nach. Und unermüdlich und unverdrossen schuften die vier medizinischen Schwerstarbeiter der Tour weiter, um nach Paris zu bringen, was übriggeblieben ist.

Le Vieux Gaulois

Es war die Zeit, in der Europa dem Ersten Weltkrieg entgegentrieb, und die Rennfahrer, die 1913 in die Tour de France gingen, ahnten weder, daß sie durch künftige Schlachtfelder fuhren, noch daß viele von ihnen nicht mehr aus ihnen zurückkehren würden. Unter ihnen François Faber, der gutmütige Riese aus Luxemburg, der sich unmittelbar nach der Mobilmachung zur französischen Fremdenlegion meldete, und auch Lapize, Betit-Breton, Engel, Hourlier, Cadolle, Vomès, Friol, um nur die Bekanntesten zu nennen. Andere zogen nach fünf Kriegsjahren die Uniform aus und setzten sich auf ihre Rennmaschinen, als hätten sie die ewige Jugend gepachtet. Zur größten Berühmtheit unter ihnen haben es Eugène Christophe und Henri Pélissier gebracht, Monumente der Tour de France, obwohl Christophe sie nie gewonnen hat. Keinem hat so rabenschwarzes Pech an den Reifen geklebt wie ihm, aber auch auf keinen Rennfahrer sind so viele Trinksprüche ausgebracht worden wie auf ihn, und noch heute läßt man ihn hochleben im Restaurant zum „Vieux Gaulois" in der Rue du Faubourg Montmartre, das ihm zu Ehren diesen Namen trägt. Er war der Poulidor der heroischen Epoche.
Man schreibt das Jahr 1913, und die Tour ist so volkstümlich geworden, daß sich Ministerpräsident Raymond Poincaré die bekanntesten Fahrer auf der Place de la Concorde vor dem Start vorstellen läßt. Und als die riesige Karawane über die Champs Elysées zum Triumphbogen hinaufzieht, steht Henri Desgrange in seinem Wagen wie ein Feldherr. Nicht mehr fern ist der Tag, an dem man sagen wird: „Im Juli können Regierungen gestürzt werden, ohne daß das Volk davon Kenntnis nimmt, denn im Juli herrscht Desgrange über Frankreich!"

Oben: Die Tour ist volkstümlich geworden, und jeder sucht den besten Platz, um seine Helden zu sehen.
Rechts: Eine besonders geschulte Staffel der französischen Gendarmerie begleitet Jahr für Jahr die Tour mit ihren schweren Motorrädern und sorgt für Ordnung.

Der große Favorit dieser Tour ist der Belgier Philippe Thys, aber in den Pyrenäen ist er dem unwiderstehlichen Angriff eines kleinen, bärenstarken Burschen aus Paris nicht gewachsen. Eugène Christophe heißt er. Seine Freunde nennen ihn „Cricri", und ganz Frankreich übernimmt diesen Namen, als er den Tourmalet erstürmt wie nie ein anderer zuvor. Auf dem Gipfel beträgt sein Vorsprung auf Thys 18 Minuten! Schwarz von Menschen ist der Gipfel, auf dem der wackere Alphonse Steines drei Jahre zuvor durch die Nacht irrte. Eugène Christophe bahnt sich einen Weg durch ein Spalier des Jubels, aber es verdreht ihm nicht den Kopf.
Das Auge ist klar, Kräfte und Reflexe sind intakt. 18 Minuten Vorsprung werden ihm angezeigt; da braucht man kein Risiko einzugehen. Vor der langen Talfahrt hinunter nach Sainte-Marie-de-Campan entnimmt er der Trikottasche eine Zeitung und schiebt sie zwischen Brust und Trikot. Sie saugt den Schweiß auf und hält den Fahrtwind ab. Denn es ist kalt in den Bergen, und wer sich nach der gewaltigen Anstrengung des Aufstiegs für die Abfahrt nicht schützt, kann die Tour im Hospital beenden.
Auch in den Kurven ist Christophe vorsichtig. Was sich an Abgründen neben ihm auftut, macht den Eiffelturm zu einem Maulwurfshügel. So furchterregend und schroff sind sie, daß er es gar nicht wagt, einen Blick hinunterzuwerfen. Aber er beherrscht Rad und Straße mit der Ruhe eines Mannes, der seiner Sache ganz sicher ist. Selbst wenn der Belgier bei der Abfahrt sein Leben riskiert, kann er höchstens zwei Minuten gutmachen. Eugène Christophe denkt und lenkt wie einer, der die Tour schon gewonnen hat. Doch plötzlich ein metallisches Klirren. Der Lenker versagt seine Dienste, und nur mit viel

Le Parisien
libéré
TOTAL
MICHELIN
RALEIGH
TI-RALEIGH
TOTAL
PEUGEOT

Geschick kann Christophe einen Sturz vermeiden. Gabelbruch!
Die Augen des Mannes, denen der heftige Fahrtwind nichts anhaben konnte, füllen sich mit Tränen ohnmächtiger Wut. Alles war umsonst. Noch gibt es keine Materialwagen mit Ersatzmaschinen, und das harte Reglement schreibt vor, daß jeder Fahrer selbst, ohne irgendwelche fremde Hilfe, reparieren muß.
Aber was gibt es bei einem Gabelbruch schon zu reparieren! Oft genug hat er bewiesen, daß ihm keine Reparatur zu kompliziert ist, denn er hat das Schlosserhandwerk erlernt. Doch wie flickt man eine Gabel?
Höchstens in einer Schmiede. Also muß er eine finden. Und schon bewegt er sich, gehend, rutschend und laufend, talwärts, den Rahmen auf dem Rücken, das Vorderrad in der linken Hand. Weit ausholende Serpentinen schneidet er, über schroffe Hänge rutschend, ab, aber was ist das schon! Als er nach 14 Kilometern Fußmarsch in Sainte-Marie-de-Campan ankommt, sind die anderen, und dies im wahrsten Sinne des Wortes, längst über alle Berge.
Eugène Christophe hält einen traurigen, fassungslosen Einzug in die einzige Schmiede des kleinen Pyrenäendorfes, von dem aus Alphonse Steines drei Jahre zuvor den Tourmalet erkundet und „bon pour le service“ befunden hatte. Tauglich, sagt man bei uns. Aber dieser Herr Steines hat das Glück, jetzt in Paris zu sitzen und nicht vor die Fäuste zu geraten, die sich mit einer gebrochenen Vorderradgabel befassen!
Dafür sind Henri Desgrange und drei Rennkommissare da. Die Kommissare, weil sie für die Einhaltung des Reglements verantwortlich sind, Desgrange, weil sich hier die große Story vom großen Pechvogel anbietet. In diesem Augen-

Oben: Diese zeitgenössische Zeichnung gibt die Szene wieder, in der Eugène Christophe 1913 in der Schmiede von Sainte-Marie-de-Campan seine Gabel repariert.
Links: Begleitwagen mit Ersatzmaterial gab es damals noch nicht, und ein Gabelbruch bei der Abfahrt bedeutete das Ende.

blick ist er nicht der rechnende Organisator, sondern der heißblütige Journalist. Ganz Frankreich wird am nächsten Morgen wissen, mit welch unglaublicher Energie Eugène Christophe sich gegen seine verzweifelte Lage auflehnte. Allerdings, könnten Blicke töten, Desgrange und seine drei Kommissare wären nicht lebend aus der Schmiede herausgekommen. Christophe sieht nichts als sensationsgierige Peiniger in ihnen, und groß ist die Versuchung, den schweren Hammer nicht auf den Amboß niedersausen zu lassen, sondern auf diese drei Gesichter, die jede seiner Bewegungen überwachen.

Aber es bleiben, trotz seiner ohnmächtigen Wut, beherrschte und genaue Schläge auf Gabel und Amboß, und als die Reparatur gelungen ist, umarmt ihn der kleine Junge, der ihm den Blasebalg getreten hat.

Der Kommissar Mousset aber sagt mit kalter und und geschäftsmäßiger Stimme: „Sie wissen, Christophe, daß sie den Paragraphen 2 von Artikel 45 des Reglements, der besagt, daß Sie nicht mit fremder Hilfe reparieren dürfen, verletzt haben. Aber wir tragen den besonderen Umständen Rechnung und belegen Sie lediglich mit einer Strafminute."

Doch da packt Eugène Christophe grimmiger Galgenhumor: „Eine Minute, wie großzügig, Herr Kommissar! Warum nicht dreißig? Ich habe jetzt vier Stunden verloren, da ist man nicht mehr kleinlich mit den Minuten. Und wenn Sie's genau wissen wollen, Sie können mich mit ihrer blödsinnigen Strafe am Arsch lecken!"

Spricht's und sitzt schon wieder im Sattel seiner geflickten Maschine, um wenigstens noch ein paar Minuten seines gewaltigen Zeitverlusts einzuholen.

Zu dem Kommissar aber, der überlegt, wie diese Beleidigung zu bestrafen sei, sagt Henri Desgrange: „Vergessen Sie's, Mousset. Wer so etwas hinter sich hat, darf auch mal das Maul aufmachen!"

Eugène Christophe hat diese Tour de France auf dem 7. Platz der Gesamtwertung beendet. Kein Zweifel, daß er sie ohne sein Pech in den Pyrenäen gewonnen hätte. Aber er, der legendäre Pechvogel der heroischen Epoche, war, wie später Raymond Poulidor, zur Rolle des ewigen Zweiten verdammt, aus der er freilich mehr Popularität gezogen hat als viele Tour-Sieger.

Auf holprigen Straßen oder bei rasender Abfahrt heißt es den Lenker gut festzuhalten.

PEUGEOT

Das Gelbe Trikot

Auch 1919, als Desgrange das kaum faßliche Wagnis aufnimmt, die Tour auf den vom Weltkrieg verwüsteten Straßen und mit untauglichem Material wieder auferstehen zu lassen, ist Eugène Christophe wieder dabei. Nur elf Fahrer stehen das Rennen durch, und es siegt der Belgier Firmin Lambot vor den Franzosen Alavoine und Christophe.
Das unfaßlichste aber ist dies: Eugène Christophe, den sie jetzt wegen seines unvergessenen Pyrenäenabenteuers respektvoll „vieux Gaulois", den „alten Gallier", nennen, hat das Pech, die Tour abermals durch einen Gabelbruch zu verlieren. Diesmal auf der vorletzten Etappe, nachdem er sich mit beispielloser Energie das Gelbe Trikot des Spitzenreiters erobert hat.
Dem Leser wird auffallen, daß hier zum erstenmal vom Gelben Trikot die Rede ist, und tatsächlich war Eugène Christophe sein erster Träger. Denn mitten im Verlauf dieser katastrophalen ersten Nachkriegs-Tour war Henri Desgrange auf die Idee gekommen, den Führer in der Gesamtwertung für die Leute am Straßenrand kenntlich zu machen. Viele Leute sind heute der Meinung, Desgrange habe ein gelbes Trikot gewählt, weil er seine Zeitung „L'Auto" auf gelbem Papier drucken ließ, aber die Unterlagen in den Archiven beweisen eindeutig, daß das begehrteste aller Trikots seine Existenz einem reinen Zufall verdankt. Desgrange hatte in Paris telegrafisch eine Auswahl von einfarbigen, möglichst grellen Trikots bestellt, aber das Angebot war in diesem ersten Nachkriegsjahr so gering, daß man lediglich ein halbes Dutzend knallgelber Jerseys schicken konnte. Die Sendung erreichte ihn am 19. Juli im Etappenziel Grenoble, und noch am gleichen Abend ließ Henri Desgrange Eugène Christophe auf sein Hotelzimmer kommen.
„Vieux Gaulois, du liegst an der Spitze der Gesamtwertung und wirst deshalb morgen dieses gelbe Trikot tragen. Keiner hat es mehr verdient als du, und ich hoffe, daß du es bis Paris behalten wirst."
Das war die recht nüchterne Geburtsstunde des legendären „Maillot Jaune". Eugène Christophe hat es dann doch nicht nach Paris gebracht. Immerhin bewog sein zweiter Gabelbruch die Organisatoren, das starre Reglement zu ändern. Sie erlaubten, daß Fahrer einer gleichen Mannschaft künftig gegenseitig die Maschinen auswechseln durften, und auch Hilfeleistung durch Fremde wurde in beschränktem Umfang gestattet. So war der „alte Gallier" nicht nur ein unglücklicher Held der Tour, sondern auch ein Pionier ihrer Humanisierung.

Man sagt, das Gelbe Trikot verleihe seinem Träger besondere Kräfte. Erst seit 1919 trägt der Führende in der Gesamtwertung das Gelbe Trikot, um sich den Zuschauern kenntlich zu machen.

Die Pélissiers

Ungeheuer war die Begeisterung, die das Rennen von Henri Desgrange nach dem Ersten Weltkrieg entfachte. Tour-Sieger wurden zu Nationalhelden, und das einzige, was dem Vater der Tour Kummer bereitete, war die immer drückender werdende belgische Überlegenheit. 1920 errang Philippe Thys seinen dritten Tour-Sieg, und hinter ihm rangierten sieben weitere Belgier. Erst auf dem neunten Platz mit Barthélémy der erste Franzose! Noch bluteten die Wunden des Krieges; es fehlte an Männern, die das Erbe der Pioniere der „heroischen Epoche" übernehmen konnten.

Belgische Siege auch 1921 und 1922 durch Léon Scieur und Firmin Lambot. Aber dann, 1923, kam Henri Pélissier. Spät kam er, doch er kam!

Kein Zweifel, daß sein Name ohne den Weltkrieg längst in der Siegerliste gestanden hätte, denn schon 1913, zehn Jahre zuvor, hatte er Philippe Thys schwer zugesetzt. Henri Pélissier, dem der Krieg die besten Jahre seiner Karriere gestohlen hat, steht ganz oben auf der Liste der Großen der Tour.

Aber man muß, wie man gleich sehen wird, auch von seinen Brüdern sprechen. Denn die Pélissiers sind ein Clan mit der Zähigkeit und den Dickschädeln ihrer bäuerlichen Vorfahren. Sie stammen aus Paris, aber dennoch vom Land, denn der Vorort Passy war um die Jahrhundertwende noch ein stilles Dorf, und nicht weniger als vierzig Kühe stehen im Stall des ansehnlichen Hofes, der der Stolz des Vaters Pélissier ist.

Bald aber fängt Henri, der Älteste, der so stark ist, daß er einen jungen Bullen umwerfen kann, an, dem Vater Kummer zu machen. Er hat sich ein Rennrad gekauft, zeigt nur noch wenig Interesse an Kühen, Milch und Käse, und eines Tages erklärt er seinem Vater: „Ich werde Rennfahrer!"

Oben: Unvergänglich ist der Ruhm der Brüder Henri und Francis Pélissier.
Nächste Doppelseite: Schon bald lockte die Tour de France Hunderttausende an den Straßenrand. Beachten Sie die drei Kinder – jedes genießt das Spektakel auf seine Art!

Der alte Pélissier schlägt auf den Tisch, daß Charles, der Kleinste, zu weinen anfängt. Doch es nützt nichts. Henri setzt seinen Kopf durch. Als er seine ersten Rennen gewinnt und Henri Desgrange ihm in „L'Auto" eine große Zukunft prophezeit, ist der Vater bekehrt. Und er hat sogar nichts dagegen, daß auch Jean und Francis mit der Rennerei anfangen. Bald sind sie jeden Sonntag irgendwo am Start.

Nur der kleine Charles darf nicht Rennfahrer werden. Wenn er schon den Hof nicht übernehmen will, soll er studieren. Aber es kommt dann alles ganz anders.

Am 2. August 1914 werden Henri, Jean und Francis unter die Fahnen gerufen. Jean kehrt nicht mehr zurück. Er bleibt in einem Schützengraben des Argonnerwalds.

Henri und Francis aber sitzen schon wenige Wochen nach dem Waffenstillstand wieder auf ihren Rennrädern, und der geschäftstüchtige Manager Baugé, der einen neuen Rennstall aufbaut, nimmt auch gleich noch Charles, der gerade zwanzig geworden ist, unter Vertrag. Drei Pélissiers, das zieht auf jedem Plakat!

Charles will auch gleich seine Meldung für die Tour de France abgeben, aber da schlägt Henri wieder einmal auf den Tisch: „Damit wartest du noch, Freundchen! Glaubst du, ich will unterwegs die Amme spielen? Es wird höchste Zeit, daß einer einmal den Belgiern zeigt, daß es noch Männer in Frankreich gibt!"

1923 gelingt Henri Pélissier der große Coup. 25000 feiern ihn im überfüllten Pariser Prinzenparkstadion, wie noch nie ein Tour-Sieger gefeiert worden ist. Noch hat Frankreich Söhne, die nicht tatenlos zusehen, wie die Belgier die Tour-Siege nach Hause fahren! Und auch Francis wird wie ein Sieger umjubelt, obwohl er nur 23. geworden ist. Jeder weiß, daß er viel weiter vorne gelandet wäre, wenn er den großen Bruder nicht unter Verzicht auf die eigene Chance bei jeder Gelegenheit unterstützt hätte.

Eine nationale Welle der Begeisterung spült die Pélissiers auf die höchste Plattform der Popularität. Gleichwohl kann Charles, der Benjamin, auch 1924 noch nicht seine erste Tour bestreiten, weil er seinen Militärdienst ableisten muß. Leistungssport und Militär vertragen sich noch nicht wie heute, wo den Stars des Sports nach der Grundausbildung jede Freiheit eingeräumt wird. Aber Charles Pélissier hat es nicht bereut. Es wäre ein schlechter Start für ihn geworden.

Denn Henri wird den Rebellen spielen, und natürlich hätte er auch den jüngeren Pélissier in diese Rolle gedrängt. Niemand hatte eine Chance, den eigenwilligen Henri zu beschwichtigen, wenn er in Rage war. Da mußte selbst der Vater Desgrange kapitulieren!

Schon am Start dieser Tour des Jahres 1924 ist Henri Pélissier reizbar und streitsüchtig. Noch ehe er in den Sattel steigt, legt er sich mit einem Rennkommissar an, der sein Material prüft, als ob er es gestohlen hätte. Ausgerechnet ihm, einem Pélissier, muß das passieren, der den Siegeszug der Belgier gestoppt hat!

Auf der ganzen ersten Etappe flucht er seinen Groll hinaus. Aber es befreit ihn nicht. Die Bombe platzt während der dritten Etappe, die von Cherbourg nach Brest führt. Es kommt zum Aufstand der Pélissiers, ein Ereignis, das noch mehr Wellen schlägt, als es ohnehin getan hätte, weil es Albert Londres erlebt, einer der größten Zeitungsreporter aller Zeiten. Londres, den man getrost als den französischen Egon Erwin Kisch bezeichnen darf, hatte sich von der Tour faszinieren lassen und beschlossen, sie auf seine

YAOURT
A BOIRE
ORANGE

Ray. POULIDOR

1924, Café de la Gare in Coutances: Henri und Francis Pélissier haben zusammen mit Maurice Ville aus Protest das Rennen aufgegeben und trinken in aller Gemütlichkeit Schokolade.

Weise zu begleiten. Er suchte das, was die Amerikaner den „human touch" nennen, und die Pélissiers inspirierten ihn auf dieser Etappe zu seinem berühmt gewordenen Artikel „Les Forçats de la Route", zu deutsch „Die Sträflinge der Landstraße". Hören wir Albert Londres:
„Wir waren an diesem Morgen dem Feld vorausgefahren. Gegen sechs Uhr erwarteten wir die Fahrer in Granville, und als die Spitzengruppe auftauchte, riefen die Zuschauer spontan: ‚Henri, Francis!' Denn es war undenkbar, daß sich die Pélissiers nicht in der Spitzengruppe befanden. Doch sie fehlten, und man wartete. Die zweite Gruppe kam, aber hier gab es keine Asse zu sehen, sondern fast ausschließlich die sogenannten ‚touristes-routiers', namenlose Burschen, die keinem der großen Rennställe angehörten und auf eigene Rechnung fuhren. Wieder fehlten die Pélissiers.
Bis schließlich die unglaubliche Nachricht durchsickerte: ‚Henri und Francis haben aufgegeben!' Sofort wenden wir unseren Renault, und ohne Rücksicht auf die quietschenden Reifen rasen wir nach Cherbourg zurück. Schließlich sind die Pélissiers einen Satz Reifen wert.
In Coutances versperrt eine aufgeregt diskutierende Menge die Straße.
‚Habt ihr die Pélissiers gesehen?'
‚Natürlich! Sie sitzen im Café de la Gare. Aber ihr braucht gar nicht erst hinzufahren. Man kommt nicht hinein.'
Tatsächlich müssen wir uns mit den Fäusten und Ellenbogen den Weg durch die Neugierigen bahnen. Halbwüchsige drücken sich an den schmutzigen Scheiben die Nasen platt. An einem Ecktisch, auf dem drei riesige Tassen mit heißer Schokolade dampfen, sitzen drei Rennfahrer – Henri und Francis Pélissier; der dritte ist kein

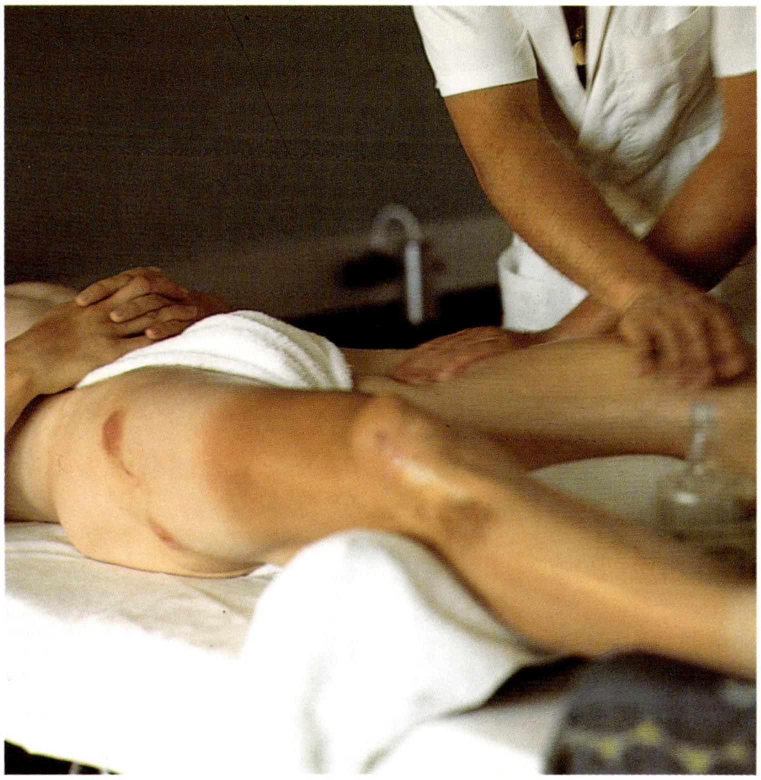

„Haben Sie uns abends schon einmal im Bad sitzen sehen, wenn der Dreck weg ist und die Wunden zum Vorschein kommen?“ wetterte Henri Pélissier bei seiner Rebellion im Jahre 1924.

anderer als Maurice Ville, der auf den beiden ersten Etappen in Le Havre und Cherbourg jeweils den zweiten Platz belegt hatte.
‚Was ist los mit euch?‘
‚Wir lassen uns nicht behandeln wie Hunde!‘
Der ältere Pélissier sagt es mit aufreizender Ruhe und scheint im übrigen nur Interesse für seine dampfende Tasse zu haben.
‚Nun sagt schon, was passiert ist!‘
Henri schiebt die Tasse weg, und dann legt er los: ‚Haben wir vielleicht kein Recht darauf, wie Menschen behandelt zu werden? Heute morgen in Cherbourg kommt ein Kommissar auf mich zu, und ohne ein Wort zu sagen, schiebt er mein Trikot hoch und tastet mich ab wie einen Dieb. Er wollte wissen, ob ich zwei Trikots trage. Was würden Sie sagen, wenn ich unter ihre Weste griffe, um zu sehen, ob Sie ein sauberes Hemd anhaben? Ich kann solche Manieren nicht ausstehen!‘
‚Was geht es den Kommissar an, ob Sie zwei Trikots tragen?‘
‚Oh, ich könnte zehn tragen, aber ich habe nicht das Recht, mit zwei Trikots zu starten und mit einem anzukommen.‘
‚Das verstehe ich nicht.‘
‚Ihr versteht vieles nicht, ihr Journalisten. Aber so ist das Reglement. Wir sollen auf der Landstraße nicht nur schuften wie die Ochsen, sondern auch erfrieren oder ersticken. Auch das scheint zum Sport zu gehören. Man hat mir gestern zwei Strafminuten aufgebrummt, weil ich ein Trikot unterwegs weggeworfen habe. Aber ich habe Desgrange erklärt, daß es meine Sache ist, wenn ich bei der Kühle des Morgens mit zwei Trikots starte und später, wenn es heiß wird, eines davon wegwerfe. Und wissen Sie, was er mir gesagt hat? ›Sie haben kein Recht‹,

hat er gesagt, ›mein Material wegzuwerfen!‹
Darauf ich: ›Das ist nicht Ihr Material, sondern mein eigenes. Damit kann ich machen, was ich will.‹
Darauf er: ›Ich diskutiere nicht auf der Straße. Wir werden das in Brest in Ordnung bringen.‹
›In Brest‹, sage ich, ›werden Sie mich gar nicht mehr sehen. Ich fahre nämlich nach Hause.‹
Voilà! Und das werden wir jetzt auch machen, nicht wahr, Francis?'
Zustimmend nickt der Bruder, und dann fährt Henri mit seinem Monolog fort: ‚Ich wäre heute morgen gar nicht gestartet, aber Francis war schon mit dem Feld weggefahren, und so mußte ich ihn zurückholen. Ich jage also dem Haufen nach, und dann sage ich zu Francis: ›Komm, wir hören auf.‹'
Über das Gesicht von Francis huscht ein Lächeln: ‚Dieser Vorschlag kam mir gerade recht, denn ich bin heute morgen mit Bauchschmerzen aufgewacht und war ziemlich lustlos.'
‚Und Sie, Ville?'
Der dritte Meuterer verzieht sein gutmütiges Jungengesicht zu einem breiten Grinsen: ‚Mich haben die beiden unterwegs aufgelesen. Ich hatte Beine wie Blei und habe mich gefreut, in so vornehmer Gesellschaft aufgeben zu dürfen.'
Aber Henri ist mit seiner Anklage noch nicht fertig: ‚Ihr habt ja keine Ahnung von dieser Schinderei! Ihr staunt zwar, wenn wir auf der Landstraße kurbeln wie die Wilden, aber ihr wißt nicht, wie wir das überhaupt fertigbringen. Hier, schaut euch das an.'
Und er zieht Tuben und Schachteln aus seiner Musette, die nicht für die Verpflegung bestimmt sind.
‚Das hier ist Kokain für die Augen. Das ist eine Pomade, um die Knie zu erwärmen. Aber wir haben auch Chloroform, und diese Pillen hier nennen wir Dynamit. Gefährliches Zeug, mein lieber Freund! Und haben Sie uns abends nach den Etappen schon einmal im Bad sitzen sehen? Dieses Schauspiel sollten Sie sich nicht entgehen lassen! Wenn der Dreck weg ist und die Wunden zum Vorschein kommen, würden Sie Mitleid mit ihren Giganten kriegen! Und in unseren Hotelzimmern führen wir Veitstänze auf, anstatt zu schlafen. Nicht nur die Strapazen, auch der Durchfall höhlt unsere Körper aus, und wenn wir nach einer Etappe von 300 Kilometern vom Rad steigen, haben wir so viel Gewicht verloren, daß uns die Hosen über die Knie rutschen. Und dann die Pyrenäen und der Durst. Keinem Vieh würde man das zumuten! Und wenn du einen Brunnen entdeckst, mußt du aufpassen, daß dir keiner beim Pumpen hilft, sonst gibt es Strafminuten. Aber all das nehmen wir ja auf uns; als wir dieses Metier gewählt haben, wußten wir, daß uns nichts geschenkt wird. Doch ich heiße Pélissier und lasse mich nicht beleidigen. Wenn mir ein Kommissar unters Hemd greift, mache ich nicht mehr mit. Eines Tages werden uns diese Herren noch die Taschen mit Blei vollstopfen, weil sie beweisen wollen, daß Gott den Menschen zu leicht erschaffen hat!'"
So hat der berühmte Pariser Journalist Albert Londres die Meuterei der Pélissiers bei der Tour de France 1924 geschildert und damit zweifellos ihre Berühmtheit vergrößert, denn das Volk bewundert Männer, die mit dem Mut der freien Rede auf den Tisch hauen.
Freilich, Henri war auch ein Schlitzohr. Sehr wohl hatte er begriffen, welche Gelegenheit ihm Albert Londres bot, der ein großer Journalist, aber kein Experte des Radsports war. Alten Hasen unter den Tour-Journalisten hat er später gesagt:

„Ich habe ein bißchen übertreiben müssen, um ihn heiß zu machen, und wie ihr gesehen habt, hat er glänzend gespurt. Aber im Prinzip hatte ich natürlich recht!"
Sieger dieser von den Pélissiers verlassenen Tour wurde der Italiener Ottavio Bottecchia, und ein seltsames Schicksal hat es gewollt, daß die beiden großen Rennfahrer Bottecchia und Henri Pélissier eines gewaltsamen Todes sterben mußten. Bottecchia gewann auch die Tour 1925. Im folgenden Jahr gab er wegen einer Darmerkrankung auf, und dann wurde dieser drahtige Kletterkönig, der es fertigbrachte, auch bei den steilsten Steigungen im Sattel zu bleiben, nie mehr auf Frankreichs Landstraßen gesehen. Am 11. Juni 1927 fanden ihn Bauern bewußtlos und mit einer schweren Kopfverletzung im Graben einer Landstraße, nur wenige Kilometer von seinem Heimatdorf entfernt. Drei Tage später starb Ottavio Bottecchia im Krankenhaus von Genua. Man war überzeugt davon, daß er sich seine tödliche Verletzung durch einen schweren Sturz bei einer Trainingsfahrt zugezogen hatte.
Erst einundzwanzig Jahre später beichtete ein Bauer auf seinem Sterbebett, er habe Bottecchia mit einem schweren Feldstein erschlagen, weil er sich in seinem Weinberg eine Handvoll Trauben zur Erfrischung geholt hatte.
Tragisch endete auch das Leben von Henri Pélissier. 1936 – er war gerade 46 Jahre alt geworden – erschoß ihn seine Frau bei einer Eifersuchtsszene. Die Revolverkugel drang ihm mitten ins Herz.
Charles, der jüngste Pélissier, aber wurde zum Sprinterkönig der Tour. 1930 gewann er nicht weniger als acht Etappen und belegte siebenmal den zweiten Platz, ein Rekord, der bis heute ungebrochen ist.

Ottavio Botecchia war der erste italienische Tour-Sieger. Er gewann 1924 und 1925. Er fand ein tragisches Ende, als er bei einer Trainingsfahrt von einem jähzornigen Weinbauern mit einem Stein erschlagen wurde.

Die ersten Deutschen

Sieger der Tour des Jahres 1930, die eine neue Ära einleitete, aber wurde sein Landsmann André Leducq. Er wurde es in erster Linie dank der uneingeschränkten Unterstützung einer enorm starken französischen Nationalmannschaft.
In der Tat hatte Henri Desgrange den Konkurrenzkampf der Firmenmannschaften seit Jahren mit immer größerem Mißbehagen betrachtet, und wieder einmal bewies er viel Spürsinn und Organisationstalent. Er engte die Macht der Industrie ein und vergrößerte die nationalen Chancen, was ganz nach dem Geschmack der Massen war. Denn seit 1923, dem Jahr von Henri Pélissiers Triumph, hatten nur noch Ausländer den Rahm abgeschöpft. Desgrange war sicher, daß Frankreichs beste Fahrer, in einer Nationalmannschaft vereinigt, schlagkräftig genug sein würden, um die ausländische Konkurrenz in Schach zu halten.
Eingeladen wurden fünf Nationalmannschaften zu je acht Fahrern: Belgien, Italien, Spanien, Frankreich – und Deutschland. Hinzu kamen weitere 60 französische Fahrer, die in Regionalmannschaften aufgeteilt wurden. Hundert Fahrer waren also am Start, unter ihnen die ersten deutschen Teilnehmer an der Tour de France.
Sie mußten hartes Lehrgeld bezahlen, aber drei von ihnen hielten bis Paris durch und belegten sogar achtbare Plätze: Adolf Schön wurde 10., Oskar Thierbach 13. und Siegel 33.
In Deutschland, wo der Radsport nie von auflagenstarken Zeitungen, die selbst Rennen organisierten und ihnen solchermaßen die nötige Propaganda verschafften, getragen worden ist, regte sich bemerkenswertes Interesse für die Tour de France. Freilich begriffen nur Fachleute, was es heißt, in einem solchen Rennen Zehnter zu werden. Und selbst sie begriffen nicht, daß die deutschen Rennfahrer ihre Einladung nur der Tatsache verdankten, daß Henri Desgrange sein Rennen vor der industriellen Mafia retten wollte.
Nur die internationale Bedeutung, die die Tour de France inzwischen erlangt hatte, erlaubte ihm eine revolutionäre Zäsur, welche die französische Fahrradindustrie zähneknirschend zu schlucken hatte: Alle Fahrer erhielten ein gelb gestrichenes Rennrad mit Aufschrift „L'Auto", und alle ihre Ausgaben wurden uneingeschränkt von der Organisation bezahlt.
Henri Desgrange fand für die gewaltigen Summen, die das verschlang, das Ei des Kolumbus. Für die Tour 1930 schrieb er Hunderte von Firmen an, die in keinerlei Beziehung zur Fahrradindustrie standen, und erklärte ihnen:
„Die Tour de France ist ein Werbeträger, wie ihn die Welt überhaupt noch nicht gesehen hat. 10 bis 15 Millionen Menschen jubeln den Fahrern auf Frankreichs Landstraßen zu, und alle diese Menschen erfassen Sie, wenn Sie dem Rennen ein originelles Werbefahrzeug vorauslaufen lassen. Diese Reklamekarawane ist die Spitze der Tour de France, und sie wird den Fahrern mit Abstand von etwa einer Stunde vorausgeschickt werden."
Obwohl Desgrange gesalzene Preise forderte, übertraf das Interesse der Industrie an der Reklamekolonne seine kühnsten Erwartungen, und wieder einmal war der Beweis dafür geliefert, daß dieser Mann für sein Lebenswerk ein Flair entwickelte, dem viele Leute, die sich für Experten der industriellen Werbung halten, ein Leben lang vergeblich nachlaufen.

Die Tour de France als Werbeträger. Keine Maschine, kein Trikot, keine Mütze ohne werbende Aufschrift. Nur so allerdings ist dieses gigantische Sportereignis zu finanzieren.

CREDIT MUTUEL
Eska
ROYCE
SWISS
MURAT
BIJOUX
FIX
BIJOUTERIE
La Boutique
A la Confiance
codec
prisunic
NICOLAS
MEUBLES
FIAT

Kurt Stöpels Husarenritt

Die Tour hatte ein neues und sehr modernes Gesicht. 1931 gewann sie der Bauernsohn Antonin Magne für Frankreich, der in den 60er Jahren der väterliche Freund und Berater des Bauernsohns Raymond Poulidor werden sollte. Und Deutschlands Nationalmannschaft hielt wacker durch. Erich Metze belegte den 8., Thierbach den 11., Bulla den 15., Stöpel den 16., Sieronski den 20., Buse den 22. und Siegel den 25. Platz. Man begann sie als ernsthafte Konkurrenten zu betrachten, und daß man allen Grund dazu hatte, sollte Kurt Stöpel im nächsten Jahr beweisen. Zum erstenmal eroberte ein Deutscher das Gelbe Trikot – und damit rechts des Rheins das große Publikum.

Veranlagung und Zähigkeit hatten den Berliner Kurt Stöpel zu einem Straßenfahrer der internationalen Klasse heranwachsen lassen. Schon früh, als er noch Redaktionsbote bei der United Press war, hatte er erkannt, daß einem in diesem Metier nichts in den Schoß fällt. Also verschaffte er sich die Zeit zum Training auf die ziemlich ungewöhnliche Weise, daß er morgens um drei aufstand und in die Havelberge fuhr. Als er mit 19 Jahren das traditionelle Straßenrennen Berlin–Stettin–Berlin gewann, gab er seine Stellung bei der United Press auf, und dieser Entschluß fand schon bei den ersten Rennen, die er als Berufsfahrer bestritt, seine Rechtfertigung. Bei der Weltmeisterschaft 1930 in Lüttich kam er mit der Spitzengruppe ins Ziel und wurde im Spurt Vierter. Nur Weltmeister Alfredo Binda, dessen italienischer Landsmann Learco Guerra und der Belgier Ronsse waren vor ihm!

Seinen größten Erfolg aber errang Kurt Stöpel bei der Tour de France 1932, als er in der Gesamtwertung den zweiten Platz hinter André Leducq belegte. Das war eine internationale Sensation allerersten Ranges, und sie wäre vielleicht noch größer geworden, hätte Henry Desgrange nicht ausgerechnet in diesem Jahr mit einer einschneidenden Neuerung aufgewartet. Die Behauptung, daß Kurt Stöpel ihr Opfer wurde, ist gewiß nicht übertrieben.

Der Tour-Vater, stets bemüht, sein Rennen farbig und spannend zu halten, hatte mit großem Mißbehagen zugesehen, wie das Feld auf Flachetappen allzuhäufig „Schlafwagen" fuhr und niemand seine Kraft mit Ausreißversuchen vergeuden wollte, deren Erfolg zweifelhaft war.

Deshalb beschloß Desgrange, den Mut zum Wagnis zu belohnen.

Freilich, er tat des Guten zuviel. Die Zeitgutschriften, „bonifications" genannt, betrugen in jeder Etappe vier Minuten für den Ersten, drei Minuten für den Zweiten und eine Minute für den Dritten. Außerdem gab es eine Gutschrift von weiteren drei Minuten für den Fahrer, der mit einem Vorsprung von mehr als drei Minuten ins Ziel eintraf.

Dieser Hagel von Minuten, die gar nicht auf der Straße gewonnen wurden, sondern mit den Blumenbuketts sozusagen gratis mitgeliefert wurden, sollte sich als schweres Handicap für Kurt Stöpel erweisen. Zwar schaffte er schon am zweiten Tag den ersten deutschen Etappensieg, aber André Leducq gewann sechs Etappen und damit Gutschriften von insgesamt 24 Minuten, ein für heutige Verhältnisse unvorstellbares Geschenk. Was es für seinen Gesamtsieg bedeutete, beweisen die nüchternen Zahlen des Schlußklassements: Leducq gewann diese Tour in einer Gesamtzeit von 154 Stunden, 11 Minuten und 49 Sekunden. Stöpel, der Zweite, benötigte 154 Stunden, 35 Minuten und 52 Sekunden. Ohne die Gutschriften wäre also nur ein hauchdünner Sieg Leducqs her-

ausgesprungen. Im übrigen wurde dieses Experiment nicht wiederholt. Desgrange reduzierte die Gutschriften in den folgenden Jahren beträchlich, und heute sind sie sogar ganz abgeschafft.
Auf der zweiten Etappe, die über 295 Kilometer von Caen nach Nantes, also von der Normandie an die Atlantikküste führt, erlebt Kurt Stöpel den größten Tag seiner Laufbahn. Unbarmherzig brennt die Sonne aus einem wolkenlosen Himmel, in allen Dörfern die „chasse à la canette" auslösend. Es ist die Jagd nach allem Trinkbaren, aber Stöpel, der die Deutschland-Rundfahrt, den Giro d'Italia und auch schon eine Tour de France hinter sich hat, widersteht der Versuchung, obwohl sie fast übermenschlich wird, als die Belgier in einem Straßencafé eine ganze Batterie eisgekühlter Bierflaschen abräumen. Sie trinken sie wie Wasser, und er weiß, daß einige sogar Würfelzucker ins Bier tun und dies als Wundertrank preisen.
In Rennes, nach 170 Kilometern, ist das Feld noch geschlossen. Aber dann ist plötzlich der Teufel los. Thierbach, Camusso, Wauters und der spanische Kletterkönig Trueba reißen aus, und Stöpel spürt sofort, daß das kein Scharmützel ist. Diesmal will er sich nicht, wie am Vortag, im Hauptfeld einklemmen lassen.
Mit einem trockenen Antritt setzt er sich an die Spitze des Feldes, und als er merkt, daß er das Tempo mühelos noch steigern kann, geht er aufs Ganze.
Von den Zehen bis zu den Haarwurzeln, aus denen der Schweiß perlt, spürt er, daß die Form da ist, dieses undefinierbare Gefühl von Kraft und Sicherheit, das einen die Steigung ohne besondere Anstrengungen schlucken läßt, wenn die anderen zu keuchen beginnen.
Nur drei Fahrer, die Franzosen Leducq und

Eine sensationelle Leistung erbrachte der Berliner Kurt Stöpel bei der Tour 1932, als er hinter dem Sieger André Leducq Zweiter wurde.

FIAT
FIAT
LEJEUNE
LEJEUNE
BIANCHI

Man kann bei einer rund zwanzig Tage dauernden Wettfahrt über vier- bis fünftausend Kilometer von den Aktiven nicht ununterbrochen einen Kampf auf Biegen und Brechen verlangen. Manchmal wird gebummelt, oder wie der Fachmann sagt, es wird Schlafwagen gefahren – in diesem Fall Schlafwagen mit Musik.

Mauclair sowie der Belgier Bonduel, können sein Tempo halten. Aber auch an der Spitze kurbeln sie ein mächtiges Tempo herunter, als sie von den Verfolgern hören. Erst in den Außenbezirken von Nantes, nach einer Jagd von 100 Kilometern, gelingt der Anschluß.
Für die Zuschauer in der überfüllten Radrennbahn von Nantes gibt es keinen Zweifel: André Leducq, der populäre „Dédé", ist der Schnellste und wird gewinnen. Und tatsächlich scheint die Sache gelaufen, als ihm Mauclair den Spurt anzieht. Aber Stöpel, mit klarem Auge und im Vollbesitz aller Kräfte, erwischt das Hinterrad des schnellen Belgiers Bonduel, der seinen Spurt aus der dritten Position heraus ansetzt. Ein klassisches, hochdramatisches Finish!
Stöpel schwenkt nach außen und liegt Kopf an Kopf mit Bonduel, der seinerseits die beiden Franzosen überspurtet hat. Der Belgier oder der Deutsche? Ein letzter, gewaltiger Ruck, dann reißt der Berliner Junge sein Vorderrad vor Bonduel über den Zielstrich und hat als erster Deutscher einen Etappensieg bei der Tour de France errungen.
„Hinne" Thierbach, der bei diesem Spurt den fünften Platz belegt, fällt ihm um den Hals, und ein paar Minuten später kommt der Vater Desgrange zum Gratulieren. Aber nicht nur zum Etappensieg, sondern zum Gelben Trikot. Die Zeitgutschrift von vier Minuten hat Stöpel an die Spitze der Gesamtwertung katapultiert.
Die Nacht, in der das Gelbe Trikot über dem Stuhl neben Kurt Stöpels Bett hängt, ist kurz. Denn die Etappen sind im Jahre 1932 noch sehr lang, und häufig muß beim geisterhaften Licht von Scheinwerfern und Fackeln gestartet werden. Fröstelnd rollen die Fahrer morgens um vier durch die Straßen von Nantes; erst nach 387 Kilometern werden sie Bordeaux, das nächste Etappenziel, erreichen.
Kurt Stöpel, fest entschlossen, das Gelbe Trikot zu verteidigen, hält sich an der Spitze des Feldes, um alle Ausreißversuche überwachen zu können. Die Form ist so glänzend wie gestern, ja, es ist, als ob das Trikot die Kräfte verdoppele.
Plötzlich erinnert ihn ein platzender Hinterreifen daran, daß der Rennfahrer nicht nur die Konkurrenz zu fürchten hat. In Windeseile wechselt er den Reifen und schließt wieder zum Feld auf. Zehn Minuten später sitzt er von neuem auf der Felge, aber auch diesmal führen ihn Geyer und Sieronski wieder an den großen Haufen heran. Doch wenn der Mann in Gelb Defekt hat, kommt Bewegung in die Meute. Steht er vielleicht unter Naturschutz? Ganz im Gegenteil! Man muß ihn angreifen. C'est la bonne guerre, wie sie sagen.
Und Stöpel steht erst am Anfang seiner Pechsträhne. Fünfmal noch muß er absteigen und neue Reifen aufziehen, während André Leducq an der Spitze eine wilde Jagd entfesselt. Seine Reifen scheinen unverwundbar zu sein, und erst im Ziel erfährt Stöpel des Rätsels Lösung: Die Franzosen hatten eigene, gut abgelagerte Reifen montiert, weil sie befürchteten, daß die Protektoren der Reifen, die die Rennleitung ausgab, sich bei der starken Hitze lösen würden.
Nach dem fünften Reifenschaden hat Stöpel keine Chance mehr, die Spitzengruppe einzuholen, aber mit einer enormen Energieleistung hält er sich in der zweiten Gruppe. Als er im Velodrom

Ein klassisches, hochdramatisches Spurtfinale!

FIAT
france
inter

von Bordeaux eintrifft, bereitet sich der Etappensieger André Leducq auf die Ehrenrunde und die Übernahme des Gelben Trikots vor. Doch der Deutsche hat den zweiten Platz in der Gesamtwertung gerettet, und an dieser Placierung ändert sich in den restlichen Etappen nichts mehr, trotz Pyrenäen und Alpen!
Um diesen zweiten Platz richtig bewerten zu können, muß man sich vor Augen halten, daß die Tour de France damals zwar nicht mehr in den Kinderschuhen steckte, aber keineswegs die Chancengleichheit von heute bot. Die offiziellen und inoffiziellen Helfer der Franzosen, Belgier und Italiener waren auf die ganze Begleitkarawane verteilt, und den ganzen Wert ihrer großen und kleinen Hilfeleistungen kann man nur ermessen, wenn man weiß, wie isoliert die Deutschen waren, die stets vom offiziellen Materialwagen abhingen und keinen „Notdienst" einrichten konnten. Während des Rennens bekamen sie ihren einzigen Betreuer, den populären Berliner „Matze" Schmidt, überhaupt nie zu Gesicht. Er mußte mit dem Gepäckwagen um mehrere Stunden vorausfahren.
Auch 1933 war Kurt Stöpel mit dem zehnten Platz bester Deutscher. Sieger wurde der langbeinige Franzose Georges Speicher, der in diesem Jahr die Form seines Lebens hatte und vierzehn Tage nach Beendigung der Tour auch noch die Straßenweltmeisterschaft gewann.

1933 schlug sich die deutsche Nationalmannschaft wacker, aber sie hatte nur Unterstützung durch den offiziellen Materialwagen und schon deshalb keine Chance. Heute ist die Ersatzfrage nahezu perfekt gelöst.

Das Gelbe Trikot von Erich Bautz

Noch warf der Zweite Weltkrieg keine Schatten voraus. Dafür blockierte Mussolini die italienischen Rennfahrer. Sie durften nicht an der Tour de France 1936 teilnehmen, weil der Staatschef den Sportverkehr mit allen Ländern abbrach, die gegen Italien wegen des Abessinienkriegs Sanktionen ergriffen hatten.
So kam Gino Bartali, dessen Ruf als „König der Berge" längst über die Alpen gedrungen war, mit einem Jahr Verspätung zu seiner ersten Tour de France. Aber auch die Deutschen hatten wieder einen Mann dabei, der die Experten genauso in Erstaunen versetzte wie fünf Jahre zuvor Kurt Stöpel.
Der Westfale Erich Bautz war das, was man einen kompletten Rennfahrer nennt. Gleich stark am Berg und auf der Ebene, und schon mit neunzehn Jahren so athletisch, daß er den Schritt ins Lager der Berufsfahrer wagen konnte. 1937 holte er sich in Köln seine erste deutsche Straßenmeisterschaft, aber zum Feiern blieb keine Zeit. Noch am selben Abend fuhr die deutsche Nationalmannschaft mit dem Nachtschnellzug nach Paris zum Start der Tour de France. Damals blickten die Franzosen schon etwas argwöhnischer über den Rhein als zur Zeit Stöpels, und deutsche Reisende waren nicht unbedingt die willkommensten Gäste. So hat mir Erich Bautz sein Abenteuer geschildert:
„Was heute ein Katzensprung ist, war eine aufregende Reise mit vielen Formalitäten. Unser Gepäck muß auf die anderen Reisenden einen seltsamen Eindruck gemacht haben, denn jeder hatte einen Lenker und einen Sattel an seinen Koffer gebunden. Die Maschinen bekamen wir vom Veranstalter gestellt; nur Lenker und Sattel durften nach eigenem Geschmack sein. Mitreisende, die geglaubt hatten, die Nase rümpfen zu müssen, staunten nicht schlecht, als ihre Koffer peinlich durchsucht wurden, dieweil uns die französischen Zöllner wohlwollend auf die Schultern klopften und uns viel Glück für die Tour wünschten. Und unser Betreuer, Matze Schmidt, hat es sich nicht verkniffen, den Herrschaften in seinem schnoddrigen Berliner Dialekt zu erklären, daß man eben Rennfahrer sein müsse, um wie ein richtiger Monsieur behandelt zu werden.
Von Paris haben wir nicht viel gesehen. Matze Schmidt, der schon seine Erfahrungen gesammelt hatte, genehmigte nur einen kleinen Stadtbummel: ‚Legt euch ins Bett', sagte er dann, ‚und denkt, daß ihr irgendwo auf dem Land seid, wo es nichts zu sehen gibt. Wenn ihr es schafft, wieder auf dem Rennrad zurückzukommen, könnt ihr meinetwegen den Montmartre stürmen – wenn ihr noch Lust und Kraft dazu habt!'
Am Startplatz viel Prominenz. Aber im Gegensatz zu ‚Hinne' Thierbach, dem alten Tour-Hasen, kenne ich so gut wie niemand.
Da erscheint plötzlich Josephine Baker, die berühmteste aller farbigen Sängerinnen, mitten unter der deutschen Mannschaft, und von der Baker habe ich auch schon gehört. Ein französischer Journalist deutet auf mich und sagt: ‚Ça c'est Bautz, le Champion d'Allemagne.'
Und schon schwebt sie auf mich zu, und inmitten einer Parfümwolke, die mir schier den Atem nimmt, drückt sie mir einen Kuß auf die Backe, und gar keinen flüchtigen! Thierbach feixt: ‚Den hast du noch umsonst bekommen, aber wenn du jetzt wieder einen willst, muß du schon eine Etappe gewinnen!'
Ich spüre, daß mein Gesicht noch rot ist, als wir durch Menschenspaliere rollen, die so dicht sind, daß ganz Paris auf den Beinen sein muß.

Esso
CYCLES
Esso

Erst nach einem Triumphzug von vielleicht fünf Kilometern erfolgt der eigentliche Start.
Auf den ersten drei Etappen rollt es bei mir ganz ordentlich. Es ist nicht die Hochform, aber ich habe keine Schwierigkeiten, jedes Tempo mitzuhalten. Der lange Luxemburger Jean Majérus und der zähe Belgier Marcel Kint lösen sich als Träger des Gelben Trikots ab. Dann kommt die vierte Etappe Metz–Belfort.
Bei leichter Bewölkung verlassen wir das Moseltal, aber bald bricht die Sonne durch, und über die Mittagszeit liegt brütende Hitze über dem Elsässer Land. Und da es in die Vogesen geht, deren höchster Berg, der 1250 m hohe Ballon d'Alsace, kurz vor dem Etappenziel Belfort zu bezwingen ist, reagiert im Hauptfeld niemand, als Carini ausreißt. Selbst als der ‚Ardoisier' auf seiner Schiefertafel anzeigt, daß der Italiener einen Vorsprung von acht Minuten herausgefahren hat, läßt sich der große Haufen nicht aufrütteln. Ich benütze die Ruhe, um meinen Verpflegungsbeutel leer zu machen. So gemütlich kommt man unterwegs nicht oft zum Essen.
Aber als dann elf Minuten Vorsprung für Carini angezeigt werden, erschrecken doch einige, und die Franzosen blasen zum Angriff. Sylvain Marcaillou haut ab, gefolgt von Oubron, Fréchaut und Galateau. Der Belgier Lowie, der Italiener Vicini und Egli, der Schweizer, offenbar von der Nähe der Heimat beflügelt, hängen sich an, und das sieht nach der Bummelei schon nach einem flotten Expreß aus.
In diesem Moment schiebt sich Oskar Thierbach an meine Seite. Ein Blick, und wir haben uns verstanden. Wenn die ein Loch aufreißen, sieht sie keiner mehr.
Wir stoßen nach, ohne allerdings verhindern zu können, daß der belgische Haudegen Félicien Verwaecke mitzieht. Schon nach wenigen Minuten haben wir die Gruppe Marcaillou eingeholt, und bald liegt das Feld fünf Minuten hinter uns.
Am meisten bin ich von meiner blendenden Form überrascht. Überhaupt keine Müdigkeit, trotz der drückenden Hitze, und wenn ich die Führung übernehme, spüre ich den schweren Atem der Männer an meinem Hinterrad. Soll ich aufs Ganze gehen?
Zuerst mal probieren. Ich warte auf eine kleine Steigung, lasse aber den großen Gang drin, und fast mühelos bringt mir der Zwischenspurt dreißig Meter ein. Und das ist das Signal. Als ich mich das nächste Mal umdrehe, liegen die anderen schon mindestens 300 Meter zurück.
Bald zeigt mir der Motorradfahrer mit der Schiefertafel an, daß Carini nur noch eine Minute vor mir liegt, und als die Straße anfängt, sich in den Aufstieg des Ballon d'Alsace hineinzuwinden, sehe ich ihn vor mir. Ausgepumpt, sturmreif. Der Italiener hat, wie wir im Rennfahrerjargon sagen, ‚einen in den Schuhen'. Als ich an ihm vorbeifahre, habe ich den Eindruck, daß er auf der Stelle tritt.
Neun Kilometer lang ist die Steigung, aber ich spüre sie nicht. ‚Allez Bautz! Courage, Bautz!' hallt es von allen Seiten, und ich merke, daß ich im Elsaß bin, denn die Franzosen sagen ‚Boots'.
Ehe ich mich in die Abfahrt stürze, hält mir der Ardoisier freundlicherweise noch die Schiefertafel unter die Nase: Lowie liegt drei Minuten

Ausgepumpt, sturmreif. Er hat, wie man im Rennfahrerjargon zu sagen pflegt, einen in den Schuhen.
Nächste Doppelseite: Landschaftliche Schönheit am tiefeingeschnittenen Fluß begleitet die Fahrer.

Le Doux

Der Dortmunder Erich Bautz trug 1937 für drei Tage das Gelbe Trikot. Viele Experten sahen in ihm einen möglichen Tour-Sieger, und Jacques Goddet schrieb in „L'Auto": „Ohne sein Pech in den Alpen wäre Bautz ganz vorn gelandet." Der Krieg zerstörte alle Hoffnungen.

zurück, und dritter ist Gino Bartali mit fünf Minuten. Marcel Kint, der Träger des Gelben Trikots, hat schon zehn Minuten verloren! Das Gelbe Trikot fährt mir durch den Kopf, aber es kann nicht sein. Heute morgen war ich noch 14. der Gesamtwertung.
Nach der rasenden Talfahrt die Ebene. Ein blauer Wegweiser huscht vorbei: Belfort 15 km. Bloß jetzt keine Schwäche! Ich lege den größten Gang auf und weiß, daß ich an einen Schnitt von 50 Stundenkilometern herankomme.
Endlich das rote Schild, das den letzten Kilometer anzeigt, dann die Ziellinie. Kaum habe ich den Fuß auf den Boden gesetzt, bin ich so umringt, daß ich keine Bewegung mehr machen kann. Bartali hat sich auf den zweiten Platz vorgearbeitet und muß in knapp fünf Minuten eintreffen. Ich werde einen gewaltigen Sprung in der Gesamtwertung machen.
Und da schwenkt Matze Schmidt schon triumphierend einen Zettel, auf dem er blitzschnell gerechnet hat: ‚Du hast das Gelbe Trikot!'
Wenige Minuten später ist es Gewißheit. Mit den Gutschriften reicht es. Ich bekomme nicht nur die 1.30 Minuten für den Etappensieg vergütet, sondern auch noch zwei Minuten für die Einzelankunft. Morgen starte ich im Gelben Trikot. Werde ich es länger behalten als Kurt Stöpel, der es nur einen Tag tragen durfte?
Es gelingt mir, und in den folgenden Tagen erhalte ich mehr Post als sonst in einem ganzen Jahr.
Aber die Tour rollte weiter. Sie rollt durch das tief in die Jurafelsen eingeschnittene Tal des Doubs hinüber nach Genf, wo der Schweizer Leo Amberg einen vielbejubelten Etappensieg erringt. Ich placiere mich als Vierter und kann meinen Vorsprung in der Gesamtwertung vor

dem kleinen Franzosen Maurice Archambaud, der vor allem als ‚Roller' gefürchtet ist, auf neun Minuten vergrößern.
Das ist ein handfestes Kapital fürs Gebirge, wo ich einiges beweisen will. Aber schon auf der ersten Alpenetappe Aix les Bain–Grenoble platzen die Träume. Drei Reifenschäden werfen mich am Galibier hoffnungslos zurück, und schon am halben Berg habe ich das Gelbe Trikot an Gino Bartali verloren, der seinen ersten Angriff startet und mit großem Vorsprung in Grenoble gewinnt.
Jetzt wissen wir alle, daß er ein ganz Großer ist, aber ich bin sicher, daß ich ihm ohne meine Defekte einen großen Kampf geliefert hätte. Diesen Kampf suche ich auf der zweiten Alpenetappe Grenoble–Briançon, und es gelingt mir auch, Bartali am ersten Berg zu distanzieren. Bei der Abfahrt wirft mich ein neuer Materialschaden zurück, aber noch viel größer ist das Pech, das Bartali ereilt. Auf einer schmalen Holzbrücke verliert er die Balance und stürzt über die schadhafte Barriere in einen reißenden Gebirgsbach. Trotz schwerer Prellungen fährt er weiter, aber am nächsten Tag muß er aufgeben.
Auf der letzten Alpenetappe Briançon–Digne zwingt mich ein Zahnkranzschaden zum Absteigen, und als nach einer endlosen Viertelstunde der Materialwagen eintrifft, sind meine letzten Hoffnungen vernichtet. In Digne bin ich auf den 14. Platz der Gesamtwertung zurückgefallen. Damit kann ich Roger Lapébie, den neuen Mann im Gelben Trikot, nicht mehr gefährden. Aber ich gewinne die Etappe in Royan und werde in der Normandie Zweiter des schweren Zeitfahrens von Vire nach Caen, eine Leistung, die mir die Experten, bei denen ich als Bergspezialist eingestuft war, nicht zugetraut hatten. Im Schlußklassement war ich Neunter, und Jacques Goddet schrieb in ‚L'Auto': Ohne sein Pech in den Alpen wäre der Deutsche Meister Erich Bautz ganz im Vordergrund gelandet, denn er hat bewiesen, daß er sowohl am Berg als auch auf der Ebene zu den Besten gehört. Wir werden noch viel von ihm hören.'"
Soweit die Erzählung von Erich Bautz. Als er an dieser Stelle angekommen war, hat er mit den Schultern gezuckt: „Die Franzosen haben leider nicht mehr viel von mir zu hören bekommen, denn ich war 27, als der Zweite Weltkrieg ausbrach, der mir die besten Jahre meiner Karriere gestohlen hat."
Seine schönste Erinnerung an die Tour de France 1937? Er nennt in einem Atemzug zwei Dinge. Das Gelbe Trikot und einen Brief, den er aus einer Schatulle holt und mir zum Lesen reicht. Der Absender war ein Monsieur Bounin aus dem Städtchen Tragon im Departement Gironde, und die wörtliche Übersetzung lautet:
„Monsieur Bautz,
ich habe durch einen kräftigen Stoß an Ihrem Sattel versucht, Ihnen den Aufstieg zum Aubisque etwas zu erleichtern, weil Sie müde waren und eine kleine Unterstützung ebenso verdienten wie alle anderen, die Belgier, die Spanier, die Italiener und die Franzosen. Die Tour de France vereinigt Sportler aus allen Ländern und verlangt von allen erbarmungslos dieselben Strapazen, wie sie auch jedem Sieger den gleichen Triumph schenkt. Neben ihrem sportlichen Wert trägt sie dazu bei, unsere Völker einander näherzubringen und uns als Nachbarn besser zu verstehen. Bravo für Ihre Leistungen! In Erwartung des Endsieges von Roger Lapébie wünsche ich Ihnen die gute Placierung, die Sie verdienen."

Bartalis erster Streich

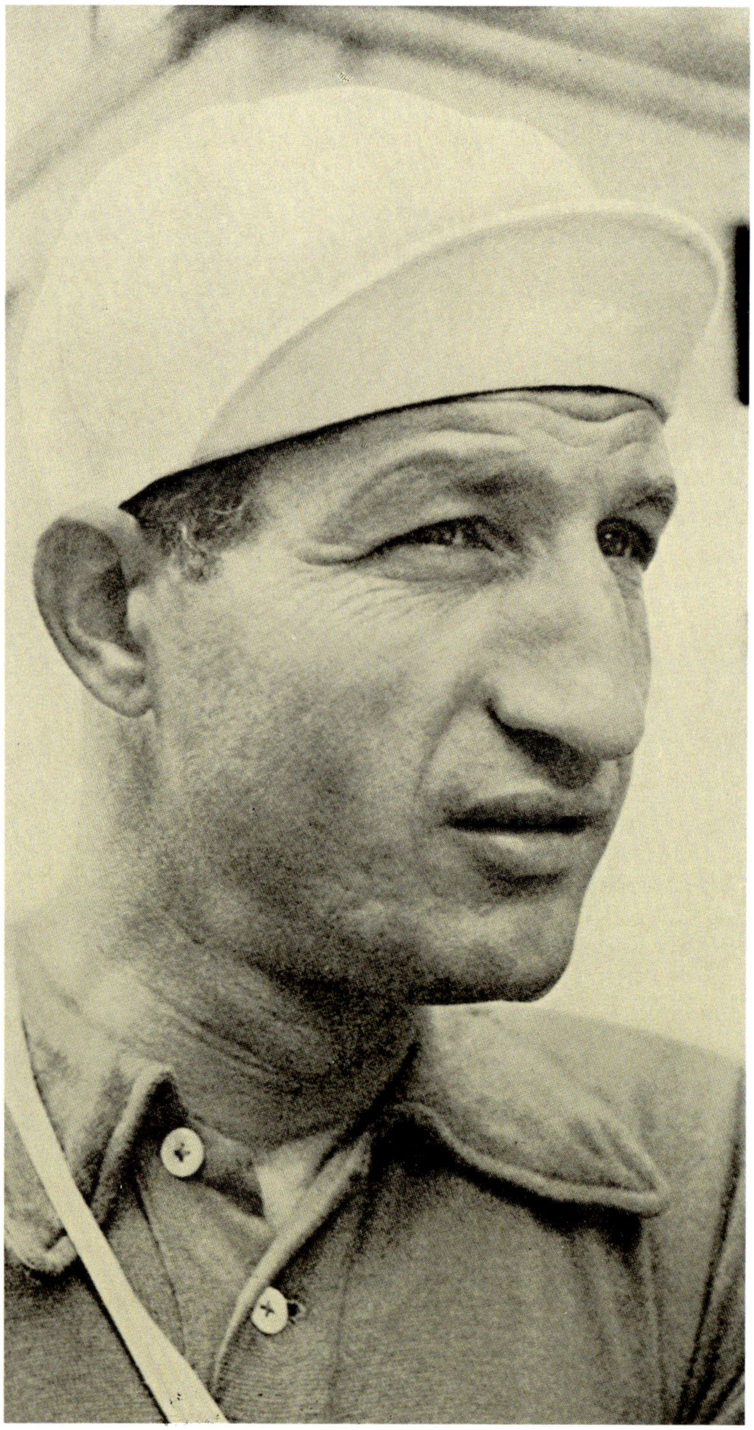

Erich Bautz mußte auf die Tour de France 1938 verzichten, aber gewinnen hätte er sie nicht können, weil der Größte seiner Epoche wieder am Start war und diesmal in keinen Gebirgsbach stürzte.
Gino Bartali beherrschte diese Tour de France mit Kopf und Beinen, und er übernahm das Gelbe Trikot genau an der Stelle, die er sich ausgesucht hatte. Er attackierte auf der Königsetappe Digne – Briançon und bescherte den erstaunten Experten und Laien eine der eindrucksvollsten Kletterdemonstrationen in der Geschichte des Straßenrennsports. Ohne sich voll auszugeben, passierte er als erster die Gipfel von Allos und Vars, um dann alle Kräfte beim Aufstieg zum schneebedeckten 2360 m hohen Izoard einzusetzen. Erst 17 Minuten später kam Belgiens Bergspezialist Félicien Verwaecke ins Ziel, der auch im Schlußklassement Zweiter hinter Bartali wurde.
So eindrucksvoll war Bartalis Leistung, daß man ihn als den größten Rennfahrer aller Zeiten feierte und ihm unbesehen ein Abonnement für die kommenden Auflagen der Tour gab.
Aber sie kamen nicht. Zumindest nicht sofort, denn erst zehn Jahre später konnte Bartali seinen zweiten Streich landen. Zwar wurde die Tour de France 1939, obwohl sich die Wolken des Krieges am europäischen Horizont zusammenballten, gestartet, doch es fehlten die Nationalmannschaften von Italien, Spanien und Deutschland. Sylvère Maes, der Belgier, siegte vor dem jungen Franzosen René Vietto, der nicht ahnen konnte, daß er vier Wochen später keine Rennmütze mehr, sondern einen Stahlhelm tragen und in einem Bunker der Maginot-Linie sitzen würde. Europa begann an allen Ecken und Enden zu brennen, und es schien, als ob niemals mehr eine Tour de France gefahren werden würde.

Der große Zorn des kleinen Vietto

Die Männer, die die Tour de France 1947 wieder zum Leben erweckten, standen vor einer schweren Aufgabe. Henri Desgrange und sein engster Mitarbeiter Lucien Cazalis waren tot, alle Unterlagen der Organisation im Krieg verlorengegangen.

Aber es gab einen Mann, der die Tour „geerbt" hatte: Jacques Goddet, der Sohn des wackeren Schatzmeisters Victor Goddet, der 1903 die Kasse von „L'Auto" für Henri Desgranges verwegene Pläne leergemacht hatte. Schon fünf Jahre vor seinem Tod hatte ihn Desgrange zum Chefredakteur gemacht und ihn zu seinem Nachfolger bestimmt. „L'Auto" mußte, wie alle Pariser Zeitungen, nach der „Libération" im Jahre 1945 seinen Namen ändern, und da sich allmählich fast die ganze Redaktions-Equipe wieder einfand, beschlossen Jacques Goddet und seine Teilhaber, die Zeitung fortan „L'Equipe" zu nennen, womit einmal die sportliche Note des Titels gewahrt blieb und zum anderen unterstrichen wurde, daß sich die Redakteure der bedeutendsten Sportzeitung der Welt als echte Mannschaft fühlten.

Es war auch nötig. Der Neuanfang hatte viel Ähnlichkeit mit dem nach dem Ersten Weltkrieg. „L'Equipe" und „Le Parisien Libéré", die beiden veranstaltenden Zeitungen, sahen sich vor schier unüberwindliche Schwierigkeiten gestellt. Allein das Bereitstellen einer ausreichenden Verpflegung für die Rennfahrer grenzte ans Wunderbare, und nicht minder schwierig war es, Benzin für die Begleitfahrzeuge zu beschaffen. Wenn die Karawane schließlich doch ins Rollen kam, so nur deshalb, weil sie jede behördliche Unterstützung erhielt. Denn bis in die höchsten Regierungskreise erkannte man ihre symbolische Bedeutung für ein Volk, das noch aus vielen

Oben: Félix Lévitan und Jacques Goddet, die beiden Männer, die die Tour de France viele Jahre organisierten und leiteten
Links: Gino Bartali, der Mönch, der Größte seiner Epoche
Nächste Doppelseite: Zeitfahren – Kampf gegen die Uhr, gegen die Straße, gegen sich selbst

René Vietto versuchte 1947 beim abschließenden Zeitfahren durch ein seidenes Trikot wertvolle Sekunden zu gewinnen. Dieses Trikot jedoch verstieß gegen die Regeln, und Vietto erhielt zehn Strafsekunden. Da stieg er wütend vom Rad und wollte aufgeben.

Wunden blutete, aber bereit war, seine Begeisterungsfähigkeit zu entzünden für das große Rennen, das eine Brücke schlug zwischen der guten alten Zeit und einer Zukunft, die sich, recht schüchtern freilich, als lebenswert abzuzeichnen begann.
Und die Veteranen bäumten sich auf. Allen voran René Vietto, der 1939 so lange das Gelbe Trikot getragen hatte, um dann in den Alpen vor Sylvère Maes zu kapitulieren.
Als Vietto die zweite Etappe Lille–Brüssel gewann und dem jungen Schweizer Ferdinand Kübler das Gelbe Trikot entriß, fegte ein gewaltiger Sturm nationaler Begeisterung durch Frankreichs Provinzen. War es nicht, als sei die Zeit stehengeblieben, als habe es nie einen Zweiten Weltkrieg gegeben? Über Nacht war der kleine Mann aus Cannes, dessen Stern dreizehn Jahre zuvor in den Bergen der Alpen und Pyrenäen aufgegangen war, zum Nationalhelden geworden.
Aber Frankreich wußte auch, daß es zittern mußte um den „Roi René". Dreiunddreißig war er geworden, und es gab weder eine Verjüngungskur noch ein Wundermittel für das Knie, das ihn schon 1939 beunruhigt hatte. Aber das Volk träumte vom Wunder, das auf den Namen Vietto hörte.
Bis zur siebten Etappe dauert der Traum. In Grenoble nimmt der Italiener Ronconi dem Mann, der dreiunddreißig ist und nur noch über ein gesundes Knie verfügt, das Gelbe Trikot ab.
Man tröstet sich mit Logik. Bravo, Vietto, aber einem waidwunden Veteranen sind Grenzen gesetzt.
Nur der, den es angeht, will nichts davon wissen. Mit einer geradezu unglaublichen Energieleistung gewinnt René Vietto die schwere Alpen-

etappe Briançon–Digne und entreißt dem Italiener wieder das Gelbe Trikot. An diesem Tag hätte der Eiffelturm einfallen oder die Regierung gestürzt werden können, ohne daß sich die Franzosen darum gekümmert hätten. Vietto wieder in Gelb. Auch noch in Cannes, drei Tage vor Paris! Das Wunder wird doch geschehen!
Wahrscheinlich wäre es auch geschehen, wenn die Organisatoren nicht die teuflische Idee gehabt hätten, drei Tage vor Paris ein Zeitfahren einzulegen.
Dieser Kampf gegen die Uhr mit Einzelstart ist das Schlimmste, was Vietto passieren kann. Kokainspritzen haben sein Knie gefühllos, aber auch kraftlos gemacht. Es taugt nichts mehr für diesen gnadenlosen Kampf mit dem Chronometer; nur auf normalen Etappen hätte Vietto seinen mageren Vorsprung an den Hinterrädern seiner Mannschaftskameraden nach Paris retten können.
Das Volk hofft auf ein Wunder, aber die Experten wissen, daß der erschöpfte Bergspezialist bei diesem Zeitfahren nur die Chance des Igels gegen den Hasen hat. Aber es gibt keine Tricks.
Oder doch? Bei einer Firma in Lyon hat Vietto ein Gelbes Trikot aus reiner Seide bestellt. Das ist gegen das Reglement, aber es bietet der Luft geringeren Widerstand als ein Wolltrikot. Doch was er gewinnt, sind ein paar Gramm, die die zentnerschwere Belastung des Knies aufheben sollen. Mit einer mäßigen Zeit quält sich Vietto über die Distanz und weiß schon auf halber Strecke, daß er das Gelbe Trikot verloren hat. Und im Ziel brummen ihm die Kommissare noch zehn Strafsekunden auf, weil er ein seidenes Trikot getragen hat.
Das ist zuviel für seine überreizten Nerven, und das erinnert ihn an die lächerliche Bestrafung des Eugène Christophe in der Dorfschmiede von Sainte-Marie-de-Campan.
Aber der heißblütige Vietto ist nicht so duldsam wie der „vieux Gaulois“. „Das könnt ihr mit mir nicht machen, ihr beschissenen Buchhalter! Hier habt ihr euer Gelbes Trikot, ich schmeiße es euch vor die Füße!“
Obwohl es noch kein Fernsehen gibt, wird ganz Frankreich Zeuge dieser Szene. Denn Georges Briquet, Starreporter der Radio Diffusion Française, fängt sie mit dem Mikrofon ein, und es handelt sich um eine Direktsendung.
Und ganz Frankreich nimmt Partei für den „Roi René“, als er ins Mikrofon brüllt: „Ich nehme den nächsten Zug nach Cannes, und niemand kann mich davon abhalten!“
„René, im Namen des Vaterlandes bitte ich dich, nicht aufzugeben“, sagt Georges Briquet mit belegter Stimme.
Darauf Vietto: „Die Organisatoren der Tour de France sind Räuber und Spitzbuben! Sie haben mir das Gelbe Trikot gestohlen, und ich habe hier nichts mehr zu suchen!“
Später, im Hotel, packt er seinen Koffer und trägt ihn eigenhändig hinunter in die Halle. Zum Glück fährt der Zug nach Cannes erst gegen 23 Uhr, so daß die Rennleitung noch eine Chance sieht. Ein Rennkommissar trägt den Koffer wieder ins Zimmer, aber schon zwei Minuten später hat ihn Vietto wieder in die Halle transportiert. Ein halbes dutzendmal wiederholt sich diese Prozedur, und dann ist der Zug nach Cannes doch ohne Vietto abgefahren.
Am nächsten Tag ist er am Start wie alle anderen, und er beendet die Tour als Fünfter der Gesamtwertung. Sieger aber wird der kleine Bretone

Jean Robic, der das Gelbe Trikot während des ganzen Rennens nie getragen hat. Sein entscheidender Angriff erfolgt 140 km vor Paris und überrascht Brambilla, den Mann im Gelben Trikot, so total, daß er in der Gesamtwertung sogar noch auf den dritten Platz hinter Fachleitner zurückfällt.

Der Tour-Boss

Der Mann, der hochaufgerichtet im offenen roten Wagen steht und sich bei scharfen Kurven biegt wie die Antennen, die gleich Schilfrohren aus der Karosserie ragen, ist der Boß der Tour de France. Ja, man kann sogar sagen, er ist ihr Besitzer, denn er hat sie von seinem Vater geerbt. Der wiederum hatte sie von Henri Desgrange übernommen, der im Jahre des Heils 1903 auf die verrückte und von seinen Zeitgenossen vielbelächelte Idee gekommen war, ein Rennen durch Frankreich für Velozipedfahrer auszuschreiben. Sie haben aber bald nicht mehr über ihn gelächelt, und wenn man den Franzosen heute die Tour de France wegnähme, würden sie auf die Barrikaden gehen wie weiland die Marktweiber von Paris vor der Erstürmung der Bastille.

Der Mann im Kommandowagen der Tour, der, wenn die Sonne besonders heiß brennt, wie ein Kolonialoffizier aussieht, weil er dann zum khakifarbenen Hemd und zu der etwas lang geratenen kurzen Hose einen Tropenhelm trägt, verwaltet das übernommene Erbe mit einer Gewissenhaftigkeit und einem Engagement, die immer wieder frappieren. Wenn die Tour de France trotz der Abschaffung der Nationalmannschaften und trotz der Macht kommerzieller Interessengruppen geblieben ist, was sie war, verdankt sie es in erster Linie dem außergewöhnlichen Mann mit dem Tropenhelm, der Jacques Goddet heißt.

Jacques Goddet bringt es fertig, Feldherr, Chronist, Wachhund und Mädchen für alles in einer Person zu sein. Nichts, was in der Karawane und im Fahrerfeld passiert, entgeht ihm, und wer ihn bei seinen tausend Beschäftigungen während des Rennens erlebt hat, der kann, wenn er am nächsten Tag „L'Equipe" liest, nur den Hut ziehen. Denn der Zeitungsboß Goddet ist nicht minder brillant als der Rennleiter Goddet, und sein täglicher Kommentar ist ein journalistisches Kunstwerk – manchmal von der Badewanne aus in die Redaktion telefoniert, manchmal blattweise von hurtigen Boten aus dem Hotelzimmer zum Fernschreiber getragen.

Pünktlich um 22.30 Uhr, wenn die meisten Journalisten noch zusammensitzen, geht Goddet schlafen. Aber um 6 Uhr, wenn alle anderen noch schlafen, beginnt er mit seinem ausgedehnten Frühsport, wobei es zu seinen kleinen Freuden gehört, Hanteln von hübschem Gewicht so lange auf den Boden fallen zu lassen, bis in den angrenzenden Hotelzimmern keiner mehr schläft.

So beginnt der Mann, der die Tour de France geerbt hat und wie ein Luchs über sie wacht, jede der 21 Etappen, und alle, die um ihn herum sind, beneiden ihn um seine Gesundheit und sein Stehvermögen.

Übrigens hat Jacques Goddet 1979 seinen 74. Geburtstag gefeiert.

Ein Etappenrennen über Tausende von Kilometern mit Hunderten von Rennfahrern und Millionen von Zuschauern zu organisieren, ist keine Kleinigkeit. Hierzu bedarf es eines echten „Bosses"!

Bartalis Rekord

Viettos Niederlage schien zu beweisen, daß die Vorkriegsasse keine Chance mehr gegen die neue Generation hatten. Aber ein gewisser Gino Bartali, 34 Jahre alt, kam 1948 wieder über die Alpen, um das Gegenteil zu demonstrieren. Obwohl sie ihn zu Hause schon „il vecchio", den Alten, nannten.
Einen Rekord wollte er aufstellen: zehn Jahre nach seiner ersten Tour die zweite gewinnen. Auch René Vietto, ebenfalls 34 Jahre alt, war wieder dabei, aber der Unterschied war gewaltig. Bartali hatte kein kaputtes Knie; nur seine Nase war durch einen schweren Sturz deformiert, aber er atmete so vorzüglich, daß es während der Tour Nächte gab, in denen er ein ganzes Paket Gauloises leerrauchte.
Aber das war unter Freunden. Dem großen Publikum pflegte sich Bartali von einer hehreren Seite zu präsentieren. Vornehmlich von einer frommen, und man darf ruhig sagen, daß er die Gläubigkeit der Italiener sehr geschickt vor sein Rennrad gespannt hat. So war es kein weiter Weg von Gino dem Frommen zu Gino dem Göttlichen, der auf den schneebedeckten Gipfeln der Berge mit den Engeln sprach. Wer erlebt hat, wie verzückte „Tifosi" den Boden küßten, den seine Reifen überfahren hatten, wundert sich nicht darüber.
Von allen großen Champions, die ich kennenlernte, war keiner so von Geheimnissen umwittert wie der schweigsame Gino Bartali, der am 17. Juli 1914 in Ponta a Ema, einer Vorstadt von Florenz, als Sohn eines Maurers geboren wurde. Keiner hat die Phantasie seiner Bewunderer so entzündet wie dieser Mann mit dem undurchdringlichen Asketengesicht, der stets die Medaille der heiligen Therese am Hals trug, vor jedem Rennen ein langes Gebet verrichtete und bei jeder Tour de France eine Wallfahrt nach Lourdes unternahm, selbst wenn die Stadt der heiligen Bernadette weit entfernt vom Etappenziel lag. Für seine Bewunderer, die in die Millionen gingen, trug er keine Rennmütze, sondern einen Heiligenschein, und der Papst hat ihn öfter empfangen als irgendeinen anderen Sportler.
Bei dieser Tour de France 1948 gewinnt der 34jährige Gino Bartali, noblesse oblige, die erste Pyrenäenetappe Biarritz – Lourdes vor Jean Robic und dem hoffnungsvollen Neuling Louison Bobet, aber als er sein Siegerbukett in der Grotte von Lourdes niederlegt, hält er nur den 12. Platz der Gesamtwertung mit einem Rückstand von 19:45 Minuten auf den erstaunlichen Bobet. Nüchterne Rechner nennen das einen Prestigeerfolg. Für sie ist Bartali zu alt. Und sie bleiben auch dabei, als er die Königsetappe der Pyrenäen mit Tourmalet, Aspin und Peyresourde gewinnt.
In Wirklichkeit hat sich der „Vecchio" für die Alpen geschont und die Gegner scharf beobachtet. Längst weiß er, wo er seinen Großangriff placieren wird, und er weiß auch, daß er stark genug ist, alle zu schlagen.
Die 13. Etappe Cannes – Briançon hat er sich ausgesucht, und auch das Wetter kommt ihm gerade recht. Eisiger Regen, der sich auf den Gipfeln in Schnee verwandelt, läßt die Muskeln der Fahrer erstarren, und für die meisten von ihnen hört die Tour de France zwischen Cannes und Briançon, irgendwo in den Serpentinen von Allos, Vars und Izoard, auf, ein aussichtsreiches Rennen zu sein. Für Gino Bartali aber beginnt sie.
Zwar ist es der kleine Jean Robic, der als erster die Gipfellinie des Allos passiert und dann auch noch in vorderster Position den Vars erklettert. Aber schon am Fuße des Vars ist Bartali aus seiner Reserve herausgegangen. Mühelos überholt er Robic bei der Abfahrt vom Vars.

Und jetzt kommt der Izoard, mit seinen 2280 Metern der finsterste und gefürchtetste der drei Alpenriesen. Eisiger Regen peitscht auf die nackten Schenkel, die trotzdem noch wuchtiger als bisher kurbeln und stampfen, als der Aufstieg zum Izoard beginnt. Und es ist, als rolle nicht Blut, sondern Treibstoff in Gino Bartalis Adern.
Aber auch er ist keine Maschine. Nach wenigen Kilometern merkt er es und bereut einen schweren Fehler. Bei der letzten Verpflegungskontrolle hat er auf seinen Beutel verzichtet, schon weil er kein unnötiges Gewicht den Berg hinaufschleppen wollte. Jetzt büßt er den Leichtsinn, denn der Hunger überfällt ihn, und noch liegen zehn Kilometer hochprozentiger Steigung vor dem Gipfel. Bartali, der „Maestro", hat sich wie ein Anfänger benommen! Schon hinter der nächsten Kurve kann der Schwächeanfall kommen.
Doch auf dieser 13. Etappe winkt ihm das Glück des Tüchtigen. Ein Zuschauer reicht ihm drei Bananen, und wie ein Raubvogel stürzt sich Gino auf diese unverhoffte Beute. Stunden später gesteht er in Briançon: „Ohne diesen Samariter hätte ich den Gipfel nie erreicht!"
Die Bananen geben ihm neue Kraft. Er geht aus dem Sattel, reißt die Maschine im Schaukeltrab die steilen Rampen des Izoard hinauf.
Alle Energiereserven fließen in diese Pedaltritte. Trotz der schneidenden Kälte perlt Schweiß aus den Wurzeln des schütteren Haares, und die Zähne beißen auf eine trockene Zunge, die Wasser will. Nie im Leben hat er sich mehr gequält als auf den beiden letzten Kilometern, die von der „Casse Déserte", jener wilden, grandiosen Mondlandschaft, hinaufführen zum Gipfel des Izoard.
Als es geschafft ist, befällt ihn ein Rausch unbändigen Triumphs, denn tief unter ihm müht sich, von wallenden Nebeln verdeckt, das Häuf-

Gino Bartali beim Aufstieg zum Aspin 1948. Der Mann, den sie nun „Il Vecchio", den Alten nennen, gewinnt nach genau zehn Jahren seine zweite Tour – ein wohl einmaliger Rekord.
Nächste Doppelseite: Alle Energiereserven fließen in die Pedaltritte.

MIKO
HUTCHINSON

ERCIER

lein der hoffnungslos Abgeschlagenen zur Paßhöhe hinauf.
Auch der um elf Jahre jüngere Bobet ist dabei. Aber nur eine Schlacht will er verlieren, und nicht den Krieg! Das Gelbe Trikot mobilisiert Reserven, die eigentlich gar nicht vorhanden sind, und obschon Bartali die Etappe mit großem Vorsprung gewinnt, ist Bobet in Briançon immer noch Spitzenreiter der Gesamtwertung. Aber das Gelbe Trikot hängt an einem seidenen Faden. Bartali liegt auf dem zweiten Platz mit nur 1:06 Minuten Rückstand.
Es folgt Briançon – Aix-les-Bains, die grausamste aller Etappen, bei der den Fahrern nichts, aber auch gar nichts erspart bleibt. Der Aufruhr der Naturgewalten steigert sich vom Bindfadenregen über Hagelschauer bis zum Schneesturm.
Trotzdem findet Bobet den Mut, den „Maestro" beim schweren Aufstieg zum Galibier anzugreifen. „Bobet ist wahnsinnig", sagen die Fachleute. „Als Träger des Gelben Trikots darf er nicht attackieren; er muß den Angriff Bartalis abwarten!"
Fast scheint es, als sollten Mut und Elan des jungen Franzosen belohnt werden. Er hängt Bartali tatsächlich ab. Doch als er, nach einer fast unwahrscheinlichen Energieleistung, den Gipfel des Galibier überquert und sich umdreht, sieht er die Silhouette des Campionissimo aus der Toskana in einem Wirbel von Schneeflocken auftauchen.
Die Enttäuschung ist niederschmetternd. Und zum erstenmal glaubt er, ein Lächeln auf Bartalis undurchdringlichem Gesicht zu sehen. Aber es ist kein frommes, sondern ein teuflisches Lächeln, und in diesem Moment weiß Louison Bobet, daß er die Tour verloren hat.
Gino Bartali aber, der spürt, daß der andere nichts mehr zuzusetzen hat, fühlt die Kraft seiner Zwanzigerjahre zurückkehren. Doch als gewitzter Praktikant des Katz-und-Maus-Spiels schlägt er noch nicht zu.
Gemeinsam mit Bobet erklettert er den Col de la Craix de Fer. Nur hin und wieder ein ruckartiger Zwischenspurt, um den jungen Franzosen mehr moralisch als körperlich zu treffen. Oh, er kann grausam sein, der alte Gino!
Bei der Abfahrt platzt ihm ein Reifen. Doch mit stoischer Ruhe zieht er einen neuen auf und wartet auf die nächste Gruppe mit Cammelini, Kirchen, Ockers, Piot und Guy Lapébie. Eine Viertelstunde später hat dieses zügig fahrende Peloton den einsamen Bobet wieder eingeholt, und dann kommt, kurz hinter Grenoble, der Col de Porte. Nicht sehr hoch, aber steil.
Und an diesem Col de Porte gewinnt Gino Bartali endgültig seine zweite Tour de France, zehn Jahre nach seinem ersten Sieg. In den steilen Serpentinen nimmt er dem erschöpften Bobet mehr als zehn Minuten ab. Aber er siegt nicht nur in Aix-les-Bains, sondern auch noch in Lausanne und Lüttich, womit er die Zahl seiner Etappensiege auf sieben erhöht! Bei der Ankunft im Pariser Prinzenpark beträgt Bartalis Vorsprung in der Gesamtwertung auf den Belgier Brik Schotte, der den zweiten Platz belegt, nicht weniger als 26 Minuten. Dritter wird Guy Lapébie, der Bruder des Tour-Siegers von 1937, und erst auf dem vierten Platz taucht Louison Bobet auf. Wer ahnte da wohl, daß er den großen Bartali eines Tages mit drei Tour-Siegen übertreffen würde?

Solche und solche Beine!

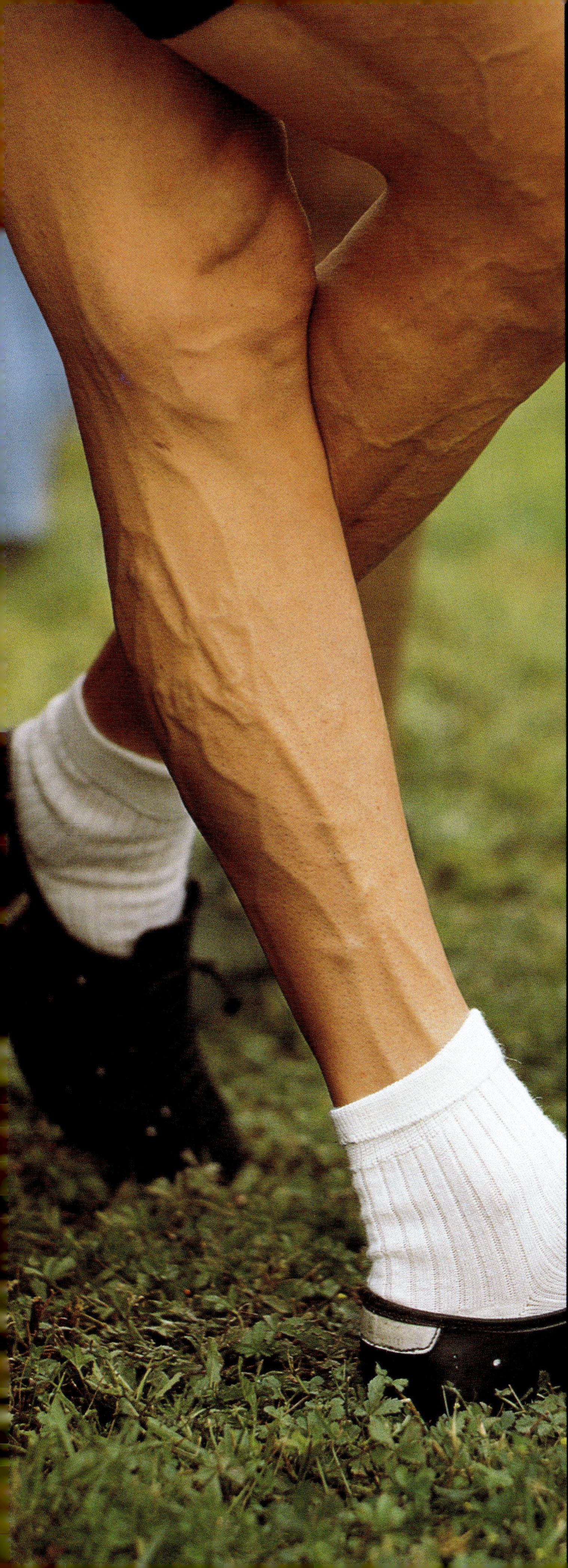

Coppisten und Bartalisten

Gino Bartali aber wurde in diesem heißen Sommer des Jahres 1948 in Italien wie ein König gefeiert. Würde sich Fausto Coppi, sein jüngerer Konkurrent, von diesem Schlag erholen können?
So jung war Fausto freilich auch nicht mehr, denn auch ihm hatte der Krieg die Karriere angenagt. Als man den 34jährigen Bartali in Italien feierte wie noch nie einen Rennfahrer zuvor, stand Coppi bereits im 29. Lebensjahr.
Zehn Jahre zuvor, um die Zeit, da Bartali seine erste Tour de France gewann, hatte der blinde Masseur Giuseppe Cavanna die außergewöhnliche Veranlagung des hochaufgeschossenen Jünglings Fausto Angelo Coppi für den Rennfahrerberuf entdeckt. Der Blinde wußte, daß ihn seine Hände nicht trogen. Am Puls spürte er die Stärke des Herzens; an den Halsmuskeln fühlte er die Geschmeidigkeit und Feinnervigkeit der gesamten Muskulatur.
Die Bezeichnung „Phänomen" allerdings, die sehr bald zum Schlagwort der Journalisten wurde, wenn es um Coppi ging, ist nur bedingt richtig. Ein ungewöhnlich langsamer Pulsschlag und Lungen, die nicht weniger als sieben Liter Luft aufnehmen konnten, haben ihm zwar, genau wie seine körperlichen Proportionen, gegenüber dem untersetzten und starkknochigen Bartali Vorteile verschafft, aber physische Veranlagung macht noch lange keinen Campionissimo. Im übrigen hatte er auch ein schweres physisches Handicap: Seine Knochen waren weich und zerbrechlich, und immer wieder warfen ihn Brüche, angefangen vom Schlüsselbein über das Becken bis zu den Knöcheln, zurück. Das mag Vererbung gewesen sein; möglicherweise aber auch nur eine Folge der Armut, in der die sechsköpfige Familie Coppi damals in dem Dörfchen Castellania in der oberitalienischen Provinz Alessandria lebte. Die Trauben, die ein steiniger Gebirgsboden hervorbringt, schmecken auch in guten Jahren sauer, und sauer müssen die Bauern ihren Lebensunterhalt verdienen.
Die Tour de France 1949 teilt Italien in zwei Lager, in „Bartalisten" und „Coppisten". Bartali, das ist der offizielle Vertreter des Papstes auf den französischen Landstraßen; Coppi verkörpert nicht mehr und nicht weniger als die Philosophie des dialektischen Materialismus.
Und das ist gar nicht so übertrieben, wie es klingt. Bartali ist das Idol der Leute des Südens, die für ihn beten und den Boden küssen, den seine Reifen berührt haben. Coppi hat seine Gefolgschaft im nüchternen, industrialisierten Norden, wo man mehr die Leistung als die Mystik anbetet. Curzio Malaparte, Italiens größter zeitgenössischer Schriftsteller, sah es so: „Bartali ist ein Mann der Tradition. Er ist ein metaphysischer, von den Heiligen geschützter Mensch. Coppi hat im Himmel keinen, der sich um ihn kümmert. Weder sein Manager noch sein Masseur haben Flügel. Er sitzt allein auf seinem Rad, hat keinen Engel auf der Schulter, der mittritt. Er denkt rational, nüchtern und glaubt nur an den Motor, der ihm gegeben wurde, das heißt, an seinen Körper."
Vor der Tour de France 1949 gewinnt Coppi den Giro d'Italia ganz klar. Bartali hat nur ein paar Prestigeerfolge, aber die Millionenzahl seiner Anhänger ist überzeugt davon, daß er geblufft und seine Kräfte für die Tour geschont hat.
Außerdem hat er Coppi bei diesem Giro studiert. Und was er entdeckt hat, beweist, mit welchen Luchsaugen und mit welcher Akribie der listige Gino mit dem undurchdringlichen Gesicht ans Werk ging.
Eine kleine blaue Ader hat er in der Beuge des rechten Knies gesehen, wenn er sich an Faustos

Hinterrad hängte. Diese kleine, kaum sichtbare Ader schwoll anormal an, wenn eine große Anstrengung Coppis Muskeln ermüdete. Er sagte es Corrieri, seinem Leibdomestiken, und an einem der heißesten Tage dieses Giro d'Italia machen sie den Test. Corrieri erhält von seinem Maestro den Auftrag, nicht von Coppis Hinterrad zu weichen und nur Augen für die Ader zu haben.
Als es auf Kilometer 200 zugeht und das Feld unter flimmernder Hitze stöhnt, plötzlich ein Schrei:
„La vena!"
Hugo Koblet und Rik van Steenbergen, die neben Corrieri rollen, heben die Köpfe. Und Bartalis Wasserträger Nummer 1 brüllt weiter: „La vena! La vena!"
„Was hat er?" fragt van Steenbergen.
Koblet zuckt mit den Schultern. „Wahrscheinlich einen Sonnenstich."
Da schiebt sich Gino Bartali an ihre Seite: „Coppi ist müde. Wir müssen angreifen. Los, macht mit!"
Und „la vena", die kleine anschwellende Ader in der Kniekehle des großen Favoriten, ist schuld daran, daß Fausto Coppi erst mit vier Minuten Rückstand auf die Bartali-Gruppe ins Ziel kommt.

Coppis größter Sieg

Auch Fausto Coppi, einer der begnadetsten Rennfahrer, war vor der Defekthexe nicht sicher.
Rechte Seite: Einen Ausreißer läßt man ziehen, denn er kommt durch sein Heimatdorf, wo ihn Frau und Kinder begrüßen. Lachend folgte die Meute. Die Tour hat auch menschliche Züge.

Ein paar Wochen später. Tour de France. Und Fausto weiß, daß er gewinnen muß. Italien ist ihm gegenüber ungerecht wie eine Mutter, die mit eifersüchtiger Liebe an ihrem Ältesten hängt. Mit Bitterkeit stellt er fest, daß es schwerer ist, die Herzen der Massen zu stürmen als die Berge der Alpen und Dolomiten. Von der Psychologie der Massen weiß Bartali, der Geheimniskrämer, mehr, und er nützt sein Wissen sehr geschickt.
Es beginnt nicht gerade verheißungsvoll für die beiden „Campionissimi", die mit gleichen Rechten in der italienischen Nationalmannschaft fahren, jeder mit seinen eigenen Wasserträgern. Nach vier Etappen liegen sie nicht weniger als 18 Minuten hinter dem kleinen Franzosen Jacques Marinelli zurück, den sie den Kanarienvogel nennen, seit er das Gelbe Trikot trägt.
Aber es kommt noch viel schlimmer. Coppi stürzt, als ihm eine ungeschickte Zuschauerin eine Flasche Mineralwasser reicht. Das Vorderrad ist gebrochen, und er muß sechs Minuten warten, bis sein Teamchef Alfredo Binda mit dem Materialwagen eintrifft. Noch gibt es bei der Tour keinen Sprechfunk.
Binda wechselt das Vorderrad in Windeseile, aber der völlig demoralisiert im Straßengraben sitzende Coppi steht nicht auf. Kein Rennrad will er nehmen, sondern den Nachtzug nach Mailand.
Aber so schnell wird man mit Exweltmeister Alfredo Binda nicht fertig: „Und du schämst dich nicht, mir so etwas ins Gesicht zu sagen! Kein Hund wird in Italien noch ein Stück Brot von dir nehmen! Denkst du denn gar nicht an Gino? Willst du ihm diesen Triumph lassen?"
Der Name des Rivalen bringt Coppi wieder in den Sattel, und Binda jagt im Hundert-Kilometer-Tempo dem enteilten Felde nach, um drei von Coppis Wasserträgern zurückzurufen. Sie muntern ihn

BNP
BNP

gitane
Campagnolo
60
YOPLAIT

KAS
FIAT
FIAT

Wenn Bartali und Coppi ihr erbittertes Privatduell in den Bergen austrugen, hatte die Konkurrenz nichts mehr mitzureden. Nächste Doppelseite: Aufbruch im Morgengrauen. Einige sind mit dem Frühstück noch nicht ganz fertig.

auf, geben ihm zu trinken und schieben ihn sogar. Fausto quält sich wie nie in seinem Leben, um den Rhythmus zu finden, und als sie tatsächlich den Anschluß ans Feld geschafft haben, hört er, daß Bartali die Verfolgung von Marinelli aufgenommen hat.
Das ist zuviel. Wieder will Coppi aufgeben, aber sie verhindern es mit gemeinsamen Kräften. Völlig entnervt erreicht er das Etappenziel St. Malo, und sein Rückstand auf Marinelli beträgt mehr als eine halbe Stunde.
Behutsam massiert ihn der blinde Cavanna auf dem breiten Bett seines Hotelzimmers. Kein Journalist darf herein; nicht einmal die Sonne. Er hat die Gardinen zugezogen und meditiert im Halbdunkeln über seine verlorene Tour de France. Aber Cavanna will nichts davon wissen. „Die Tour hat ja erst begonnen, Fausto! Außerdem liegt Gino in der Gesamtwertung vor dir. Wenn du jetzt aufgibst, dann sagen sie in Italien, du hättest Angst gehabt, von ihm geschlagen zu werden!"
„Red keinen Unsinn! Wie soll ich mich vorarbeiten, da ich mich schriftlich verpflichtet habe, Bartali nicht anzugreifen, wenn der in der Gesamtwertung vor mir liegt? Und was hat er gemacht? Als ich Defekt hatte, stürmte er los. Es gibt keine Zusammenarbeit in dieser Mannschaft. Morgen fahre ich nach Hause!"
Aber am nächsten Morgen ist er am Start, und sein Gesicht ist so undurchsichtig wie das des „Vecchio".
Drei Tage später gewinnt er an der Atlantikküste das große Zeitfahren von Les Sables d'Olonne nach La Rochelle.
Zwar macht er damit nur einen bescheidenen Teil seines gewaltigen Rückstands gut, aber an diesem Abend werden die Vorhänge nicht zugezogen, und Cavannas Hände spüren, was die

Augen nicht sehen. Die Muskeln sind locker, und der Puls ist eine Stunde nach der gewaltigen Anstrengung des Zeitfahrens auf fünfzig Schläge in der Minute zurückgegangen.
Im benachbarten Zimmer zieht Gino Bartali nachdenklich an seiner Etappenzigarette. Aber als er ausgerechnet hat, daß Coppi noch immer 33 Minuten hinter dem Träger des Gelben Trikots liegt, geht er beruhigt ins Bett, nicht ohne vorher die Streckenkarte der nächsten Etappe genau studiert zu haben.
In taktischer Hinsicht ist er dem Jüngeren noch immer überlegen. Er lernt das Profil der Strecke auswendig; keine Steigung kann ihn überraschen, und Coppi muß die Tour, die in den Pyrenäen einen neuen Anfang nehmen wird, erst noch kennenlernen.
Der Aubisque ist der erste Pyrenäenriese, und es zeigt sich schnell, daß alle anderen zur Staffage des großen Duells Coppi/Bartali degradiert werden. Schon am halben Berg haben sie die Meute weit hinter sich gelassen.
Bartali fährt seinen typischen, eigenwilligen Stil, mit dem er bei seinen Tour-Siegen von 1938 und 1948 die besten Kletterer zermürbt hat. Seinen vielen ruckartigen Zwischenspurts läßt er unregelmäßige Pausen folgen; und just in dem Augenblick, in dem der an seinem Hinterrad keuchende Gegner sich eine Atempause gönnen will, stellt er sich wieder in die Pedale. Gino, der Fromme, spürt diesen Moment, und es ist, als ob ihm das Katz-und-Maus-Spiel teuflisches Vergnügen bereite.
Doch bei Coppi verfängt es nicht. Ja, wenn die Ader in der Kniekehle anschwellen würde! Aber sie ist kaum sichtbar, und Fausto steigt so unheimlich gleichmäßig, daß auch Bartalis energischste Zwischenspurts wirkungslos verpuffen.
Coppi versucht es am Aspin. Aber ein Reifendefekt macht alle Anstrengungen zunichte. Robic und Lucien Lazaridès gelingt der entscheidende Ausreißversuch, doch Coppi belegt den dritten Platz und macht in der Gesamtwertung viel Boden gut.
Nicht genug freilich, um aus dem Schatten des „Vecchio" zu treten. Alfredo Binda ringt ihm das Versprechen ab, Bartali vorläufig nicht anzugreifen. Und so ereignet sich zwischen Pyrenäen und Alpen so gut wie nichts.
Dann aber, auf der klassischen Alpenetappe von Cannes nach Briançon, wiederholt sich mit einer für die Konkurrenz deprimierenden Selbstverständlichkeit das Schauspiel der Pyrenäen. Weit vor allen anderen erklimmen Coppi und Bartali die Pässe Allos und Vars, und am Izoard muß die Entscheidung fallen.
Hier kennt Bartali jeden Kieselstein, aber er kann Coppi, für den das Neuland ist, nicht abhängen. Mit stoischem Gleichmut pariert er alle Angriffe, bis der „Vecchio" sich keuchend zu einer Bitte durchringt.
„Hör zu, Fausto, du weißt, daß heute mein 35. Geburtstag ist. Willst du mir die Etappe schenken? Mehr kann ich nicht verlangen, denn diese Tour gehört dir."
Coppi ahnt, wie schwer dem Alten diese Bitte gefallen sein muß, aber er weiß nicht, wie ehrlich sie gemeint ist. Immerhin, er zügelt seine Lust zum Angriff. Gemeinsam rollen sie über die Gipfellinie des Izoard, und am Zielstrich von Briançon überläßt Coppi dem Geburtstagskind den Etappensieg.
Was er nicht bedacht hat, ist der Vorsprung, den sie herausgefahren haben. So groß ist er, daß er Bartali das Gelbe Trikot einbringt. Und als der die Sache überschlafen hat, kommt ihm Coppi

KAS
FIAT
KAS

plötzlich gar nicht mehr so unüberwindlich vor wie in den Rampen des Izoard. Ein übriges tun die überschwenglichen Kommentare der italienischen Rundfunkreporter, die nicht ahnen, wie er sich diesen Etappensieg erhandelt hat.
Bartali beschließt, auf der zweiten Alpenetappe anzugreifen. Genauer gesagt, am Iseran, dem dritten Berg, nachdem Coppi weder am Mont Genève noch am Mont Cenis etwas gegen ihn unternommen hat.
Tatsächlich gelingt die Attacke. Aber sie gelingt nicht mit dem Punch der großen Tage, sondern mit den letzten Reserven. Bei der sausenden Talfahrt hinunter nach Val d'Isère holt ihn ein ganzes Rudel ein, unter ihnen Raphael Géminiani, Stan Ockers und – Fausto Coppi.
Ein Coppi, der mit nur 1:22 Minuten Rückstand Zweiter der Gesamtwertung und nicht mehr zu einem Geschenk für den Mann bereit ist, der ihn trotz aller Beteuerungen angegriffen hat.
Der Kleine St. Bernhard ist das letzte große Hindernis dieser Etappe. Hinter ihm beginnt Italien, und das Etappenziel heißt Aosta.
Am St. Bernhard ein neues Duell der beiden Campionissimi, in das niemand eingreifen kann. Aber kein Angriff Coppis. Gemeinsam überfahren sie den Gipfel, und dann geschieht das Unerwartete. Bei der Abfahrt knallt Bartali ein Reifen weg. Er muß auf den Materialwagen warten, und jetzt zeigt es sich, wie korrekt sich Coppi an den Nichtangriffspakt hält. Sofort bremst er ab, um auf Bindas Weisungen zu warten. Fast der ganze Vorsprung ist dahin, als endlich ein italienischer Motorradfahrer heranrast und brüllt: „Hau ab, Fausto! Gino hat fünf Minuten verloren, und die Franzosen greifen an. Du brauchst dich um nichts mehr zu kümmern!"
Und nun folgt einer der eindrucksvollsten Alleingänge in der Geschichte der Tour de France.
Es ist, als ob Coppi Ballast abwürfe und plötzlich beflügelt wäre. Übersichtliche Kurven durchrast er mit 90 Stundenkilometern, und als die Straße wieder eben wird, spult er auf der größten Übersetzung ein Tempo herunter, das den erfahrensten Experten die Sprache verschlägt.
Noch 40 Kilometer bis zum Ziel. Unter dem stürmischen Beifall seiner Landsleute zwingt er die langen Beine in einen Rausch der Geschwindigkeit hinein, wie er ihn nie erlebt hat, und das ist nicht nur der Etappensieg, das ist das Gelbe Trikot! Cavanna muß Carabinieri anfordern, um sein Hotelzimmer abzuschirmen.
Der Rest ist für Fausto Coppi ein einziger Triumphzug. In Paris ist Bartali mit 15 Minuten Rückstand Zweiter, Marinelli Dritter mit 25 Minuten und Robic Vierter mit 34 Minuten, Abstände wie in der „heroischen Epoche"!

Die Straße wird sorgfältig gekehrt, bevor die Fahrer die Gleise passieren.

Energiebündel Ferdi Kübler

Die Tour de France 1950 hatte keinen Favoriten, weil Fausto Coppi beim Giro d'Italia schwer gestürzt war und mit einem Beckenbruch im Krankenhaus lag. Seine Karriere schien beendet, ja, man fürchtete sogar um sein Leben.
Italiens Hoffnungen ruhten auf Gino Bartali und Fiorenzo Magni. Aber der „Vecchio“ war 36, und der andere war kein Bergfahrer. Da lag Frankreich mit Louison Bobet und Jean Robic besser im Rennen.
Mit dem Schweizer Ferdinand Kübler rechneten nur ein paar eidgenössische Experten. War er nicht schon 31, und hatte er nicht oft genug gezeigt, daß er mit seinen Kräften nicht haushälterisch umgehen konnte?
Aber diesmal teilt der Ferdi sein Rennen sehr klug ein. Er kalkuliert es wie Gino Bartali, und beide haben sich am Fuße der Pyrenäen eine gute Ausgangsposition verschafft.
Doch als Bartali auf dem Gipfel des Aspin versehentlich Robic streift und stürzt, lassen sich unbesonnene Fanatiker vom Chauvinismus packen. Ehe er wieder aufsteigen kann, traktieren sie ihn mit Faust- und Stockschlägen, und dieses Unrecht ist nicht mehr gutzumachen.
Zwar gewinnt Bartali die Etappe in St. Gaudens unter den wütenden Pfiffen der Zuschauer, aber er verzichtet auf die Ehrenrunde und erklärt mit seinem finstersten Gesicht, er werde nach Hause fahren. Alle Versuche, ihn umzustimmen, nützen nichts. Noch am selben Abend packen alle italienischen Fahrer die Koffer und fahren heim – auch Fiorenzo Magni, der soeben in St. Gaudens das Gelbe Trikot erobert hat. Das Rennen droht zur Farce zu werden. Rennleiter Goddet muß das Gelbe Trikot einem Fahrer geben, der es sich nicht erkämpft hat. Der Mann, dem es zufällt, nachdem Magni aufgegeben hat, heißt Ferdi Kübler. Aber der lehnt die unverdiente Trophäe ab. Er fühlt sich stark genug, um sie redlich zu erobern. Sicher, er hat, sozusagen als blinder Passagier, die Unterstützung der starken italienischen Mannschaft genossen, solange er sich in der unmittelbaren Nähe von Bartali und Magni aufgehalten hat. Jetzt ist er auf die Unterstützung der vergleichsweise schwachen Schweizer Mannschaft angewiesen.
Auf den Transitetappen zwischen Pyrenäen und Alpen passiert nicht viel, weil die Hitze an der Riviera alle Rekorde schlägt. Zwischen Perpignan und Nîmes werden 45 Grad im Schatten gemessen, und das ist sogar für die Nordafrikaner zuviel, die zum erstenmal mit einer eigenen Mannschaft an der Tour teilnehmen. Einer von ihnen, Abdelkader Zaaf, gibt auf, und die Umstände sind so ungewöhnlich, daß er berühmter wird als durch fünf Etappensiege.
Zwischen Perpignan und Nîmes reißt er aus, und da er in der Gesamtwertung weit hinten liegt, reagieren die Asse nicht. Bald hat der Algerier zehn Minuten Vorsprung, und nichts scheint seinen ersten Etappensieg mehr verhindern zu können.
Freilich, der Durst plagt auch ihn. Aber er hat's eilig, will in Nîmes gewinnen und kann nicht an jedem Brunnen absteigen wie die Bummler hinter ihm. Im Vorbeiflitzen muß er mitnehmen, was sich ihm bietet. Und als er auf dem runden Tischchen eines Straßencafés zwei Flaschen Weißwein entdeckt, stürzt er sich drauf wie ein Habicht.
Abdelkader trinkt im Fahren, und der Wein ist sogar schön gekühlt. Aber als die zweite Flasche leer ist, braucht er die ganze Straßenbreite, und die Beine werden merkwürdig schwer.
„Macht nichts“, sagt sich Abdelkader. „Die

anderen liegen ja eine Viertelstunde hinter mir. Ich werde ein Nickerchen machen."
Und in wunderlichen Zickzack-Kurven steuert er sein Rad in den Schatten einer Platane. Leider genügt eine Viertelstunde nicht, um so einen gewaltigen Rausch auszuschlafen, und als Zaaf erwacht, steht die Sonne schon tief. Da packt er seine Maschine, schwingt sich in den Sattel, um noch rechtzeitig nach Nîmes zu kommen. Aber – er fährt in die falsche Richtung, zurück nach Perpignan!
Selbstverständlich geht die Tour ohne ihn weiter, aber das Abenteuer hat ihn so berühmt gemacht, daß man ihn auf allen Rennbahnen Frankreichs sehen will. Noch nie hat einer so viel Geld mit einem Rausch verdient wie Abdelkader Zaaf.
Es gibt auf dieser Hitzeetappe nach Nîmes aber noch prominentere Opfer. Bobet verliert mehr als zehn Minuten auf Kübler. Aber auf der ersten Alpenetappe Gap – Briançon holt der Franzose auf. Das entscheidende Duell findet am nächsten Tag am Col de la République statt, und hier zertrümmert Kübler unbarmherzig die Widerstandskraft des jüngeren Rivalen in der Art des Bartali der großen Tage. Und alle Zweifel beseitigt er im 98-Kilometer-Zeitfahren von St. Etienne nach Lyon.
Die beiden restlichen Etappen werden zu einer Via Triumphalis für Ferdi Kübler, und mit Tränen des Glücks in den Augen läßt er sich im Prinzenpark als erster Schweizer Tour-Sieger feiern.
Aber der Pariser Jubel ist ein laues Märzwindchen im Vergleich zu dem Orkan der Begeisterung, der am folgenden Tag losbricht, als Kübler und seine Mannschaftskameraden auf dem Zürcher Hauptbahnhof eintreffen. Die ganze Stadt Zürich ist aus Rand und Band und schreit „Ferdi national!"

Der Schweizer Ferdinand Kübler in seiner charakteristischen, kampfbetonten Fahrweise auf dem Kopfsteinpflaster in der „Hölle des Nordens"

Hugo Koblet – „Prince charmant"

Und niemand ahnte, daß Zürich ein Jahr später schon wieder einen Tour-Sieger empfangen würde. Hugo Koblet, 26jähriger Sohn eines Zürcher Bäckermeisters, ging auf seine erste Tour de France, kam, sah und siegte. Und der schöne Hugo, dem der Pariser Kabarettist Jacques Grello schon nach wenigen Etappen den Ehrennamen „pédaleur de charme" verlieh, faszinierte die Damenwelt wie kein Tour-Sieger zuvor. In der Tat war der Unterschied zwischen Kübler und Koblet noch größer als der zwischen Coppi und Bartali. Koblet, das war elegante Leichtigkeit, Streicheln der Pedale mit den Fußspitzen, Höchstleistung ohne sichtbare Anstrengung. Kübler aber, der Mann aus Adliswil mit der Adlernase, sah auf seinem Rennrad aus wie ein fauchendes Raubtier, dem man eine Ladung Schrot in den Hintern gejagt hat. Er war ein Selbstzerfleischer auf zwei Rädern, und oft genug habe ich ihn, wenn sich unser Begleitwagen dicht hinter ihm hielt, gehört, wie er sich anbrüllt: „Schäm dich, Ferdi, du dreckiger Feigling! Müde willst du sein? Ich werd's dir zeigen!"

Er war einer von denen, die in der eisigen Kälte des Hochgebirges einen Reifen mit den Zähnen von den Felgen rissen, wenn die klammen Finger versagten. Aber auch einer von denen, die tobten und tausend Flüche ausstießen, wenn sie sich von einem Begleitwagen beim Überholen gestört fühlten.

Koblet fluchte nie, und Etappenziele, die Kübler mit einer Glasur von Schweiß und Schmutz im Gesicht erreichte, beehrte er mit dem Anblick eines Mannes, der gerade aus einem Schönheitssalon kommt. Denn großzügig verschenkte er kostbare Zeit, um vor jedem Ziel Toilette zu machen. Nie fehlten Schwamm und Kamm in seinen Trikottaschen.

Pédaleur de charme nannten sie den eleganten Hugo Koblet, Liebling der Frauen, Sieger der Tour von 1951.
Rechts: Solche und solche Fotografen!

Seinen Tour-Sieg von 1951 errang er mit der spielerischen Leichtigkeit des Genies. Federleicht und harmonisch, als ob er die Gesetze der Schwerkraft aufhöbe, war sein Tritt, und es wäre wohl zum faszinierendsten aller Zweikämpfe gekommen, wenn er auf einen intakten Coppi getroffen wäre.
Aber er traf auf einen Coppi ohne jede moralische Widerstandskraft. Wenige Tage vor dem Start der Tour war sein Bruder Serse bei der Piémont-Rundfahrt tödlich verunglückt. Doch die Organisatoren brauchten seinen Namen und überredeten ihn.
Koblet beherrschte diese Tour auf der Ebene, in den Bergen und im Kampf gegen die Uhr. Beim Zeitfahren in Genf machte er das Gelbe Trikot, das er in den Pyrenäen erobert hatte, so unangreifbar, daß er Coppi die Alpenetappe nach Briançon schenken konnte, so wie Coppi zwei Jahre zuvor Bartali beschenkt hatte.

„Schäm dich, du Feigling! Müde willst du sein? Ich werd's dir zeigen!" Jeder Fahrer hat seine eigene Methode, die drohende Erschöpfung zu überwinden.

FRISOL
THIRION
42

Comeback und Tragik

Immer ordentlich ins Ziel. Dieses Bild könnte zu dem Schweizer Hugo Koblet passen, der stets Schwamm und Kamm mit sich führte und vor jeder Zielankunft Toilette machte.

Aber Hugo Koblet war kein Dauerbrenner, und die Revanchegelüste Coppis irritierten ihn. Er war freilich nicht der einzige. Für die Tour de France 1952 kündigte sich die phantastischste aller Starparaden an: Gino Bartali, Tour-Sieger 1938 und 1948, Fausto Coppi, Tour-Sieger 1949, Ferdi Kübler, amtierender Straßenweltmeister und Tour-Sieger 1950, und Hugo Koblet, Tour-Sieger 1951. Die Organisatoren rieben sich die Hände, aber die Gegner Fausto Coppis, der zwei Wochen zuvor den Giro d'Italia in ganz großem Stil gewonnen hatte, bekamen das Zittern. Kurz vor dem Start sagten Kübler, Koblet und Bobet aus gesundheitlichen Gründen ab. In Wirklichkeit jagte ihnen Coppi Komplexe ein. In Gino Bartalis Wörterbuch freilich stand dieser Begriff nicht. Ja, der 38jährige „Vecchio" brachte es nicht nur fertig, völlige Gleichberechtigung mit dem jüngeren und stärkeren Rivalen in der italienischen Nationalmannschaft zu erreichen, sondern auch noch Teamchef Alfredo Binda auf seine Seite zu ziehen.

Nach vier Etappen, in Roubaix, kommt der Eklat. „Über Hunderte von Kilometern", schreit Coppi Binda an, „habe ich Gino an meinem Hinterrad mitgezogen! Aber ich habe genug mit Franzosen und Belgiern zu tun und brauch' nicht noch einen eigenen Mannschaftskameraden als Sonderbewachung!"

Und er verläßt das Hotel der italienischen Nationalmannschaft und sucht sich eine andere Unterkunft mit der wörtlichen Versicherung, daß ihn alle am Arsch lecken können.

Die Etappe Roubaix–Namur, die ihn gewaltig nach vorne bringt, genügt nicht, um diesen Zorn loszuwerden. Um ihn herauszustrampeln, braucht er noch das Zeitfahren der siebten Etappe Metz–Nancy, und mit niederschmetternder Selbstver-

ständlichkeit fährt er die gesamte Konkurrenz in Grund und Boden.
Und das Duell Coppi/Bartali findet nicht statt. Es kann nicht stattfinden, weil Bartali auf der ersten Alpenetappe Lausanne – Alpe d'Huez hoffnungslos abgehängt wird, als Coppi angreift. Den Gesamtsieg hämmert Fausto auf der zweiten Alpenetappe am Galibier fest, und er gewinnt diese Tour de France mit mehr als einer halben Stunde Vorsprung vor dem kleinen Belgier Stan Ockers, Robic und Bartali.
Ein Jahr später feierte die Tour ihren 50. Geburtstag, aber sie feierte ihn nicht souverän, sondern eher kleinkariert. Die Organisatoren luden Fausto Coppi, der in der Form seines Lebens und damit unschlagbar war, nicht ein. Ein Superman, der alle anderen zu Zwergen machte, war nicht gefragt.
Niemand ahnte, daß das schon die Einleitung zu Sturz und Tragik des Campionissimo war.
Seelische Konflikte und familiäre Spannungen brachen aus, und bald brachte die Sensationspresse, durchaus nicht zum Leidwesen Bartalis, fettere Überschriften über Coppis Romanze mit der „weißen Dame“ als über seine Siege. Es handelte sich um die hübsche Gattin eines Dr. Locatelli, die bei allen Rennen auftauchte und stets mit ungewöhnlichen weißen Mänteln auffiel.
Die Ehebruchsklage des Dr. Locatelli wuchs sich zu einer verwickelten und peinlichen Affaire aus, weil das italienische Gesetz damals die Scheidung nicht duldete. Aber daß Coppi sich zwei Monate Gefängnis mit Bewährung und den Entzug des Passes gefallen lassen mußte, brachte seine Anhänger unter dem süffisanten Lächeln der Bartalisten in Rage. Sie waren es, die ihm die Moral zurückgaben, aber nun kam der Wettlauf mit dem Alter, den auch ein Campionissimo nicht gewinnen kann.
Fausto Coppi führte ihn mit einer Verbissenheit, die selbst Bartali nicht aufgebracht hatte. Aber immer spärlicher blitzte seine Klasse auf, immer häufiger bezeichneten ihn Journalisten, die ihn einst als den unbesiegbaren Königsadler gefeiert hatten, als habgierigen Geier, der nicht genug kriegen konnte.
Immer wieder steigt er, wie von einer dämonischen Macht getrieben, in den Sattel. Nicht Habgier war es, sondern der verzweifelte Kampf eines Mannes gegen eine Natur, die ihn für dieses Metier großzügiger als alle anderen ausgestattet hatte und ihm nun eine Rechnung präsentierte, die er nicht annehmen wollte.
1959, mit 40 Jahren, war er noch aktiv und hatte sich mit Gino Bartali versöhnt. Ja, er unterschrieb sogar einen Vertrag für die von Bartali geleitete San-Pellegrino-Mannschaft. Seine ganze Erfahrung sollte den jungen Rennfahrern dieses Stalls zugute kommen.
Doch das Schicksal hat es anders gewollt. Fausto Coppi trug eine tödliche Krankheit in sich, als er wenige Tage vor Weihnachten des Jahres 1959 von einer afrikanischen Safari heimkehrte. Der heimtückische Virus, der vermutlich durch den Stich eines Insekts in sein Blut gedrungen war, widerstand aller ärztlichen Kunst. Am Morgen des 2. Januar 1960 schloß Fausto Coppi im Krankenhaus von Tortona für immer die Augen.
Man hat sich gefragt, was diesen Mann, der ein luxuriöses Leben, frei von allen materiellen Sorgen, hätte führen können, dazu getrieben hat, sich an das Rennrad zu klammern, bis es ihm der Tod aus der Hand nahm.
Die Antwort kann nur finden, wer neben dem verglorifizierten Helden auch den Menschen

kannte. Er weiß, daß er den Luxus, mit dem sich die „weiße Dame" umgab, duldete, aber nicht schätzte. Er fühlte sich verpflichtet, der Frau, die seine zweite Lebensgefährtin geworden war, das Leben zu bieten, das sie sich wünschte. Aber den Sinn seines Lebens erblickte er nicht in ihr, sondern im Kampf auf der Landstraße, der ihn reich und berühmt gemacht hatte. Fausto Angelo Coppi, gefeierter und trauriger Held der Pedale, konnte sich nicht von ihnen lösen. Ein anderes Leben war für ihn unvorstellbar, und so gesehen war sein Tod vielleicht eine Gnade.

Das Geheimnis der Popularität der Tour de France ist einfach und vielschichtig zugleich.

Inter
INVITÉ D'HONNEUR
77
TOUR DE FRANCE

Einer steigt in den Besenwagen

Tour de France in Biarritz. Blanke Sonne auf weißem Sandstrand. Und die Mädchen von Biarritz sind die schönsten. Behauptet der treffliche Kollege Denis Lalanne, der die Pfiffigkeit und das Durchsetzungsvermögen hatte, sich dort selbst als Poet und als Sonderkorrespondent von „L'Equipe" für Rugby niederzulassen. In Paris sehen sie ihn dreimal im Jahr, und das hält er schon für übertrieben. Man begreift's, wenn man Biarritz kennt.
Für die Rennfahrer war der Ruhetag in Biarritz das große Atemholen vor den Pyrenäen. Aber nicht jeder ist in der Lage, einen Urlaubstag im Vorzimmer der Hölle auszukosten. Es ist ein Unterschied, ob man den Tourmalet auf zwei Rädern oder auf vieren erklettert.
Und der Schweiß fließt wie früher, und die Leute wollen ihn fließen sehen wie früher. Und die Bilder am Straßenrand haben sich nicht geändert. An Klapptischen picknickende Familien vom Großvater bis zum Säugling, und es steht so viel neben der unvermeidlichen Rotweinflasche auf dem Tisch, daß man sich fragt, wie der kleine Renault das alles transportiert hat.
Und plötzlich fährt der Besenwagen an dieser Idylle vorbei. Ein alter Mann mit Baskenmütze deutet ihm nach, aber er weckt nur mäßiges Interesse bei den Kauenden.
Ob er nur einen Witz macht, oder ob er sagt, daß der Besenwagen das trostloseste Fahrzeug bei der Tour de France ist? Man nennt ihn auch den Lumpensammler, weil er das letzte aller Fahrzeuge ist und in der Tat Bündel aufnimmt. Zerschundene Bündel von Menschen, die das Rennen ausgestoßen hat und die nun weggeräumt werden müssen.
Es sind die, die langsam, aber stetig zurückfallen, auch den Anschluß an die letzte Gruppe verlierend, die sich noch eine minimale Chance ausrechnet, das Etappenziel vor Kontrollschluß zu erreichen. Männer, die alle Kraft auf der Landstraße gelassen haben und nur noch im Unterbewußtsein Rennfahrer sind. Ein Rest von Moral, der ihnen das Aufgeben verbietet, vermischt sich mit dem elenden Gefühl, auf der Stelle zu treten, wie man es in Angstträumen tut.
Und nun fällt so einer zurück, Meter für Meter, bis ihm die vordersten um eine halbe Stunde enteilt sind und er hinter sich nichts mehr spürt als den Besenwagen. Wie einen Aasgeier spürt er ihn, und er braucht sich nicht umzudrehen.
Und der Fahrer des Besenwagens schaltet auf ein Tempo zurück, das das von radelnden Landbriefträgern ist. Er hat Erfahrung mit solcher Kundschaft und könnte ihn gleich aufnehmen, aber den letzten Rest von Stolz will er ihm lassen, und er will auch auf eine Stelle warten, wo es nicht zu viele Gaffer gibt.
Aber schließlich muß er halten und zugreifen, weil ein Marschplan einzuhalten ist. Er macht's kurz und schmerzlos, und dann sitzt der Mann, der eigentlich längst aus dem Sattel gehoben gehörte, im Halbdunkel des geschlossenen Kastenwagens auf einer Holzpritsche, und wie die Leute, die vom „Panier à Salade" mitgenommen werden, wie sie in Frankreich die „Grüne Minna" nennen, ist er froh, daß ihn keiner sieht.
Es ist der Abtransport eines gestrauchelten Helden zur Demobilisierung in die Etappe, wo ein Koffer auf ihn wartet und die letzte Mahlzeit, die ihm die Rennleitung spendiert. Und auch die Zeitungen haben noch eine Zeile für ihn: „Aufgegeben hat der Fahrer X bei Kilometer 121."
Niemand weiß etwas von seinen Tränen in der Dunkelheit des Besenwagens. Er wird wiederkommen, aber er ist Profi und weiß, daß er ein Jahr verloren hat.

Louison Bobets „Hattrick"

Louison Bobet, der Bäckersohn aus der Bretagne, war der erste Fahrer, der die Tour dreimal hintereinander gewinnen konnte, ein echter Hattrick also (1953, 1954, 1955).

Bei der Tour de France 1953 aber begann die Ära Louison Bobet. Der Bretone war Bäckersohn wie Hugo Koblet, aber ungleich zäher – und kaum weniger elegant. Beim Start der Tour 1953 war er gerade 28 Jahre alt.
Zu alt, sagten die einen. „Was er bis jetzt nicht geschafft hat, schafft er nie!"
„Zu alt?" fragten die anderen. „Habt ihr vergessen, daß Bartali die Tour mit 34 gewonnen hat, Coppi mit 33 und Kübler mit 31?"
Daß Bartali mit seinen 40 Jahren vom dritten Tour-Sieg spricht, nimmt freilich niemand ernst. Nur der kleine Charly Gaul aus Luxemburg, jüngster Teilnehmer dieser Tour, macht große Kinderaugen, als er den „Vecchio" so reden hört.
Es sieht zunächst gar nicht so aus, als ob diese Jubiläumstour für Bobet den großen Durchbruch bringen sollte. Zwei, mit denen keiner gerechnet hat, machen auf den ersten Etappen Furore: Fritz Schär, der Schweizer mit dem Zatopek-Stil, der ständig um das Zermalmen seiner Pedale bemüht ist, und Roger Hassenforder, der Elsässer mit dem Temperament eines speienden Vulkans. „Hassen", wie sie ihn der Einfachheit halber nennen, löst Schär als Träger des Gelben Trikots ab, aber in den Pyrenäen kommt Robic. Am Aubisque fährt er allen davon, und am weitesten fällt Hugo Koblet zurück, der diesen Berg zwei Jahre zuvor mit spielerischer Leichtigkeit genommen hat.
Bobet liegt in Lauerstellung, aber wie alle anderen Asse wird er zwischen Pyrenäen und Alpen von einem wahren Aufstand der Wasserträger überrumpelt. 24 Fahrer holen auf der zwölften Etappe zwanzig Minuten Vorsprung heraus und werfen die Wertung über den Haufen. Bobet bringt die Dinge am nächsten Tag mit einem Großangriff der französischen National-

mannschaft wieder ins Lot und rückt auf den dritten Platz vor. Aber noch wichtiger ist, daß er am Fuße der Alpen die Hochform zum großen Angriff spürt.
Und er wartet, wie einst Bartali, auf den Izoard. Seine steilen Rampen sind das beste Terrain, und der Gipfelstürmer kann in Briançon schon unter der Dusche stehen, wenn die anderen noch am Klettern sind.
So macht es Bobet. Und er lächelt nur, als Bartali ihn in den ersten Rampen des Izoard mit einigen trockenen Zwischenspurts zu beeindrucken versucht. Es ist ein Luxus, der über die Verhältnisse des 40jährigen geht, und wie alle anderen verliert er viele Minuten an den kraftvoll und gleichmäßig kletternden Bobet, dem das Gelbe Trikot wie eine reife Frucht zufällt. Acht Minuten beträgt sein Vorsprung in Briançon, und in St. Etienne ist er auf eine Viertelstunde angewachsen.
Der Rest ist reine Formalität für einen Bobet in der Form seines Lebens. Sein Tour-Sieg, der eine fünfjährige Herrschaft der Ausländer bricht, läßt den alten Pariser Prinzenpark in seinen Grundfesten erzittern.
Es war ein so eindeutiger Sieg, daß der Favorit fürs nächste Jahr nur Louison Bobet heißen konnte. Hinzu kam eine günstige Konstellation: Coppi, auf dem Höhepunkt seiner moralischen Krise angelangt, verzichtete, wie auch Bartali, der mit 41 nun freilich wirklich nichts mehr erben konnte. Damit waren Kübler, Koblet, Ockers und Robic Bobets einzige ernsthafte Konkurrenten, und alle waren sie, Koblet ausgenommen, wesentlich älter als Louison. Aber der schöne Hugo war nicht mehr der „Pédaleur de charme" des Jahres 1951. Unweigerlich zerbrachen die Berge seinen Rhythmus, und auf der Ebene konnte er nicht mehr „hoch" treten wie früher. Die großen Übersetzungen, die er mit so frappierender Leichtigkeit in Schwung gehalten hatte, machten ihm Schwierigkeiten. Ferdi Kübler trug mit 35 die Last der Jahre, und was Stan Ockers, den 33jährigen Belgier, anlangt, so ließ er sich zwar nur schwer vom Hinterrad eines Favoriten schütteln, ging aber selbst kaum je zum Angriff über.
Daß Kübler auf der ersten Etappe wegen Defekten neun Minuten verliert, macht die Sache für Bobet nicht einfacher. Im Gegenteil. „Ferdi national" reagiert mit so wütenden Attacken, daß es beim Ruhetag in Bordeaux in der französischen Nationalmannschaft nur eine Meinung gibt: „Wenn diese Jagd nach dem weißen Kreuz so weitergeht, werden wir alle beim Roten Kreuz landen!"
Aber nicht Bobet, sondern Koblet wird das Opfer der Küblerschen Rage. Schon in der ersten Pyrenäenetappe verliert er am Aubisque alle Chancen. Erster auf dem Gipfel ist ein drahtiger, schwarzlockiger Spanier namens Federico Martín Bahamontes, den sie in seiner Heimat den „Adler von Toledo" nennen. Er klettert wie eine Gemse, aber er fährt ab wie ein Landbriefträger, und Ockers gewinnt die Etappe im Spurt vor Kübler, Bobet und Schär.
Die Zähigkeit der beiden Schweizer nützt nichts gegen die Hochform Bobets. Früher als er sich ausgerechnet hat, zieht er das Gelbe Trikot über. Es ist in Millau, einem malerischen Provence-Städtchen, durch das breit und geruhsam der Tarn fließt, nachdem sich seine grünen Fluten einen schmalen Weg durch eines der romantischsten Felsentäler Frankreichs gebahnt haben. Hier hat Cézanne seine schönsten Bilder gemalt. Aber das Bild dieser Tour sieht weniger romantisch aus. Koblet ist ausgeschieden, aber Kübler gibt nicht

auf. Wieder einmal wird der Izoard zum wichtigsten strategischen Terrain, doch Bobet pariert nicht nur den verzweifelten Angriff des Schweizers, sondern attackiert seinerseits so heftig, daß sich selbst Bahamontes auf dem schneebedeckten Gipfel mit dem zweiten Platz begnügen muß. Damit sind die Würfel gefallen. Das Zeitfahren zwischen Epinal und Nancy sieht die drei stärksten Fahrer vorn und bestätigt damit den Rennverlauf, denn Bobet siegt vor Kübler und Schär. Das ist auch die Reihenfolge im Schlußklassement. Stürmisch feiern die Pariser Louison Bobets zweiten Sieg.

Aber sie überschütten auch Bahamontes mit Ovationen, die der Jüngling aus Toledo gar nicht begreifen kann. Er, der nur die Sprache seiner Heimat spricht, hat unterwegs keine Zeitungen gelesen und ahnt nicht, welche Berühmtheit ihm die Wurstigkeit verschafft hat, die er stets zeigte, wenn er seine Kür in den Bergen erledigt hatte. In der Gesamtwertung gelangte er nur auf einen bescheidenen 28. Rang; seine Popularität aber ließ sich mit der des Algeriers Abdelkader Zaaf vergleichen, der im Schatten einer Platane eingeschlafen war, nachdem er zwei Flaschen Weißwein getrunken, und danach das Rennen in verkehrter Richtung fortgesetzt hatte.

Alle Rekorde der Nachlässigkeit hatte Bahamontes auf dem Col de Romeyère gebrochen. Denn als er, weit vor allen anderen, den Gipfel erreicht hatte, sah er einen fliegenden Eishändler, und ein Eis war gerade das, was Federico jetzt brauchen

Der Fluß zieht breit und gemütlich durchs Tal. Noch herrscht Ruhe im Feld, doch der Col d'Izoard ist nicht mehr weit, und dann wird der Teufel los sein.

konnte. Auch Kletterkönige sind keine überirdischen Wesen, und so ein Aufstieg macht Durst. Er erstand eine Portion, und um sie nebst der herrlichen Aussicht zu genießen, setzte er sich auf eine Bank. Erst als zehn seiner Konkurrenten an ihm vorbeigefahren waren, entsann er sich, warum er eigentlich auf diesen schönen Berg gekommen war, und fuhr gemächlich zu Tal. Das Vanille-Eis vom Col de Romeyère hat ihm zwar eine schlechte Placierung, aber auch einen ungewöhnlichen Zuwachs an Popularität eingetragen. Louison Bobet aber holte sich drei Wochen nach dieser Tour de France 1954 in Solingen die Straßenweltmeisterschaft, trotz eines Defektes in der letzten Runde, der dem Schweizer Fritz Schär den Weg zum Titel freizumachen schien. Nur ein Bobet in der Form seines Lebens konnte das schaffen.

Logisch, daß er als Superfavorit in die Tour 1955 ging. Aber noch nie hatte ein Rennfahrer die Tour dreimal hintereinander gewonnen. Von einer ganzen Nation auf den Favoritenschild gehoben, stand Louison Bobet vor dem schwersten Rennen seiner Laufbahn.

Und alle wollten seinen Sturz. Zu beherrschend war ihnen der Mann geworden, der jetzt noch mehr anpeilte, als Coppi erreicht hatte.

Keine Gefahr drohte ihm freilich von den beiden ersten Deutschen, die nach dem Krieg wieder mitmachen durften: Heinz Müller aus Schwenningen und Günter Pankoke aus Bielefeld. Sie wurden der internationalen Mannschaft zugeteilt,

An einem heißen Tag trinken sie Unmengen von Sprudel und Limonade, doch zuviel des Guten kann den Magen rebellisch machen.

deren Kapitän Luxemburgs Bergkönig Charly Gaul war.
Schon nach vier Tagen verlor Pankoke seinen schwäbischen Landsmann Heinz Müller, und von diesem Augenblick an war er der einsamste Mann auf Frankreichs Landstraßen. Daß er bis Paris durchhielt und mit seinem 37. Rang viele Fahrer mit klingenden Namen hinter sich ließ, war eine bewundernswerte Energieleistung. Heinz Müller aber, der 1952 überraschend Straßenweltmeister geworden war, besaß nicht das Stehvermögen für schwere Etappenfahrten und hat nie Kapital aus seiner außergewöhnlichen Spurtkraft schlagen können.
Spätestens in den Alpen weiß Bobet, daß sein gefährlichster Gegner Charly Gaul heißt. Ein wahrer Husarenritt bringt dem kleinen Charly so viel Terrain ein, daß er in Briançon mit einem Vorsprung von 13:47 Minuten gewinnt und in der Gesamtwertung vom 39. auf den 3. Platz springt. Bobet ist nur Sechster, aber auf der zweiten Alpenetappe von Briançon nach Monaco wartet er mit einer kämpferischen und taktischen Glanzleistung auf. Schonungslos nützt er die Schwächen des Luxemburgers bei den Abfahrten, und obwohl Gaul Erster auf den drei Pässen Vars, Cayolle und Vasson ist, überholt er ihn 40 Kilometer vor Monaco und stößt auf den dritten Rang der Gesamtwertung vor.
Vor den Pyrenäen muß der kahle Mont Ventoux, der Teufelsberg der Provence, bezwungen werden. Kein Baum und kein Strauch spenden auf seinen weit ausladenden Serpentinen Schatten, und an diesem Aufstieg, der den Fahrern wie eine glühende Treppe ohne Stufen vorkommt, zerbricht sogar die Energie des alten Schweizer Haudegens Ferdi Kübler. Völlig entkräftet und demoralisiert gibt er auf.
Aber auch Charly Gaul kann Bobet von der Liste derer streichen, die ihm gefährlich werden können. Im Etappenziel Avignon ist der Luxemburger einem Zusammenbruch nahe, weil er bei der glühenden Hitze seinen Magen mit Unmengen von Sprudel und Limonade rebellisch gemacht hat. Das Gelbe Trikot trägt immer noch Antonin Rolland von der französischen Nationalmannschaft, und er wartet darauf, es Louison Bobet übergeben zu können, dem nur noch die Italiener Fornara und Astrua sowie der Belgier Brankart gefährlich werden können.
Sicher, Charly Gaul, der seine Krise überwunden hat, legt schon am ersten Pyrenäenberg, dem Aspin, seine Sondernummer ein. Bobet läßt ihn vernünftigerweise ziehen, attackiert aber am Peyresourde. 50 Kilometer vor dem Etappenziel St. Gaudens holt er Gaul ein und muß ihm nur wegen eines Reifenschadens den Etappensieg überlassen. Das Gelbe Trikot aber gehört Bobet, und er kann sich am nächsten Tag am Tourmalet mit der Überwachung seiner gefährlichsten Gegner begnügen.
Die Tour ist entschieden, obwohl Brankart auf den restlichen Flachetappen gewaltig Dampf macht und sich auf den zweiten Platz der Gesamtwertung vorkämpft. Viereinhalb Minuten rettet Louison in den Prinzenpark, und kein Staatsmann kann sich rühmen, von der Pariser Bevölkerung so stürmisch gefeiert worden zu sein wie der dreimalige Sieger der Tour de France.
Aber die Leute sehen nicht, daß der Anzug, der noch Wochen zuvor, als er das Atelier eines mondänen Pariser Herrenschneiders verließ, wie angegossen gesessen hatte, viel zu weit ist. Sie haben Louison auch nicht unter der Dusche des Prinzenparks gesehen. Sein Körper ist gezeichnet von 21 schweren Etappen, denn dieser dritte Sieg

war der schwerste von allen, weil er von allen gnadenlos gehetzt worden war. Nicht einmal das ungeschriebene Gesetz der Landstraße hatten sie geachtet, das besagt, daß Fahrer verschiedener Mannschaften sich nicht gegen einen gemeinsamen Konkurrenten verbünden.
Louison Bobet, von der Natur nicht so überreich bedacht wie Coppi oder Koblet, verdankte seine großen Siege hauptsächlich seiner bretonischen Zähigkeit und seinem Temperament, und mit sicherem Instinkt haben die Massen begriffen, daß sie einen Champion feierten, der sich alles hart erarbeitete, weil ihm nie etwas in den Schoß fiel.

Aufstand der Wasserträger. Zwei sind ausgerissen, um abseits der Stallregie ihr Glück zu suchen.

KAS

Wasserträger

Von Wasserträgern nimmt man an, daß sie Wasser tragen. Im Grunde aber ist das ein eher nebensächlicher Teil ihrer Beschäftigung, und es erscheint angebracht, sich etwas eingehender mit diesen obskuren, aber eminent wichtigen Gesellen zu befassen.
Der Begriff ist sowohl bildhaft wie abwertend, denn bei Wasserträgern denkt man sofort an Knecht oder an Domestike, und in der Tat sagen auch die Franzosen zu den namenlosen Helfern der Stars gelegentlich „porteurs d'eau" oder „domestiques". Im allgemeinen aber bevorzugen sie das vornehmere und neutralere Wort „équipiers", also Mannschaftskameraden.
Als jedoch Georg Schwarzenbeck beim Brüsseler Europapokal-Endspiel für den FC Bayern mit einem Traumtor in letzter Sekunde die Wiederholung erzwang, setzte „L'Equipe" folgende Schlagzeile über dieses Fußballmärchen: „Die Heldentat eines Wasserträgers".
Woraus man sieht, daß es den Wasserträger nicht nur im Radsport gibt. Im Grunde gibt es ihn überall. Jeder General, jeder Fabrikdirektor, ja, jeder Chef überhaupt hat seine Wasserträger. Nur ist im Berufsleben weder von Wasserträgern noch von Mannschaftskameraden die Rede. Von Assistenten schon eher, die sich freilich heftig wehren würden, wollte man sie als Wasserträger bezeichnen, selbst wenn sie, was vorkommen soll, auf beiden Schultern Wasser tragen.
Unsere Wasserträger sind jedoch die Radrennfahrer, die, unter Verzicht auf die eigenen Chancen, ihrem Chef jede erdenkliche Dienstleistung zu erbringen haben. Ohne ihre Hilfe könnte auch der größte Rennfahrer die Tour de France sowenig gewinnen wie Franz Beckenbauer die Weltmeisterschaft, wenn er allein in ein Stadion einliefe.
Nur wenn ein Zeitfahren mit Einzelstart auf dem Programm steht, dürfen Wasserträger auf eigene Rechnung fahren. Andere Ausnahmen gibt es nicht, und obwohl das Reglement das Los der Wasserträger „humanisiert" hat, weil sie im Falle von Defekten ihrer Chefs nicht mehr zu Fußgängern degradiert werden, verlangte ein Eddy Merckx von seiner Leibwache mehr als jeder andere Champion. Sicher, keiner mußte ihm seine Maschine zur Verfügung stellen, weil sich der Materialwagen der Mannschaft stets in unmittelbarer Nähe von Merckx befand. Aber sie mußten sich die Beine aus dem Leib strampeln, um Eddy wieder ans Feld heranzuführen, und wenn sie das keuchend geschafft hatten, konnte schon wieder ein neuer Befehl kommen. Beispielsweise der, einem Ausreißer nachzusetzen, aber ihm jede Führungsarbeit zu verweigern. Kontrollieren und neutralisieren nennt man das in der Fachsprache, und im Laufe einer Etappe fällt für die Wasserträger eine enorme Menge Arbeit an, die in keinem Klassement sichtbar wird, sich für den Chef jedoch allemal auszahlt.
Warum machen sie das? Die Frage ist verblüffend leicht zu beantworten. Bei einem so schweren Rennen wie der Tour de France gibt es kaum mehr als ein halbes Dutzend Favoriten, aber 120 Fahrer sind am Start, und die meisten von ihnen beenden das Rennen mit einem Gewinn von unter 10 000 Mark.
In der Mannschaft eines großen Champions zu fahren, bedeutet viel anonyme Arbeit, aber auch viel Geld. Sicheres Geld. Deshalb sind seine Wasserträger, im Gegensatz zu vielen anderen, immer zufrieden und immer von höchster Einsatzbereitschaft.
Gewiß – manchmal rebellieren sie. Aber das sind Zwischenspiele, die großzügig gewährt werden, ohne von Bedeutung zu sein.

Rekordmaschine Anquetil

Der junge Jacques Anquetil in den Pyrenäen. Man traute ihm keine große Leistung in den Bergen zu, und keiner konnte ahnen, daß Maître Jacques einmal mit fünf Tour-Siegen neben Eddy Merckx der erfolgreichste Fahrer sein würde.

Nach Bobet kam einer, der, eben weil ihm alles in den Schoß zu fallen schien, nicht die gleichen Begeisterungsstürme weckte. Die Erfolge des kalkulierenden Kaltblütlers Jacques Anquetil hatten etwas Unheimliches und Gesetzmäßiges, und die Leute aus dem Süden haben ihn, den Unterkühlten aus der Normandie, nie ins Herz geschlossen. Alles, was sie den Normannen vorwerfen, glaubten sie bei Anquetil zu finden, angefangen von der Halsstarrigkeit über den egoistischen Geschäftssinn bis zum blanken Geiz.

Sie taten ihm unrecht, obwohl ein bißchen was dran war. In erster Linie war Jacques Anquetil ein Phänomen, das es sich zur Aufgabe machte, das absolute Maximum aus einer ungewöhnlichen Begabung herauszuholen.

18 Jahre war er alt, als er den „Grand Prix des Nations" gewann, das schwerste Zeitfahren, das der Radsport kennt. Und der Mann, der hinter ihm den zweiten Platz belegte, hieß – Fausto Coppi!

Mit 22 brach er auf der Mailänder Vigorelli-Bahn den Stundenweltrekord Coppis, der für unangreifbar gegolten hatte. 46 Kilometer und 159 Meter legte er in den 60 Minuten, die ihn endgültig zur Weltklasse aufrücken ließen, auf den Holzplanken des Vigorelli zurück, und jetzt gab sein Mannschaftsleiter, der berühmte Francis Pélissier, seinem Wunderknaben grünes Licht für die Tour de France.

„Er wird Lehrgeld bezahlen", tuscheln seine Neider. Und sie sind zahlreich, weil dieser Bursche eine für viele Geschmäcker zu ausgeprägte Persönlichkeit ist.

Auch für den Geschmack von Louison Bobet. Anquetil in der Nationalmannschaft? Da liegt Stunk in der Luft. Der Bretone spürt, daß der eigenwillige Normanne gegen ihn ist und auch seinen Kumpel André Darrigade gegen ihn auf-

hetzt. Und er spürt auch, daß er diese Tour nicht gewinnen kann. Man schreibt 1957, und er sitzt schon zu lange in der Galeere. Bobet sagt ab, und Anquetil schlägt zu. Es wird eine Tour der Franzosen, und fünf Tage vor Schluß heißt die Reihenfolge in der Gesamtwertung: Anquetil, Forestier, Mahé.
Alle gehören der Nationalmannschaft an, aber es ist nicht wie zu Bobets Zeiten. Anquetil fühlt sich zwischen Alpen und Pyrenäen gar nicht wohl in seiner „gelben Haut". Besonders Forestier bekämpft ihn ganz offen, und er wartet nur auf eine Schwäche des wenig beliebten Konkurrenten.
Drei Minuten nur trennen Forestier von Anquetil, als Tourmalet und Aubisque auf dem Programm stehen. Hier muß es passieren, und der kleine Jacques, den sie noch nicht „Maître Jacques" nennen, kommt sich vor wie die Grille in Lafontaines Fabel, zu der die Ameise sagt: „Den ganzen Sommer über hast du gesungen, eh bien, nun tanze!" Auf seine Verhältnisse angewandt, heißt das: „Auf der Ebene bist du zwar der König, nun aber klettere!"
Und siehe da, Anquetil klettert. Zwar kommt er nicht als erster in Pau an, denn das Ringen um den Etappensieg muß er schon den Bergspezialisten überlassen, aber er verliert nur drei Minuten auf den Sieger, und weit, weit hinter ihm kommen erst Forestier und Mahé. Jacques Anquetil hat die Angelegenheit auf seine Weise geregelt und die Kompetenzschwierigkeiten in der französischen Nationalmannschaft auf die natürlichste Art der Welt beseitigt. Auf über zehn Minuten ist sein Vorsprung in der Gesamtwertung angestiegen, und beim Zeitfahren der zwanzigsten Etappe Bordeaux – Libourne macht er seine Position uneinnehmbar.
Anquetil wird weniger als strahlender denn als logischer Sieger gefeiert. In den Herzen der Massen hat er nicht den Platz von Bobet erobert, und das ist es, was den alten Louison wieder in den Sattel bringt. Als die Tour 1958 naht, ist er so beherrscht von dem Wunsch, mit dem vierten Sieg einen absoluten Rekord aufzustellen, daß er trotz gutgemeinter Warnungen ein Bündnis mit Anquetil in der französischen Nationalmannschaft eingeht. Es ruft die mißglückten italienischen Versuche wach, Coppi und Bartali unter einen Hut zu bringen.
Und es geht gründlich daneben. Bobet wird im Alpenvorfeld von Anquetil überrumpelt, aber der vehemente Anlauf reicht nicht aus. Anquetil hat seine Möglichkeiten in den Bergen überschätzt. Auf der letzten Alpenetappe wird er von einem fürchterlichen Schwächeanfall geschüttelt, und 48 Stunden vor der Ankunft in Paris verbietet ihm Tour-Arzt Dr. Dumas die Weiterfahrt, weil er hohes Fieber hat und Blut spuckt.
Dafür schlägt die große Stunde des kleinen Luxemburgers Charly Gaul. Mächtig hat es ihn gewurmt, daß man ihn „le champion qui fait toujours une faute" getauft hat. Den Champion, der immer einen Fehler macht. Immer, wenn er von einem großen Rennen nach Luxemburg zurückkehrte, fragten ihn die Leute mit unverhohlenem Spott: „Na, Charly, was für Böcke hast du diesmal wieder geschossen?"
Und da war noch etwas. Nämlich der ganz und gar unmännliche Spitzname „Cheri-Pipi".
Den verdankte er Louison Bobet. Man muß dazu wissen, daß „faire pipi" die volkstümliche französische Bezeichnung für pinkeln ist und daß Bobet während des Giro d'Italia 1956 einen Großangriff gegen den kleinen Charly gestartet hatte, just in dem Augenblick, da er mit ahnungslosem Engels-

gesicht vom Rad gestiegen war, um sein Wasser abzulassen.

Das hat er dem großen Rivalen nie verziehen, und die Gelegenheit zur Revanche findet sich bei Kilometer zehn des Aufstiegs zum kahlen Mont Ventoux, dessen 21,5 Kilometer nach einer teuflischen Idee der Rennleitung im Einzelzeitfahren bewältigt werden müssen.

Der Zufall will es, daß Bobet zwei Minuten vor Gaul starten muß. Und der Luxemburger, dessen Rachegelüste ihn zu einem unwiderstehlichen Parforceritt treiben, hat ihn nach zehn Kilometern beim Wickel. Aber er gestattet sich den Luxus, ein paar Sekunden an der Seite des keuchenden Franzosen zu verschenken, ehe er ihn stehenläßt, um dem Etappensieg entgegenzueilen. Für Bobet sind es endlose Sekunden der Demütigung, denn Charlys triumphierende Blicke sagen mehr als tausend Worte: „Siehst du, Louison, ich brauche nicht zu warten, bis du pinkeln mußt, wenn ich dich abhängen will!"

Überhaupt sitzen diesmal alle Konterschläge, die Charly Gaul führt. Nachdem er Raphael Géminiani, den alten französischen Haudegen, in dessen elfter Tour de France in den Alpen zermürbt hat, erledigt er, der Bergkönig, den jungen Italiener Favero, der zum Zeitfahren der vorletzten Etappe von Besançon nach Dijon im Gelben Trikot antritt. Mit dem phantastischen Stundenmittel von 44,2 Kilometern, das man im besten Fall einem Anquetil zugetraut hätte, gewinnt Gaul dieses Zeitfahren, und es ist sozusagen der technische K. o. für Favero und die gesamte Konkurrenz. Charly Gaul gewinnt eine Tour, bei der er das Gelbe Trikot nur einen Tag getragen hat. Aber es war der Tag, auf den es ankam. Schluß war mit der Legende vom Champion, der stets einen entscheidenden Fehler macht.

Was sein muß, muß sein! Wegen einer solchen menschlichen Regung verpaßten sie dem tapferen Luxemburger Charly Gaul den Spitznamen „Cheri-Pipi".

Die Rache des Adlers

Oben: Der kleine Charly Gaul war einer der besten Kletterer und holte 1958 den Sieg nach Luxemburg.
Rechts: Ein anderer König der Berge war Federico Bahamontes, der „Adler von Toledo". Er siegte in der Tour 1959.

Auf dem achten Platz der Gesamtwertung landete ein schwarzlockiger Sohn Kastiliens, Federico Martín Bahamontes, der „Adler von Toledo".
Und wieder gab es in Toledo ein Volksfest, als er heimkehrte. Aber es fanden sich auch Leute, die nicht nur jubelten, sondern ihn an seiner Ehre kitzelten und sagten: „Du bist ein Dummkopf, Federico! Seit fünf Jahren fährst du die Tour de France, und seit fünf Jahren bist du der König der Berge. Aber was machst du auf den Gipfeln? Du bestellst dir ein Eis oder betrachtest die Aussicht, und vielleicht wirst du demnächst noch damit anfangen, Ansichtskarten zu schreiben. Dabei könntest du die Tour schon dreimal gewonnen haben, wenn du auf der Ebene nicht schlafen und dich bei den Abfahrten etwas sputen würdest! Jetzt wirst du 31 und hast keine Zeit mehr zu verlieren, wenn sie später nicht sagen sollen, daß du ein Dummkopf warst!"
Und diesmal schlug Federico Bahamontes die gutgemeinten Ratschläge nicht in den Wind. Als ob es gestern gewesen wäre, sehe ich ihn beim Start dieser Tour 1959 im elsässischen Mülhausen vor mir. In einem Festzelt, das schier fortgeschwemmt worden wäre von der Gewalt eines fürchterlichen Wolkenbruchs, der über das Land am Oberrhein niederging, saßen Fahrer und Journalisten eng zusammengepfercht. Und Federico, der den Regen wie die Pest haßte, wollte tatsächlich mit einem Schirm an den Start gehen, um ein paar Sekunden länger trocken zu bleiben als die anderen. Unter dem dickflüssigen Massageöl, mit dem er die sehnigen Beine eingerieben hatte, sah man die Gänsehaut, aber nie habe ich ihn zuversichtlicher gesehen.
Er sagte es auf seine Weise: „Moi, cette fois, il va gagner!"
Wer Französisch versteht, möge den Rotstift

stecken lassen. Denn Federico Bahamontes drückte sich in dieser Sprache höchst schnurrig und eigenwillig aus, und seine besondere Eigenheit bestand darin, daß er von sich immer nur in der dritten Person sprach. Was er sagen wollte, hieß: „Diesmal werde ich gewinnen", und er hat Wort gehalten.
Allerdings wurde es eine Tour, die den Organisatoren viel Ärger bereitete. Nicht weil Bahamontes gewann, sondern weil kein einziger Fahrer mit großem Namen ernsthaft versuchte, dem Spanier den Sieg streitig zu machen.
Bald wurde klar, daß die mit Assen gespickte französische Nationalmannschaft praktisch schon als geschlagenes Team an den Start gegangen war. Sie hatte drei Kapitäne, von denen jeder, trotz eines mühsam zustande gekommenen Paktes, nur darauf bedacht war, seine eigene Chance wahrzunehmen. Louison Bobet wollte seine vierte Tour gewinnen, Jacques Anquetil seine zweite, und Roger Rivière, der ein Jahr zuvor im Mailänder Vigorelli den Stundenweltrekord Anquetils gebrochen hatte, wollte beweisen, daß er diese illustre Gesellschaft auf Anhieb in die Tasche stecken konnte.
Bobet war der vernünftigste. Als er nach ein paar Etappen die Last seiner 34 Jahre spürte, bot er sich als beratender Domestike an, und als er kein Gehör bei Anquetil und Rivière fand, gab er entmutigt auf.
Die beiden gefürchteten Roller aber griffen nicht an, sondern paßten aufeinander auf. Und als selbst in den Pyrenäen nichts passierte, schrieb Jacques Goddet in seinem täglichen Leitartikel: „Gibt es keine Pyrenäen mehr – oder gibt es keine Rennfahrer mehr, die den Mut zum Wagnis aufbringen?"
Im Zentralmassiv, zwischen Pyrenäen und Alpen, wurde Charly Gaul durch die Hitze mattgesetzt,

und das Gelbe Trikot fiel Bahamontes auf die Schultern, wie dem Gärtner ein reifer Apfel in den Korb zu fallen pflegt, wenn er an den Stamm klopft.
Beim Ruhetag in St. Etienne wurde in der französischen Nationalmannschaft gegen ungeschriebene Gesetze der Tour verstoßen. Die beiden feindlichen Brüder Rivière und Anquetil verließen das gemeinsame Hotel; Rivière, um sich in seine Villa zurückzuziehen, Anquetil, um mit seiner hübschen jungen Frau Jeanine in einem rosaroten Citroën mit unbekanntem Ziel zu verschwinden. Beide wurden erst wieder beim Start zur nächsten Etappe gesehen.
Bahamontes aber rieb sich die Hände: „Sollen sich die Herren ruhig amüsieren. Moi, il va gagner!"
Er gewann auf einem Bein, und auf den Alpengipfeln hätte er sogar Eis essen können. Zweiter wurde der Franzose Henry Anglade, und erst auf den Plätzen drei und vier kamen Anquetil und Rivière, die ein Pfeifkonzert auslösten, wie es der Prinzenpark noch nie erlebt hatte.
Gescheitert war auch das Experiment einer deutsch-schweizerischen Mannschaft. Lustlos und ohne Teamwork war sie gefahren, und mit bescheidenen Placierungen waren nur die Deutschen Friedrich und Reitz sowie die Schweizer Graf und Traxel in Paris angekommen.

Ohne Unterstützung seiner Mannschaft kann heute kein Star die Tour gewinnen. Teamwork und Mannschaftsgeist sind ein entscheidender Faktor.

FIAT
YOPLAIT
BIANCHI
Campagnolo
YOPLAIT

Junkermanns verpaßte Chance

1960 gestand man Deutschen und Schweizern eigene Mannschaften zu; den Deutschen erstmals seit 1938. Und ich bin fest überzeugt davon, daß der erste deutsche Tour-Sieg herausgesprungen wäre, wenn Hennes Junkermann nicht nur das Talent, sondern auch Moral und Selbstbewußtsein eines großen Champions besessen hätte.
Der Kölner, der 1959 die Tour de Suisse fast im Schongang gewonnen hatte, ging in der Form seines Lebens in diese Tour de France. Und Henry Anglade, der in der Schweiz Zweiter hinter ihm geworden war, sagte jedem, der es wissen wollte: „Ich habe ihn genau beobachtet. Er klettert noch besser als Bahamontes, und auf der Ebene hält er jedes Tempo mit. Mein Favorit heißt Junkermann!"
Das hörte der Hennes gar nicht gern. Er, von dem spitze Zungen behaupteten, er reiße nicht gern allein aus, weil er Angst hätte, den falschen Weg zu erwischen, hätte sich am liebsten in der Anonymität des großen Haufens verkrochen. Zwischen Caen und St. Malo tat er es dann auch so ausgiebig, daß er enorm viel Zeit auf eine 38köpfige Spitzengruppe verlor und vom 18. auf den 33. Platz der Gesamtwertung zurückfiel. Im Klartext bedeutete das das Ende aller Hoffnungen.
Aber Hennes Junkermann resignierte nicht. In dieser Nacht hatte er seine beste Idee. Die nämlich, daß Gastone Nencini und Roger Rivière, die Kapitäne Italiens und Frankreichs, eigentlich einen großen Coup planen müßten, weil sie in der gleichen fatalen Lage waren wie er. Einschließen hatten sie sich lassen, als vorne die Post abging.
Keine Sekunde läßt er die beiden auf der Etappe St. Malo – Lorient aus den Augen, und das zahlt sich aus. Bei Kilometer 80 tastet sich Nencini an die Spitze vor, und er tut es mit der unschuldigen Miene eines Mannes, der nur mal nachprüfen will, ob die Luft da vorne besser sei. Junkermann erwischt sein Hinterrad, und im selben Moment tritt auch Roger Rivière an. Es ist einer jener Überrumpelungsangriffe, gegen die kein Kraut gewachsen ist.
Aber Nencini und Junkermann hängen sich an, und nur noch der starke Belgier Adriaenssens kommt mit. Rivière, der neue Stundenweltrekordmann, ist ein ideales Zugpferd, doch brüderlich teilen sie die Führungsarbeit mit ihm, und wenn ein Quartett dieser Klasse seine Anstrengungen vereint, dann zittern die Tachometernadeln der Begleitwagen ständig zwischen 50 und 60 km/h. Nach einer wilden Jagd von mehr als 100 Kilometern beträgt der Vorsprung der Ausreißer im Etappenziel Lorient 14 Minuten, und den größten Satz in der Gesamtwertung macht Hennes Junkermann. Als 33. war er am Morgen gestartet, und als Vierter kann er sich schlafen legen. Nur sechs Minuten beträgt sein Rückstand auf Adriaenssens, der das Gelbe Trikot überzieht. Nencini ist Zweiter, Rivière Dritter.
Aber Junkermann ist der beste Bergfahrer dieses Quartetts. Zwar glaubt ganz Frankreich noch an Rivière, und niemand ahnt, daß diese Tour seine Karriere und fast sein Leben beenden wird.
Es ist die 14. Etappe Millau – Avignon, und es ist Sonntag, der 10. Juli 1960. Fast geschlossen hat das Feld den harmlosen Col du Perjuret genommen, und bei der kurvenreichen Abfahrt, die ein wenig Kühlung bringt, zieht es sich wieder weit auseinander. Es ist eine menschenleere Gegend, und die wenigen Zuschauer fangen im kümmerlichen Schatten von Bäumen und Sträuchern an, ihre Brote auszupacken und die Rotweinflaschen zu entkorken. Pünktliches Mittagessen ist eines der wichtigsten französischen Gebote.

Da, wo das Unglück genau um 12.07 Uhr passiert, gibt es keine Zuschauer, und so hätte tatsächlich der unfaßliche Fall eintreten können, daß es niemand bemerkt hätte.
Der lange Rostollan von der französischen Nationalmannschaft ist es, der es mit einem heiseren Schrei signalisiert und mit der rechten Hand in den Abgrund deutet. Ich habe das makabre Reporterglück, daß unser Wagen unmittelbar hinter ihm fährt, und ich höre ihn schreien: „Es ist Rivière!"
Bremsen kreischen, ein Fotograf springt vom Sozius einer BMW-Maschine. Aber seine Hände zittern, als er die Kamera über den mehr als 30 Meter tiefen Abgrund hält. Dichtes Gestrüpp versperrt die Sicht, doch tief unten blinkt Metall in der Sonne – die Vordergabel des zertrümmerten Rennrads.
In der scharfen und dennoch übersichtlichen Rechtskurve muß Rivière, falls er es tatsächlich ist, die etwa 50 Zentimeter hohe Bordumrandung gerammt haben und hinuntergeschleudert worden sein.
Sekundenlang ist nur das Zirpen der Grillen zu hören, und plötzlich haben wir alle das unheimliche, beklemmende Gefühl, in ein Grab hinunterzustarren.
Es dauert ein paar Minuten, bis wir den steilen Abhang hinuntergeklettert sind. Neben einem wilden Kirschbaum liegt, mit einer klaffenden Wunde am Hinterkopf, bleich und bewegungslos Roger Rivière, der Favorit dieser Tour de France. Zum erstenmal erlebe ich, wie abgebrühte Fotografen auf ein Sensationsfoto verzichten, um erste Hilfe zu leisten. Aber keiner von uns weiß in der Aufregung, was hier getan werden könnte, und so besteht unsere ganze Hilfsaktion darin, daß wir ihn in den Schatten des Kirschbaums tragen.

Sonntag, 10. Juli 1960: Bei der Abfahrt vom Col du Perjuret stürzt Roger Rivière, einer der hoffnungsvollsten Fahrer Frankreichs, über die Bordumrandung mehr als 30 Meter in den Abgrund. Schwer verletzt wird er geborgen.

Einer zieht sein Hemd aus und legt es ihm behutsam unter den blutenden Kopf.
Endlose Minuten verstreichen, bis Tour-Arzt Dr. Dumas eintrifft. Lange kniet er neben dem reglosen Mann im zerrissenen und blutverschmierten blau-weiß-roten Trikot, der vor einer Viertelstunde noch ein großer Champion war und die Tour de France gewinnen wollte. Jetzt muß er, das spüren wir alle, froh sein, wenn er mit dem Leben davonkommt.
Wahrscheinlich war es die Technik, die ihn rettete, denn die Rennleitung hatte inzwischen den Sanitätshubschrauber über Radio-Tour zur Unglücksstelle beordert, und nach weiteren 20 Minuten befand sich Roger Rivière unter der Obhut der Ärzte des Krankenhauses von Montpellier. Sie stellten keinen Schädelbruch, aber eine schwere Wirbelsäulenverletzung fest, von der er sich nie mehr erholt hat.
Für Hennes Junkermann aber scheint der Weg zum Sieg frei. Doch er betritt ihn nicht. Wenn ich abends in seinem Hotelzimmer sitze, um die Lage zu diskutieren, sagt er fast jedesmal das gleiche: „Die Italiener versperren mir die Straße, wenn ich wegfahren will, und außerdem ist unsere Mannschaft viel zu schwach."
Da ist was dran. Aber die ganze Wahrheit ist es nicht. Denn in den Bergen, wo seine dreizehn Getreuen ihn nicht wie die Hornissen umschwirren können, ist Gastone Nencini angreifbar. Und nachdem Junkermann sich in den Pyrenäen zurückgehalten hat, erwartet man seinen Angriff in den Alpen stündlich.
Aber er kommt nicht. So wenig wie der von Adriaenssens, der zu viel Gewicht die Berge hinaufschleppen muß. Da, wo er die letzten Reserven aufbieten muß, um nicht rettungslos abgehängt zu werden, spart Junkermann Kräfte, anstatt den Rebellen zu spielen. Er klettert mit geradezu spielerischer Leichtigkeit, aber er begnügt sich damit, bei Nencini in der Spitzengruppe zu bleiben.
Gewiß, am Izoard macht Junkermann ein paar Versuche. Aber es steckt keine richtige Überzeugung dahinter. Immer, wenn ein Italiener an sein Hinterrad spurtet, und sei es mit allerletzter Kraft, resigniert Hennes. Mit Bartalis Kopf hätte er ein Malheur angerichtet. Aber ein Fuchs war er nie.
Nachdem er die Alpen an Nencinis Hinterrad überquert hat, ist das Rennen entschieden. Dreizehn Italiener schirmen den Mann im Gelben Trikot auf den restlichen Flachetappen nach Paris ab. Aber als Italiens große Kolonie in Paris den schwarzlockigen Nencini begeistert feiert, wird Junkermann bewußt, daß die internationale Fachwelt zum erstenmal seit 1932, als Kurt Stöpel André Leducq bedrängte, den Sieg eines Deutschen bei der Tour de France für möglich gehalten hatte.
Freilich, da war auch die relative Schwäche seiner Mannschaft. Es hat Tour-Sieger gegeben, die an reiner Klasse viel weniger zu bieten hatten als Hennes Junkermann, die aber mit Hilfe eines starken Teams in den Vordergrund geschoben wurden.
Selbstverständlich kam Junkermann 1961 wieder, aber leider war die Hilfstruppe, die ihm der deutsche Radsport stellen konnte, noch schwächer

Nicht nur im Mannschaftszeitfahren kann ein starkes Team für seinen Kapitän Gold wert sein.

als die des Vorjahres. Daß er nach seinem vierten Platz von 1960 diesmal in der Gesamtwertung als Fünfter abschnitt, war eine hochachtbare Leistung. Aber wieder fehlten ihm Mut und Elan, um die Tour in den Pyrenäen auf den Kopf zu stellen.
Es war Anquetils Tour von der ersten bis zur letzten Etappe und deshalb eine verflixt langweilige Angelegenheit. Der Normanne, nach Rivières Abtreten wieder zum unbestrittenen König der Roller geworden, lag schon nach dem Zeitfahren der ersten Etappe mehr als acht Minuten vor seinen schärfsten Konkurrenten, und dieses Kapital hat er mit der Sparsamkeit eines Normandiebauern verwaltet. Gelbes Trikot vom ersten bis zum letzten Tag.

Eine flache Etappe ist zu fahren, ein Tag der Rollerkönige.

Die Herrschaft der Firmen

Diese monotone Tour war für die Organisatoren ärgerlich, aber viel schlimmer war die Gefahr, die ihrem Rennen aus Italien drohte. Ein Boykott nämlich. Und das kam so: Längst waren den Italienern die Nationalmannschaften ein Dorn im Auge. Alle italienischen Rennen, und natürlich auch der Giro, wurden von Firmenmannschaften bestritten, und die Industriebosse wollten nicht länger zusehen, wie die von ihnen hochbezahlten Asse bei der Tour de France ins nationale Mäntelchen schlüpften, auf dem keine Firmenwerbung gemacht werden durfte.
So mußte auch die Tour de France mit der Zeit gehen – einer Zeit, in der die finanzielle Schwäche der europäischen Zweiradindustrie den italienischen Industriemillionären 75 Prozent der besten Straßenfahrer in die Hand gespielt hatte.
Nehmen wir den Fall Rik van Looy. Der belgische Weltmeister von 1960 und 1961 hatte bislang nie an der Tour de France teilnehmen können, weil die italienische Firma Faema, bei der er unter Vertrag stand, nicht im geringsten daran interessiert war, ihn im belgischen Nationaltrikot auf Frankreichs Landstraßen zu schicken. Und als die Italiener gar drohten, Anquetil zu „kaufen", um ihn aus der Tour de France zu ziehen, mußte sich die Tour dem italienischen Diktat beugen.
Und so kam es, daß bei der Tour 1962 drei deutsche Fahrer, die zur internationalen Spitzenklasse zählten, nicht gemeinsam zum Kampf antreten konnten. Hennes Junkermann, Rudi Altig und Rolf Wolfshohl mußten für die ausländischen Firmen fahren, bei denen sie ihr Brot verdienten. Junkermann hatte gerade seine zweite Tour de Suisse gewonnen, Altig die Spanienrundfahrt. Diesen Sieg hatte er keinem anderen als seinem Mannschaftskameraden Jacques Anquetil abgejagt, und das sorgte nicht für das beste Einvernehmen im Team Helyett-St. Raphael. Anquetil, auf den letzten Etappen der Spanienrundfahrt indisponiert, hatte mit Altigs Unterstützung und nicht mit dessen Angriff gerechnet. Aber der nicht zum Domestiken geborene Mannheimer war da anderer Ansicht.
Und er beginnt auch die Tour 1962 mit einem Paukenschlag. Im Ziel der ersten Etappe, dem belgischen Badeort Spa, nimmt er sein bisher größtes Popularitätsbad, denn er schlägt die Sprinterkönige Rik van Looy und André Darrigade im Spurt und übernimmt das Gelbe Trikot.
Das bedeutet Tour-Fieber in Deutschland. Junkermann hat in den beiden vorhergegangenen Jahren Achtung erweckt; Altig weckt Begeisterung. Zwar nimmt ihm Darrigade den gelben Sonntagsanzug auf der zweiten Etappe ab, aber auf der dritten holt ihn Altig zurück, und auch das Grüne Trikot des Spitzenreiters der Punktwertung fällt ihm zu, bei dem nicht die Zeit, sondern nur die Placierung zählt.
Auf der sechsten Etappe verliert er das Gelbe Trikot an seinen holländischen Mannschaftskameraden Geldermans, behält aber das Grüne. Und ein anderer Mannschaftskamerad, der ihm beim Start gar nicht grün war, wird wieder zugänglicher.
Er heißt Jacques Anquetil und muß diese Tour gewinnen, wenn sein Prestige nicht einen schweren Kratzer erleiden soll. Beim Zeitfahren von Luçon nach La Rochelle fährt er nicht nur gegen van Looy und Konsorten, sondern auch gegen den Roller Rudi Altig.
Und er schafft klare Verhältnisse. Er gewinnt das Zeitfahren mit dem unglaublichen Stundenmittel von 47,718 km vor Ercole Baldini und Rudi Altig, und der Deutsche, der nie die Pyrenäen gesehen hat, begreift, daß er das Gelbe Trikot nicht mehr

zurückholen kann und sich auf die Verteidigung des Grünen konzentrieren muß.
Dafür braucht man Etappensiege. Auf der neunten Etappe winkt ihm einer in Bordeaux, aber da bricht ihm auf dem holprigen Pflaster der Vorortstraße die Gabel.
Nicht total, zum Glück. Es ist ein Riß in der Höhe der Felgenbremse, und möglicherweise hält die Gabel. Wenn er jetzt das Rad wechselt, verliert er zuviel Zeit. Nur nichts merken lassen! Die letzten zehn Kilometer sind ein holpriger Tanz am Rand der Katastrophe, aber Altig erreicht die Radrennbahn von Bordeaux mit allen anderen Assen und verteidigt das Grüne Trikot. Kopfschüttelnd betrachten seine Rivalen im Ziel seine Maschine, auf der keiner auch nur noch einen einzigen Pedaltritt gemacht hätte.
Und am nächsten Tag, dem letzten vor den Pyrenäen, winkt dem Sacré Rudi, wie sie ihn jetzt nennen, wieder der Etappensieg. Aber drei Kilometer vor dem Ziel Bayonne lösen sich Speichen von seinem Hinterrad. Diesmal wechselt er die Maschine, schwingt sich auf das Rad seines französischen Mannschaftskameraden Pierre Everaert. Doch er findet, weil der Sattel zu niedrig sitzt, seinen Tritt nicht und muß sich im Spurt auf der Radrennbahn von Bayonne dem schnelleren Belgier Vannitsen beugen.
Schon im Vorfeld der Pyrenäen scheidet Rik van Looy nach einem schweren Sturz aus. Sieger der drei Bergriesen Tourmalet, Aspin und Peyresourde aber wird kein anderer als Rolf Wolfshohl, trotz Bahamontes, Gaul und Massingnan. Tausendmal hätte er es verdient gehabt, die Königsetappe der Pyrenäen zu gewinnen, aber das 25-km-Flachstück am Schluß der Etappe wird dem Gipfelstürmer zum Verhängnis. Auf dem allerletzten Kilometer holen ihn die Verfolger ein, und mit

Die Firmen und die Werbung beherrschen den finanziellen Hintergrund der Tour de France.

Oben: Im Kampf gegen die Uhr
Rechts: Der Sonntag ist immer noch heilig in Frankreich, und eine Etappe am Tag des Herrn beginnt für die Pedaleure in der Kirche.

Tom Simpson zieht zum erstenmal ein Engländer das Gelbe Trikot über.
Aber die 14. Etappe, bei der Altig wieder Zweiter wird und wichtige Punkte für sein Grünes Trikot sammelt, wird dem Hennes zum Verhängnis. Mit einer Fischvergiftung gibt er auf und ärgert sich maßlos, daß die Sache ein Geschmäckchen bekommt, das nicht nach schlechtem Fisch, sondern nach Doping riecht. Denn nicht weniger als zehn Fahrer strecken an diesem Tag die Waffen, und in einem geharnischten Leitartikel in „L'Equipe" beschuldigt Jacques Goddet die ausgeschiedenen Fahrer des Dopings, und er glaubt auch, die richtige Spur gefunden zu haben. Sie führt zum Bergzeitfahren des Vortags, bei dem unzweifelhaft nicht nur harmlose Stimulierungsmittel eingenommen wurden.
Grollend nimmt Junkermann Abschied von einer Tour, die Altig immer mehr behagt. Sicher, die Pyrenäen haben ihn in der Gesamtwertung entscheidend zurückgeworfen, aber auf jeder Flachetappe sammelt er Punkte für die Verteidigung des Grünen Trikots. Den Franzosen gefällt sein unbekümmerter Elan, der ihm freilich auch Streiche spielt. So hätte er beispielsweise in Montpellier nie verlieren dürfen, aber im sicheren Gefühl des Sieges richtet er sich weit vor dem Zielstrich auf – und der raffinierte Vannitsen huscht an ihm vorbei. Altigs Rache kommt auf der Aschenbahn des Stadions von Antibes. Mit fünf Längen vor Hoevenaers erringt er seinen dritten Etappensieg.
In der Gesamtwertung führt immer noch Jeff Planckaert, der Belgier. Aber Anquetil ist ihm so dicht auf den gelben Pelz gerückt, daß Planckaert nur ein Parforceritt in den Alpen helfen könnte. Doch der Izoard bringt keine Entscheidung. Planckaert klettert gut, aber Anquetil hält spie-

FIAT
FIAT

Oben: Rudi Altig war einer der wenigen deutschen Fahrer, die nach dem Kriege Furore bei der Tour de France machen konnten. Unser Bild zeigt ihn bei seinem grandiosen Duell mit Eddy Merckx am Ballon d'Alsace 1969.
Nächste Doppelseite: Kopfsteinpflaster – von allen Fahrern gefürchtet und verflucht.

lend mit. Beide kommen mit den Bergspezialisten nach Briançon, wo Federico Bahamontes, inzwischen 34 geworden, feststellt, daß er auf den Pässen so viele Punkte gesammelt hat, daß ihm der Große Bergpreis nicht mehr zu nehmen ist. Kommentar des Adlers von Toledo vor der zweiten Alpenetappe: „Moi, il n'est pas fou, was soll ich mich noch plagen, wenn ich den Bergpreis in der Tasche habe?"
Held dieser letzten Alpenetappe wird der Franzose Raymond Poulidor, aber auch Rudi Altig überrascht. Er ist schneller als Puschel und Wolfshohl, und nur ein schwerer Sturz könnte ihm jetzt noch das Grüne Trikot rauben.
Das Gelbe jedoch hängt an einem seidenen Faden, den Jacques Anquetil mit einer der eindrucksvollsten Leistungen, die jemals ein Rennfahrer im Kampf gegen die Uhr vollbracht hat, zwischen Bourgoin und Lyon zerreißt. Er gewinnt das Zeitfahren über 68 Kilometer mit drei Minuten vor Baldini und fünf Minuten vor Poulidor. Planckaert wird Vierter mit 5:19 Minuten Rückstand, und da es noch eine Minute Zeitgutschrift für den Etappensieg gibt, ist alle Rechnerei erledigt. Anquetil übernimmt, zwei Tage vor Paris, das Gelbe Trikot mit 5:11 Minuten Vorsprung, und bei ihm ist es sicher aufgehoben. Genau wie das Grüne bei Rudi Altig. Sein bescheidener 31. Platz in der Gesamtwertung tut seinem Sieg in der Punktwertung keinen Abbruch. Nie bis dahin ist ein deutscher Rennfahrer vom Pariser Publikum so stürmisch umjubelt worden wie er. Überall in Frankreich will man ihn sehen, und als die Stars dieser Tour im Juli auf große Tournee gehen, hat Altig mehr als 40 Bahnverträge in der Tasche, so viele wie der dreimalige Sieger Anquetil und Bahamontes, der Gewinner des Großen Bergpreises.

Der aufgezwungene Rekord

1963 war Jubiläum. Zum 50. Mal wurde die Tour gefahren, aber Rudi Altig stand abseits. Was Pyrenäen und Alpen nicht fertiggebracht hatten, hatte die Treppe in einem Pariser Hotel geschafft: Ein stupider Sturz führte zu einer Rückenverletzung, die ohne Operation nicht zu beheben war. Altig kann nicht starten – Anquetil will nicht starten. Natürlich will er den vierten Tour-Sieg und damit den absoluten Rekord. Aber wochenlang hat ein Bandwurm an seiner Widerstandskraft genagt, und er weiß, daß ihm die Franzosen keinen Schwächeanfall verzeihen. Doch seine Firma, die ihn fürstlich bezahlt, will nicht auf die Werbewirkung des vierten Sieges verzichten. Obwohl er sich 48 Stunden vor dem Start noch weigert, gibt er schließlich nach.
„Er wird nach drei Tagen aufgeben", orakeln die Leute, die das Gras wachsen hören. „Er kann es sich nicht leisten, in den Bergen vom alten Bahamontes lächerlich gemacht zu werden."
Aber nach drei Tagen hört nicht Anquetil auf, sondern Wolfshohl, der mit ganz großen Ambitionen an den Start gegangen ist. Gewaltiges Aufsehen hat die bestechende Frühjahrsform des Kölners erregt; Mailand – San Remo und Paris – Roubaix sind ihm buchstäblich erst auf dem Zielstrich entglitten.
Diesmal will er in Roubaix gewinnen. Als die ersten schmutziggrauen Reihenhäuser dieses teuflischste aller Etappenziele ankündigen, liegt er mit Rik van Looy in einer kleinen Spitzengruppe, und er ist der Frischeste von allen.
Und der Leichteste und Geschickteste auf dem schaurigen Kopfsteinpflaster, das die Männer auf ihren harten Sätteln schüttelt, daß man an Bergleute denken muß, die den vibrierenden Preßluftbohrer ins Gestein treiben.
Rolf Wolfshohl, Weltmeister im Querfeldeinfahren, ist in seinem Element. Wie ein Floh hüpft er über Bordsteine, die gelegentlich einen schmalen Radfahrweg vom Pflaster abgrenzen.
Ihm macht diese „Hölle des Nordens" nichts aus. So hat man sie schon um die Jahrhundertwende getauft, und das Rennen Paris – Roubaix ist älter als die Tour de France. Paris – Roubaix, das ist Dreck, Schlamm und Kopfsteinpflaster, und die Teilnehmer müssen ankommen, als entstiegen sie den Förderkörben der Zechen von Roubaix. Das ist Tradition, und es kam so: Im tristen und rußigen Roubaix blühte der Radsport am Ende des vergangenen Jahrhunderts üppiger als alle Vegetation. Jeden Sonntag war das Velodrom gefüllt, aber ihre Besitzer meinten, daß die Leute eines Tages des Anblicks von Rennfahrern in sauberen, bunten Trikots müde werden könnten. Deshalb beschlossen sie, ihnen abgekämpfte, schmutzige Männer vorzuführen, die die „Hölle des Nordens" hinter sich hatten.
Doch nicht der scheußliche Parcours ließ Proteste hageln, sondern die Kirche. „Der Sonntag ist heilig", sagte sie, „und die Fahrer müssen sehr früh in Paris starten, wenn sie rechtzeitig in Roubaix sein sollen. Folglich können sie nicht zur Messe."
Die Organisatoren reagierten prompt. Morgens um vier ließen sie in einer Pariser Kirche, direkt neben dem Startplatz an der Porte Maillot, die Messe lesen.
Dann ging's ab in die Hölle, und im ersten Anlauf eroberte Paris – Roubaix ein Riesenpublikum, obwohl keiner der favorisierten Franzosen gewann, sondern der Deutsche Joseph Fischer.
Er ist der einzige deutsche Sieger geblieben, aber jetzt in dieser 50. Tour de France will Rolf Wolfshohl einen großen Sieg in Roubaix feiern. Da, wo die anderen keuchen, spielt er mit dem

TI-RALEIGH
81
BIANCHI
Campagnolo
96

LEJEUNE
4
FRISOL
GAZELLE
48

Helyett

Pflaster, und beim Springen über die Bordsteine hebt er das Vorderrad an in der Art eines Reiters, der die Zügel zum Sprung anzieht. Aber plötzlich das Unfaßbare. Wolfshohl macht einen Schlenker, wird gestreift und zieht andere mit in den Sturz hinein. Mit einer klaffenden Beinwunde bleibt er liegen, während die anderen sofort weiterfahren können. Es ist das Ende von Rolf Wolfshohls Jubiläumstour.
Anquetil, der sie gewinnen will, kommt unerwartet gut über die Pyrenäen. Viel besser als Junkermann, den eine starke Erkältung quält. Doch dann steht diese 50. Tour de France nach der 15. Etappe, die von St. Etienne nach Grenoble führt, vor einer sensationellen Wende. Am Vorabend seines 35. Geburtstags gelingt Federico Martín Bahamontes ein gut sitzender Schlag gegen den großen Favoriten. Er verdrängt Anquetil vom zweiten Platz der Gesamtwertung, und auf der großen Alpenetappe wird sich Federico sein Geburtstagsgeschenk machen! Warum sollte er nicht? War Bartali nicht ein Jahr älter, als er seine zweite Tour gewann? Tatsächlich übernimmt Bahamontes in Val d'Isère das Gelbe Trikot, aber sein Vorsprung auf Anquetil, den er in der grandiosen Wildnis des Hochgebirges nicht entscheidend hat distanzieren können, ist hauchdünn.
Neuer Anlauf auf der zweiten Alpenetappe. Vier Pässe sind zu bezwingen: der Kleine und der Große St. Bernhard, Forclaz und Montets, und sie sind die letzte Chance des Adlers von Toledo. Aber seine heftigen Flügelschläge sind vergeblich. Und als die Schlacht auf den geröllübersäten, hochprozentigen Rampen des Forclaz mit voller Schärfe entbrennt und Bahamontes die Zahl seiner Angriffe verdreifacht, spurtet Anquetil jedesmal mit deprimierender Selbstverständlichkeit an sein Hinterrad. Ja, er begnügt sich nicht nur damit, ihm in den Bergen zu folgen, sondern er schlägt ihn sogar im Endspurt um den Etappensieg! Das bedeutet, mit Hilfe der Zeitgutschrift, das Gelbe Trikot.
Der Rest ist reine Formalität für Anquetil. Er erringt seinen vierten Tour-Sieg vor den Spaniern Bahamontes und Perez-France. Junkermann belegt den 9., Dieter Puschel den 15. Rang. Die schwere Erkältung in den Pyrenäen hat Hennes Junkermann sechs Minuten und auch runde sechs Plätze gekostet. Den Sieg freilich nicht. Den hätte er 1960 gegen Nencini erringen müssen.

Jacques Anquetil, der blonde Normanne und kühle Rechner. Keiner fuhr soviel mit dem „Kopf" wie er.

Das gigantische Duell

Es hat Rennverläufe gegeben, die das Publikum einschlafen und die Organisatoren verzweifeln ließen. Und dann gab es wieder welche, die so vollgestopft mit atemberaubender Dramatik waren, daß die Rennleitung gerne etwas davon weggenommen und für ruhigere Zeiten konserviert hätte.
Eine solche Tour de France hat die Gluthitze des Sommers 1964 ausgebrütet. Die Spannung hielt über 4500 Kilometer an und wurde buchstäblich hineingetragen in die überfüllte Prinzenpark-Arena, auf deren Piste die beiden großen Rivalen Jacques Anquetil und Raymond Poulidor eine jener Ehrenrunden fuhren, die man nie vergißt.
Denkwürdig für uns aber war diese Tour auch, weil sie Station in Deutschland machte. Freiburg i. Br. war nach fünf Tagen das erste deutsche Etappenziel, und der begeisterte Empfang, den das Land am Oberrhein der Karawane bereitete, übertraf die kühnsten Erwartungen. Spontan beschlossen die Organisatoren, die Tour des folgenden Jahres in Köln beginnen zu lassen.
Regie beim großen Volksfest am Oberrhein führte freilich der geeignetste Mann. Rudi Altig gewann am Vorabend die Etappe in Metz, und er lag nur 31 Sekunden hinter dem jungen Belgier van de Kerkhove, der das Gelbe Trikot trug. Altig hatte wieder das Grüne des Punktbesten, und die Rechnung war einfach. Wenn er in Freiburg gewann, würde es sich in Gelb verwandeln. Das wußten freilich auch die anderen. Altigs Grünes Trikot wurde zur Zielscheibe auf den elsässischen Straßen. Trotzdem gelang ihm schon nach 38 Kilometern zusammen mit dem Franzosen Georges Groussard der entscheidende Ausreißversuch. Zwar gelang es Groussards Bruder Joseph zusammen mit dem Belgier Derboven und dem Spanier Galera in den Vogesen, an die beiden heranzukommen, aber als diese Fünfergruppe die breite und topfebene Straße, die von Colmar zur Grenze führt, unter den Rädern hatte, war das Feld hoffnungslos abgeschlagen. Mehr als vier Minuten lag es zurück, und damit hatte Altig das Gelbe Trikot, ob er die Etappe nun gewann oder nicht.
Aber er wollte den kompletten Triumph. Den allerdings schnappte ihm der Belgier Derboven weg, der unterwegs keinen Meter Führungsarbeit geleistet und sich an den Hinterrädern der anderen geschont hatte. Im Spurt auf der Freiburger Zielgeraden verwies er Rudi Altig auf den zweiten Platz.
Das war kein Malheur, sondern nur ein kleiner Schönheitsfehler. In einem unbeschreiblichen Begeisterungstaumel zog Rudi Altig das Gelbe Trikot an der Stelle an, die er sich ausgesucht hatte.
Sein Mannschaftskamerad Jacques Anquetil freilich war wenig erbaut von diesem Husarenritt. Zusammen mit allen anderen Assen hatte er runde vier Minuten auf den Deutschen verloren, und anstatt ihm zu gratulieren, machte er ihm Vorwürfe. „Gelb steht dir gut, aber mein fünfter Tour-Sieg ist wichtiger als deine Extravaganzen!" Zu einem offenen Streit kam es indes nicht. Altig verlor das Gelbe Trikot, wie nicht anders zu erwarten war, auf der ersten Alpenetappe. Aber obwohl er am Col du Télégraphe stürzte, wurde er von den Bergspezialisten keineswegs deklassiert. Sein 21. Platz in dieser schweren Hochgebirgsetappe war eine prächtige Leistung für ihn,

Kalter Schweiß steht auf seiner Stirn, mit glänzenden Augen sehnt er nicht mehr den Gipfel herbei, sondern den Besenwagen, dieses von allen verdammte Fahrzeug, das die Verletzten und Erschöpften besteigen.

Esso
Esso
CYCLES
PEUGEOT
MICHELIN
L'EQUIPE
TOUR
DE
FRANCE 77
58
OFFICIEL
TOTAL

den typischen Roller. Neuer Träger des Gelben Trikots wurde Georges Groussard, Altigs Ausreißgefährte auf den elsässischen und badischen Landstraßen, aber nicht das war es, was Anquetil beunruhigte.

Raymond Poulidor, sein großer Rivale, hatte den ersten Coup gegen ihn gelandet. Hinter Bahamontes war er Zweiter dieser Alpenetappe geworden, und die Spitze der Gesamtwertung hatte in Briançon folgendes Aussehen: 1. Georges Groussard, 2. Bahamontes 3:35 Minuten zurück, 3. Poulidor 4:07, 4. Foucher 4:08, 5. Anglade 4:23, 6. Altig 4:38, 7. Junkermann 4:47, 8. Anquetil 5:22 Minuten zurück. Die zweite Alpenetappe ist, obwohl sie über den 3000 m hohen Col de Restefond führt, kein ideales Terrain für die Bergspezialisten, weil die restlichen hundert Kilometer nach dem „Dach" dieser Tour bis zum Etappenziel Monte Carlo ohne nennenswerte Hindernisse sind. So kommt nach den Bergen die große Regruppierung, und in den Straßen von Monte Carlo überlistet Anquetil den besseren Spurter Poulidor. Er fährt als erster auf die Aschenbahn des Stadions ein und holt sich Sieg und Zeitgutschrift, weil sie hinter ihm in den gefährlichen Kurven nichts riskieren können. Und Poulidor schäumt vor Wut, weil er sich übertölpeln ließ.

Maître Jacques aber ist mit sich und der kleinen Welt des Radsports zufrieden. Er hat jetzt wieder das sichere Gefühl, daß er diese Welt beherrscht, und das macht seine Selbstsicherheit so groß, daß er sich übernimmt.

Es geschieht beim Ruhetag in Andorra, mitten in den Pyrenäen. Anquetil tafelt nicht wie ein Hochleistungssportler, sondern wie ein urlaubender Snob. Der beste Champagner und der größte Hummer sind gerade gut genug – aber die Folgen sind katastrophal.

Denn am nächsten Tag tanzt Jacques Anquetil im Wolkenmeer, das den Gipfel des Port d'Envalira umhüllt, am Rande des Zusammenbruchs. Kalter Schweiß steht auf seiner Stirn, und die fiebrig glänzenden Augen sind die eines Fahrers, der nicht mehr den Gipfel herbeisehnt, sondern den Besenwagen, dieses von allen verdammte Fahrzeug, das die Verletzten und Erschöpften besteigen. Der Berg hat ihm alle Kraft aus den Beinen gezogen, und diesmal ist es kein harmloser Schwächeanfall, den man vertuschen kann. Anquetil hat schon die Hand am Pedalriemen. Es ist der mechanische Griff des Fahrers, der nichts anderes mehr will als absteigen und sich hinlegen.

Aber da schiebt sich Louis Rostollan, dieser gutmütige Hüne, an seine Seite, und er findet die richtigen Worte: „Was, aufhören willst du, weil du dich ein bißchen quälen mußt? Hast du vergessen, daß du Anquetil heißt? Sieh mich an: Ich könnte aufgeben, ohne daß es jemand stören würde. Aber du hast Millionen von Freunden und ebenso viele Aasgeier, die nur darauf warten, daß du Poulidor den Weg zum Sieg freimachst!" Das wirkt. Rostollan gibt ihm zu trinken und schiebt ihn. Anquetil wird nicht schneller, aber er bleibt im Sattel und erreicht den Gipfel.

Allerdings erst vier Minuten nach Poulidor, der über die Schwäche des Rivalen informiert ist und das Tempo forciert. Aber jetzt zeigt es sich, daß Jacques Anquetil nicht nur einer der größten, sondern auch einer der cleversten Champions

Jedem das Seine!

Teka
Teka
FREGADEROS

FIAT
CYCLES
PEUGEOT
MICHELIN
Esso

aller Zeiten ist. Er hat zwar die Kraft, aber nicht seine Reflexe verloren, und seine halsbrecherische Talfahrt im wallenden Nebel ist eine der ungewöhnlichsten Leistungen, die je bei der Tour vollbracht wurden.
Die Rücklichter eines schnell abfahrenden Begleitautos werden zu seinem Glück. Veritable Positionslampen sind sie für ihn, der nichts anderes als dieses rote Glimmen sieht und im Unterbewußtsein lenkt.
Als die Straße wieder eben wird, schließt er zu Rudi Altig auf und zu Georges Groussard, der das Gelbe Trikot trägt. Um es zu verteidigen, muß Groussard zur Spitzengruppe aufschließen, und er zieht einen Anquetil mit, dessen Augen wieder klar werden.
Und das Glück bleibt ihm treu. Kaum haben sie zur Spitze aufgeschlossen, als Poulidor stürzt und bis zum Etappenziel Toulouse zweieinhalb Minuten verliert. Für Anquetil wird die gleiche Zeit wie für den jungen belgischen Etappensieger Edouard Sels gemessen. Also hat er auf einer Etappe, bei der er aufgeben wollte, zweieinhalb Minuten gegen Poulidor gutgemacht.
Poulidor holte sie sich auf der Pyrenäenetappe Toulouse – Luchon zurück, aber am nächsten Tag, an dem Peyresourde, Aspin, Tourmalet und Aubisque zu bezwingen sind, mischt sich der 36jährige Bahamontes so vehement in das Duell ein, daß er das Gelbe Trikot nur um lächerliche 36 Sekunden verpaßt und den von einem fürchterlichen Schwächeanfall geschüttelten Rudi Altig um eine halbe Stunde distanziert.
Doch jetzt fehlen dem Adler von Toledo weitere Berge. Schon am nächsten Tag kommt das Zeitfahren über 42,8 Kilometer nach Bayonne, das Anquetil mit 37 Sekunden Vorsprung auf Poulidor gewinnt. Mit einem dritten Platz zeigt Altig, daß er zwar viel Kraft, aber nicht die Moral in den Bergen gelassen hat. Anquetil übernimmt das Gelbe Trikot; Zweiter in der Gesamtwertung ist Poulidor mit 56 Sekunden Rückstand.
Und das ist vergleichsweise wenig, weil das Ziel der 20. Etappe auf dem Gipfel des 1415 m hohen Puy de Dôme liegt. Anquetil hat allen Grund, diesen Vulkanberg des Zentralmassivs zu fürchten, weil das Hochgebirge harmlos ist im Vergleich zu den letzten sechs Kilometern seines giftigen Aufstiegs.
Er weiß, daß er die Tour hier verlieren kann, und natürlich weiß es auch Poulidor. Er ist der bessere Kletterer, und es könnte kein idealeres Terrain geben, um Anquetil zu schlagen.
Aber der Bauernsohn aus der Normandie, wo sich Geiz und Pfiffigkeit sicherer vererben als Sommersprossen, ist schlauer als der Bauernsohn aus dem lieblichen Limousin. Er weiß, wie man Poulidor, den Braven und Arglosen, beeindruckt, und als die beiden spanischen Bergkönige Jiminez und Bahamontes ihre Sondernummer einlegen, läßt er sein ganzes Raffinement an psychologischer Kriegführung spielen: „Jetzt schnappen uns die beiden Spanier auch noch die Zeitvergütung weg!"
Dieser Satz, den der an Poulidors Hinterrad klebende Anquetil mehr hervorgekeucht als gesprochen hat, irritiert den Mann, der hier seinen großen Coup landen will. Wenn der jetzt noch an Zeitvergütung denkt, sagt er sich, muß er verdammt stark sein!

Geteiltes Leid ist halbes Leid!
Nächste Doppelseite: In den Straßen von Versailles. Eine unübersehbare Menschenmenge erwartet die letzten Stunden des großen Rennens.

Und er merkt nicht, daß der flotte Rechner Anquetil kaum die Luft zu diesem Satz zusammengebracht hat. Er zögert, anstatt resolut die Verfolgung der beiden Spanier aufzunehmen. So kann sich Anquetil an seine Seite schieben, und selbst bei diesem Manöver sucht er einen psychologischen Vorteil. Er wählt die rechte Straßenseite, wo die Wand des Berges ist, und drängt Poulidor nach links, wo der Abgrund gähnt. Die Kraft versagt ihm fast, aber nicht die Berechnung.
Fast zwei Kilometer lang kämpfen sie Schulter an Schulter. Immer wieder berühren sich die abgewinkelten Ellenbogen, und Anquetil weiß ganz genau, daß ihm der andere unwiderstehlich davonzieht, wenn er jetzt auch nur einen einzigen Meter preisgibt. Und obwohl er sich verkrampft und den herannahenden Schwächeanfall spürt, merkt Poulidor immer noch nicht, daß er der Stärkere ist.
Erst als die rote Flagge auftaucht, die den letzten Kilometer ankündigt, wacht er auf wie einer, der vergessen hat, daß noch etwas zu erledigen ist. Und jetzt endlich setzt Raymond Poulidor alles auf eine Karte. Nicht weniger als 42 Sekunden nimmt er dem völlig erschöpften Rivalen auf den letzten 800 Metern ab. Vor ihm schlägt Jiminez seinen Landsmann Bahamontes im Kampf um den Etappensieg, und wenn ihm Bahamontes nicht die 30 Sekunden Gutschrift für den zweiten Platz weggeschnappt hätte, würde Poulidor zum erstenmal ins Gelbe Trikot schlüpfen.
Aber er wird es nie tragen, und nie hat er es auf stupidere Weise verpaßt. Anquetil hat es mit lächerlichen 14 Sekunden gerettet, und es sind nur noch zwei Flachetappen bis Paris zurückzulegen, die letzte als Zeitfahren über 27 Kilometer von Versailles nach Paris.
Bis dahin bleibt es bei den 14 Sekunden, denn sie erreichen Versailles wie siamesische Zwillinge. Es ist der 14. Juli, Frankreichs Nationalfeiertag, und eine fieberhafte Spannung hat die unübersehbare Menschenmenge, die sich am Rande der Landstraße preßt, erfaßt. Nie hat es ein dramatischeres Finale gegeben, nie hat die Tour auf einer so kurzen Strecke so viele Menschen angelockt. Man schätzt, daß 800 000 das Spalier für die letzte Runde des Duells Anquetil/Poulidor bilden.
Am 14. Juli 1789 hat das Volk von Paris die Bastille gestürmt und das Land von der Tyrannei des Königs befreit. Und will es an diesem 14. Juli 1964 nicht auch einen König stürzen sehen, dessen Herrschaft zu lange unantastbar gewesen ist? Bietet diese brodelnde Menschenmasse an ihrem Nationalfeiertag nicht ein Spiegelbild des französischen Nationalcharakters, bei dem das murrende Aufbegehren ein seltsamer Verbündeter überschäumenden Jubels ist, der sich auflehnt gegen jede Diktatur, und sei es gegen die eines Champions auf dem Rennrad?
Die Menge am Rande der Landstraße fordert den Thron des Tyrannen, und auf ihm will sie Raymond Poulidor, den Mann des Volkes sehen. Das macht Anquetils einsamen Kampf gegen die Uhr zum Spießrutenlauf. Bei jedem Pedaltritt, der ihn dem Ziel näherbringt, spürt er kalte Feindseligkeit einer Menschenmauer, die Poulidors Sieg feiern will. Und er fühlt sich wie ein Dieb, der öffentlich angeprangert wird, weil er sich etwas holen will, das man einem anderen gönnt. Aber er heißt Anquetil, und in dem Herzen unter dem Gelben Trikot ballt sich der ganze Stolz eines großen Champions zusammen, der keine schadenfrohen Gesichter sehen will. Die Pfiffe demoralisieren ihn nicht, sondern sie spornen

ihn an. Nicht ums Geld geht es ihm, denn davon hat er mehr zusammengefahren als alle anderen, die es auf der Landstraße suchen. Jetzt will er den fünften Tour-Sieg, den Rekord der Rekorde, und er will Millionen von Mäulern mit ihm stopfen, die begierig auf süffisante Schadenfreude sind. Poulidor, der drei Minuten vor ihm gestartet ist, fährt beunruhigend stark. Nur sechs Sekunden Vorsprung besitzt Anquetil, der Spezialist im Kampf gegen die Uhr, nach 15 Kilometern. Was ist das schon! Wenn ihm einer der superleichten Reifen, die er aufgezogen hat, wegplatzt, wird ihn das Wechseln der Maschine 20 bis 30 Sekunden kosten. Oh, es sind gute Reifen, jahrelang abgelagert im Keller seiner Villa in St. Adrien bei Rouen, aber was ist, wenn hysterische Fanatiker vor der Passage des Mannes im Gelben Trikot Nägel auf die Straße streuen, so, wie es in der „heroischen Epoche" geschah?
Nie in seiner langen Karriere hat ihn die Angst so gepackt wie auf dieser lächerlich kurzen Distanz von 27,5 Kilometern zwischen Versailles und Paris und zwischen Menschenmassen, die Poulidor schieben und ihn bremsen wollen. Aber auch nie hat es ein gigantischeres Duell bei der Tour de France gegeben. Jacques Anquetil und Raymond Poulidor, zwei Bauernsöhne aus dem Norden und dem Süden des Landes, sind dabei, eines der faszinierendsten Kapitel der Sportgeschichte zu schreiben.
Als Anquetil in St. Cloud einfährt und nur noch sechs Kilometer bis zum Prinzenpark zurückzulegen sind, ist noch alles offen. Aber dann fährt Anquetil, Meister in der Einteilung der Kräfte, noch 21 Sekunden Vorsprung gegen Poulidor heraus, der nichts mehr zuzusetzen hat und den zweiten Platz sogar noch an den phantastisch kämpfenden Rudi Altig verliert.
Jacques Anquetil gewann seine fünfte Tour unter Zurechnung der kleinen Zeitvergütung für diese letzte Halbetappe mit 55 Sekunden Vorsprung auf Raymond Poulidor. Dritter und gleichzeitig zum sechsten Mal Sieger des Großen Bergpreises wurde Federico Martín Bahamontes. Eine großartige Abschiedsvorstellung des Adlers von Toledo, und auch die Plätze der Deutschen konnten sich sehen lassen: Junkermann 9., Altig 15. und Kunde 16. Anquetil war satt, Poulidor immer noch hungrig. Und jetzt hätte ihm eigentlich die Tour zufallen müssen wie eine reife Frucht.
Aber das einzige, was dem populären „Poupou" treu blieb, war sein Pech. Und eine Portion Unentschlossenheit in den taktisch entscheidenden Phasen, wo die Selbstbewußten rücksichtslos auf die große Pauke hauen. Poulidors Paukenschläge waren immer zu diskret. Es war, als ob er sich, wie Hennes Junkermann, der lauten Töne schämte.
Die Tour de France 1965, die in Köln gestartet wurde, schien ihm endlich grünes Licht fürs Gelbe Trikot zu bringen, aber der in seine erste Tour steigende Felice Gimondi kam, sah und siegte. Ein spektakulärer Sieg Poulidors am Mont Ventoux kam zu spät. Wieder wurde er Zweiter mit dem knappen Rückstand von zweieinhalb Minuten auf den jungen Italiener.
Noch geringer war sein Rückstand auf den französischen Überraschungssieger von 1966, Lucien Aimar, nämlich genau zwei Minuten, aber das reichte nur zum dritten Platz hinter dem Holländer Janssen in einem Rennen ohne Favoriten, bei dem Rudi Altig und der kleine Kölner Karlheinz Kunde mit dem Gelben Trikot Furore machten und Poulidor sich von Lucien Aimar in der Alpenetappe Briançon – Turin überrumpeln ließ. Der kranke Anquetil tat ihm nichts. Er gab in den Alpen auf.

Der Tag, an dem Tom Simpson starb

Neuer französischer Sieg 1967: Roger Pingeon siegte vor dem Spanier Jiminez, und Poulidor hatte sein kleines Drama am Ballon d'Alsace. Aber das große spielte sich am Mont Ventoux ab. Das schmutzige Weiß der Bergkuppe ist ekelerregend. Wie von der Hand des Teufels geformt, ragt sie aus der flachen Landschaft der Provence in die heiße, flimmernde Luft, fast 2000 Meter hoch; aber es ist nicht Schnee, was sich da vom dunstigen Blau des Horizonts abhebt, sondern kahles, gebleichtes vulkanisches Gestein. Es ist der Gipfel des Mont Ventoux, und nie ist er mir von so trostloser Unheimlichkeit erschienen wie an diesem Freitag, dem 13. Juli 1967. Ein häßliches, geröllübersätes Ungetüm, das sich der Karawane der Tour de France in den Weg stellt, als ob es gelte, hier und heute die Absurdität des Wettkampfs auf der Landstraße mittels Zweirädern, die von Muskelkraft betrieben werden, zu beweisen.

Die Karawane hat am Morgen Marseille verlassen. Sie kommt aus dem Brutofen eines Häusermeers, dem auch die Nacht keine Kühlung mehr bringt und in dessen Hotels das Wasser aus den Hähnen mit der Aufschrift „froid" als lauwarme Brühe in die Badewannen fließt. Ein Häusermeer, in dem der Kühlschrank zum wichtigsten Mobiliar geworden ist und in dem das Brot knapp wird, weil die Bäcker in der Hitze der Backstuben die Arbeit verweigern. Jeder begreift sie. Wenn sie uns unser tägliches Brot heute nicht geben, dann geben sie es uns eben morgen. Trinken ist wichtiger.

Ist Radfahren wichtig? Es scheint so, denn die dichten Menschenspaliere, welche die Landstraße säumen, werden von der glühenden Sonne nicht weggeschmolzen. Sie reißen nicht ab und lassen die Frage aufkommen, wo die Grenze zwischen Begeisterung und dem morbiden Appetit der Masse nach dem Schauspiel der Strapaze liegt, das dem Passiven ein prickelndes Gefühl des Wohlbefindens vermittelt. Ganze Batterien von Wein, Bier- und Limonadeflaschen haben sie an den Rand der Straße geschafft, und die Bistros in

1962 zieht mit Tom Simpson zum erstenmal ein Engländer das Gelbe Trikot über. Am 13. Juli 1967 fährt er am berüchtigten Mont Ventoux in den Tod.

den Dörfern sind ausgeplündert. Wir sind dem Feld vorausgefahren, um irgendwo eine Flasche zu ergattern, aber nach dem vierten Versuch geben wir's auf. Das Thermometer mit der knalligen Reklame einer Apéritif-Firma neben der Theke, auf der Schmeißfliegen zwischen klebrigen Alkoholresten krabbeln, zeigt 42 Grad. Aber es hängt im Schatten. Draußen in der Sonne mögen es 60 sein, als wir die Stadt Carpentras passieren. Die Fensterläden sind geschlossen wie bei einem Einzug feindlicher Truppen, aber die Straßen sind schwarz von Menschen. Selbst den kranken Opa hat man im Rollstuhl neben die Haustür gesetzt und ihm ein weißes Taschentuch über die Baskenmütze geknüpft. So wird ihn die sengende Sonne nicht stören.

Stört sie die Rennfahrer? „Penses-tu", sagt Mimile, der Gemüsehändler, der Erfahrung hat. Man sieht es ihm an, denn vor seinem Laden steht ein Kasten Bier, der ihm Zulauf sichert. „Was glaubst du, die Burschen sind zäh in der Hitze. Wenn sie so viel trinken würden wie ihr Schlappschwänze, kämen sie freilich nicht mehr den Ventoux hinauf!" Aber hier täuscht sich Mimile. Viele haben schon zuviel getrunken. Fünfzig, ja vielleicht sogar hundert Kilometer haben sie den Qualen widerstanden. Aber kannst du alle Flaschen ablehnen, die dir Zuschauer entgegenhalten, wenn du nur salzigen Schweiß auf der Zunge spürst und die flimmernde Luft deinen Augen Fata Morganas von plätschernden Brunnen vorgaukelt? Sie fahren durch die engen Straßen von Carpentras, vorbei an den Hotels, in denen sie heute nacht schlafen und in denen schon jetzt ihre Menüs zubereitet werden. Frische Fische vom Mittelmeer, saftige Steaks und riesige Berge von Gemüse. Es sind ebenso vorzügliche wie handfeste Mahlzeiten, denn längst wissen Frankreichs Köche, was sie den Giganten der Landstraße mit ihrem gewaltigen Energieverschleiß schuldig sind.

Die Idee der Organisatoren, die Karawane zuerst durch das Etappenziel Carpentas rollen zu lassen und sie dann in einer großen Schleife über den Mont Ventoux in dieses Provence-Städtchen zurückzuführen, hatte sich hübsch ausgemacht auf dem Reißbrett, auf dem diese Tour de France geboren wurde. Wer hatte in der Nummer 10 der Rue du Faubourg Montmartre ahnen können, daß diese Schleife um Carpentras am heißesten Tag des Jahres zum Teufelskreis werden würde? Der kahle Gipfel des Ventoux, den wir schon seit vielen Kilometern wie eine böse, alptraumartige Vision vor Augen haben, ist jetzt zum Greifen nahe. Es ist das Einsteigen zur Fahrt in die Hölle. Man merkt es nicht gleich. Pinienwälder, deren Bäume immer kümmerlicher werden, verdecken in den ersten Serpentinen noch die Sicht. Dann aber tritt der Berg mit seiner ganzen grausamen Kahlheit aus der Kulisse heraus, als ob er seinen Angreifern einen Keulenschlag versetzen wollte. Für die Rennfahrer ist es nur einer von den vielen, die er bereithält. Als sie die letzten spärlichen Schatten des Waldes verlassen, ist es, als ob sie eine Treppe hinaufstampfen würden, auf der keine Stufen, sondern glühende Haufen von Kohle überwunden werden müssen. Nie hat der Mont Ventoux, Ausgeburt einer widersinnigen Laune der Natur, seinen Namen Teufelsberg mehr verdient als an diesem Julitag, an dem die Sonne auch die anspruchsloseste Distel auf seinen kahlen Flanken verdorren läßt. Sie haben, als sie aus dem Schutz des Waldes herausgetreten sind, das scheußliche Gefühl, diese flimmernde Luft nicht mehr atmen zu können. Nur noch Feuer spüren sie, aber die keuchenden Lungen verlangen Sauerstoff, wenn die plötzlich zentnerschwer gewordenen Pedale bewegt werden sollen. – Sind Motoren anfälliger als der menschliche Organismus? Es scheint so, denn Begleitautos bleiben mit dampfenden Kühlern stehen, und es gibt in der brüllenden Hitze dieser Mondlandschaft kein Wasser, das sie wieder flottmachen könnte. Der Gedanke, daß man den Kampf einfach abbrechen müßte, durchzuckt mich, als ich in die verzerrten Gesichter der Männer blicke. Sie

bieten dem Schreiber und dem Fernsehen viel Stoff, aber wo ist der Stoff, der sie aus dieser Galeere herausbringt? Und ich muß an die Bäcker von Marseille denken, die den Ofen ausgehen lassen, weil ihnen an solchen Tagen die Gesundheit wichtiger als das Geld ist. Warum streikt der Profi nicht, der in den kahlen Flanken des Ventoux etwas ungleich Nutzloseres tut als Brotbacken? Plötzlich hasse ich die Tour. Und ich hasse die Journalisten, die mit kalter Geschäftsmäßigkeit Abstände messen, Rückennummern notieren und bei jeder Gruppe, die sie überholen, ihre Notizblöcke bekritzeln.
Aber ich brauche diese Notizen ja auch. Buchhalter und Troubadours des Sports, die wir sind und die in einer Stunde von der Schlacht am Ventoux berichten werden, viel weniger interessiert an den Nöten der Rennfahrer als an einer schnellen Verbindung mit der Redaktion. – Noch 4 Kilometer bis zum Gipfel. Unser Wagen hängt zwischen zwei der vielen Gruppen, in die sich das Feld aufgesplittert hat. Es sind die vorderen, quasi guter Weizen, der sich von der Spreu getrennt hat. An den Nahtstellen der Serpentinen, wo sie den Berg aufzuschlitzen scheinen, sehen wir, tief unten, die Häuflein der Namenlosen heraufkriechen, die mit dem Ausgang dieser Etappe und der gesamten Tour nichts mehr zu tun haben.
Als ich wieder nach vorne blicke, sehe ich einen Fahrer mit dem weißen Trikot der britischen Nationalmannschaft – man hat in diesem Jahr wieder den Versuch mit der traditionellen Formel gemacht – von der kleinen Gruppe ausscheren. Keiner von ihnen hat hier, dicht unterhalb des Ventoux-Gipfels, noch den kraftvollen, sicheren Pedaltritt, der den Mann in Form auszeichnet, aber dieser hagere, fast schmächtige Mann im britischen Trikot ist ganz offensichtlich nicht mehr Herr seiner Sinne und Muskeln. Er braucht die ganze Breite der Straße, und seine Zickzackkurven erinnern fatal an die eines Betrunkenen. Noch vielleicht hundert Meter kommt er voran. Dann scheint er auf der Stelle zu treten, ehe er sich, ganz langsam, wie in einem Zeitlupenfilm, nach rechts neigt. Ich brauche nicht nach der Rückennummer des Mannes zu sehen, den sie von der Straße aufheben und für den kein winziges Fleckchen Schatten gefunden werden kann. Es gibt nur einen Engländer, der gut genug ist, um den Mont Ventoux in vorderster Position zu erklimmen: Tom Simpson. Er gehört sogar zum kleinen Favoritenkreis dieser Tour.
Obwohl die Straße hier oben so schmal ist, daß sie von einem Wagen fast blockiert wird, halten wir an. Ich springe heraus, aber es gibt keine Chance zum Parken, wenn nicht das ganze Rennen aufgehalten werden soll. „Fahr weiter!" rufe ich dem Chauffeur zu. Ich muß wissen, was mit Simpson los ist. „Einen Wagen zum Zusteigen finde ich immer." Aber ich komme nicht an Tom heran. Das Gedränge um den Mann, der zuerst wieder taumelnd sein Rad besteigen will, dann aber zusammenbricht, ist zu groß, und immer neue Begleitwagen stoppen und versperren die Straße. „Macht dem Doktor Platz!" schreit einer. „Es ist nur eine Ohnmacht." Als ich in den Wagen meines Kölner Kollegen Jupp Müller steige, sehe ich noch, wie Tour-Arzt Dr. Dumas neben Tom Simpson kniet. Minuten später haben wir den Gipfel passiert und rasen zu Tal. Ganz scharf auf der rechten Straßenseite, um den Rennfahrern Platz zu lassen, die schneller sind und die Kurven viel verwegener anschneiden, als man es auf vier Rädern kann. Es ist, als ob sie den Berg, den sie so mühselig erklommen haben, fliehen würden wie ein scheußliches Ungetüm, aber jetzt müssen sie ihre strapazierten Sinne beherrschen, denn in den engen Kurven kämpfen sie mit der Fliehkraft, und wehe, wenn die lächerlich schmalen und leichten Reifen dem Druck nicht standhalten! Freilich, auf die simple Felgenbremse ist Verlaß. Aber was ist mit unserem Wagen? Die Fahrt wird immer schneller, obwohl der Mann am Steuer die Fußbremse bis zum letzten Millimeter durchdrückt. Auf zwei Rädern, deren helles Quietschen die Leute am Straßenrand aufschreien läßt, durch-

rasen wir eine S-Kurve, und die Handbremse hätte uns nicht gerettet, wenn nicht da, wo sich die ersten verkrüppelten Bäume aus dem Geröll recken, eine Schneise gekommen wäre. Krachend kommt der Wagen in einer Staubwolke zum Stehen. Eine mannshohe Pinie hat Stoßstange und Kotflügel verbogen, aber wir klettern heil heraus. Keiner denkt mehr an den Mann, der dicht unterhalb des Gipfels vom Rad gefallen ist. Das kann vorkommen bei der Tour. Aber jeder ist sich selbst der Nächste. Ich muß in die Salle de Presse, um meine Reportage abzusetzen, und schon ist Tom Simpson vergessen und auch der Abgrund, in den es uns beinahe geschleudert hätte.
Der Wagen ist kaputt. Jupp Müller muß sehen, wie er weiterkommt. Ich laufe zur Straße zurück und winke mit meinem Notizblock. Aber mindestens zehn Pressefahrzeuge rasen vorbei, bis mich einer einsteigen läßt. Keiner hat jetzt mehr Zeit zu verlieren. Man wird Carpentras ohnehin erst erreichen, wenn der Etappensieger längst unter der Dusche steht. Der Arbeitsraum der Presse liegt in einem Kloster, in das ein uraltes, meterdickes Gewölbe führt. Die Luft ist hier kühler, weil die dicken Mauern die Hitze abhalten. Der geräumige, langgestreckte Saal war einmal das Refektorium des Klosters.
Nie ist hektischere Geschäftigkeit gegen die dicken Mauern gebrandet. Da ist das Hämmern der Schreibmaschinen, das kikerikihafte Brüllen der italienischen Kollegen, die ihre Redaktion am anderen Ende des Telefondrahts mit Hilfe der Madonna und schierer Organkraft erreichen wollen; die hellen und verzweifelten Stimmen der Mädchen von der Vermittlung, die um Anschlüsse in allen Winkeln Europas kämpfen. Normalerweise telefoniert man von Carpentras höchstens bis Paris. Aber dies ist die Stunde, in der die Tour de France zu Papier gebracht wird. Man kann die Tour im Radio hören und in der Television sehen, aber wenn man sie nicht gelesen hat, dann hat man sie nicht erlebt. Den Drama-

Ehrensache – für den gelähmten Mann im Rollstuhl hat jeder Fahrer noch rasch die Zeit für ein Autogramm.

turgen der Leiden der Landstraße quillt der Stoff über. Der Mont Ventoux hat mehr angerichtet als drei Pyrenäenetappen, und jetzt gilt es, in 200 oder 300 Zeilen alles hineinzupacken, was der Leser am Frühstückstisch erwartet. Es ist eine brodelnde Hexenküche. Das Hämmern der Maschinen. Das Brüllen in Telefonmuscheln. Der Versuch, das Drama einer teuflischen Etappe in zwanzig Minuten zu Papier zu bringen, um dann länger als eine Stunde mit dem fertigen Manuskript auf die Verbindung zu warten.
Und dann das Unfaßbare: Félix Lévitan, Co-Direktor der Tour de France, tritt auf das Podium, auf dem sonst vermutlich der Conseil Municipal von Carpentras regiert. Das Hämmern der Maschinen hört auf, und selbst die Telefonate werden unterbrochen. Verschwitzte Gesichter starren aus den halbmondförmigen Sprechkästen, die wie Taubenschläge auf langen Tischreihen aufgestellt sind, und im nächsten Moment kriechen die Köpfe wieder hinein in die Sprechmuschel: „Alles stoppen! In einer Viertelstunde rufe ich mit der neuen Einleitung an. Tom Simpson ist tot."
Félix Lévitan hat es der geschäftigen und plötzlich erstarrenden Meute mit tonloser Stimme zur Kenntnis gegeben. Und nun sitzen sie wieder vor ihren Maschinen und Notizblöcken, um alles neu zu schreiben.
Einer der bekanntesten französischen Radsportjournalisten ist unter ihnen, Jean Leulliot, intimer Freund von Tom Simpson. Er bringt seine Zeilen weinend und stöhnend und trotzdem hurtig zu Papier. Nicht, daß er seinen Schmerz spielen würde. Er ist so echt wie der seines englischen Kollegen. Aber im Gegensatz zu dem Briten, der nicht recht ins Bild der Tour passen will und der mir immer vorgekommen ist wie einer jener Engländer, die mit sonnengebleichten Windjacken und alten Überfallhosen auf den Pisten von St. Moritz und Zermatt ihre Stemmbogen ziehen, ohne die belustigten Blicke ihrer Umgebung zu spüren, genießt Leulliot seine Trauer. Er spürt Blicke auf sich gerichtet, und sein Verhalten ist das des Mimen, dem die Ausstrahlung seiner Verzweiflung Befriedigung verschafft. Und ein journalistisches Talent, die unerlernbare Fähigkeit, die Aussagekraft beim psychischen Schmerz nicht nur zu bewahren, sondern sie noch zu stimulieren, läßt ihn eine jener Reportagen vollbringen, von denen er weiß, daß sie viele Menschen zum Weinen bringen wird.
Später dann, mit dem nötigen Abstand, machen sich die Reporter an die Erklärungen des Dramas vom Ventoux. Es fallen harte Worte, und die Rennleitung, die angegriffen worden war, weil sie die Fahrer in dieser Gluthitze über den Teufelsberg gehetzt hat, hat nichts dagegen. Eindeutig ergeben die Untersuchungen, daß Tom Simpson mit seinem Leben für den Mißbrauch von Drogen büßte, der sich hinter dem Begriff Doping verbirgt. Nicht der Berg hat ihn getötet, und die Behauptung, daß Simpson noch leben würde, wenn die Sonne an diesem Tag nicht mit so unbarmherziger Schärfe auf den Gipfel geknallt hätte, daß Autos mit dampfenden Kühlern stehenblieben, ist sicher nicht übertrieben.

1969 brach die große Zeit des Eddy Merckx an

Der hauchdünne Sieg des Holländers Jan Janssen 1968 – erst beim Zeitfahren der letzten Etappe mit 38 Sekunden Vorsprung vor dem Belgier van Springel errungen – war nur ein Intermezzo. Danach kam des Radsports neuer Wunderknabe: Eddy Merckx. Für Furore hatte er schon bei den klassischen Eintagesrennen reichlich gesorgt, ehe er sich mit 24 reif genug fühlte, gleich das Double Giro d'Italia und Tour de France anzugehen. Er gewann den Giro auf Anhieb, ohne auch nur seinen Grenzen nahezukommen. Aber eine Dopingprobe nach der 17., einer flachen Etappe war positiv – unglaublich, angesichts der Stärke des späteren Radsport-„Kaisers" auch nie restlos zu erklären. Und eben weil Manipulationen nicht ganz auszuschließen waren, wurde Merckx' Sperre von 4 Wochen auf 10 Tage verkürzt. So war der Weg für ihn frei, sich mit einem großen Sieg bei der Tour de France sportlich voll zu rehabilitieren.

Schon beim Prolog, einem Zeitfahren über 10 Kilometer, wollte er das Gelbe Trikot an sich reißen. Aber Rudi Altig war drei Sekunden schneller und schnappte es ihm weg. Doch am nächsten Tag, in Brüssel, gehörte es Merckx. Das war keine Notwendigkeit, sondern eine Prestigesache. „Diesen Dank", sagte Eddy, „war ich meinen Landsleuten, die auch in den dunklen Stunden an mich geglaubt hatten, schuldig." Schon am nächsten Tag gibt er es wieder ab. Aber er kennt schon den Tag, an dem er es zurückholen wird. Den 4. Juli hat er sich herausgesucht, den Tag, an dem sich die erste große Barriere dieser Tour aufbaut. In den Vogesen, auf der Etappe Mülhausen–Belfort, will er zum ersten großen Schlag ausholen. Dann wird er wissen, wie es um seine Form und um die der anderen steht. Sicher, es ist seine erste Tour, aber es soll ein meisterlicher Schlag werden, der Klarheit verschafft. Wie Merckx diesen Schlag geführt hat, das sagt mehr über ihn als die Schilderung von hundert Etappen, und es mag deshalb für alles andere stehen, was bei dieser Tour passierte. Es ist die gleiche Hitze, die über der elsässischen Ebene brütet, wie 1937, als Erich Bautz am Ballon d'Alsace das Gelbe Trikot eroberte. Und es ist die gleiche Straße, die parallel zum Oberrhein dem Ballon d'Alsace entgegenstrebt. Rudi Altig hätte an diesem Tag das Gelbe Trikot zurückgeholt, wenn er es nicht mit einem Merckx zu tun gehabt hätte, der beschlossen hatte, in die vollen zu gehen, abzuräumen, wie die Kegler sagen. Das Purzeln beginnt schon in der Ebene, viele Kilometer, bevor die Straße ansteigt. Denn Merckx will es am Berg nicht mit frischen Leuten zu tun haben. Plötzlich, als ob das Zufall wäre, schiebt sich die Faema-Mannschaft, deren Kapitän er ist, an die Spitze. Regelmäßig lösen sie einander in der Führung ab, und wenn Merckx mit der großen Übersetzung allein gegen den Wind kämpft, verlieren in den hintersten Positionen des Feldes jedesmal ein paar Fahrer den Anschluß. Alle wissen jetzt, daß das der große Angriff ist. Aber es ist erst der harmlose Anfang. Die Männer beginnen zu keuchen, aber was abfällt, sind nur die Schwachen. Sagen wir 20 Prozent. An die 60 Mann stark ist der Haufen, den Eddy Merckx in die ersten Rampen des Ballon d'Alsace führt. Wenig bekannt ist, daß die Fahrer diesen Berg mit seinen 1300 Metern mehr fürchten als manchen Zweitausender der Alpen und Pyrenäen. Denn der Ballon hat keine sanften, weit ausladenden Serpentinen, sondern vergleichsweise enge Kurven und steile Stiche. Fast nach jeder Kurve steigt die Straße abrupt an, und es kann für einen Merckx, der sich in Hochform fühlt, kein idealeres Terrain zum Großangriff geben. Merckx setzt das Messer an, und wie eine heiße Leberwurst platzt der Rest des Feldes auseinander. Am halben Berg hat die Lokomotive noch 25 Anhänger, und die meisten hängen schlecht. Einer nach dem anderen verliert den Anschluß, und wenn sich der Mann umdreht, um sich das Malheur, das er da anrichtet, zu betrachten, huscht Zufriedenheit über sein Gesicht, weil er keinen Zufriedenen mehr sieht. Nur verkrampfte, schweißgebadete

Gesichter, die nach Atem ringen und nicht einmal mehr die Kraft zum Fluchen haben über den Kerl, der ihnen diesen unmenschlichen Rhythmus aufzwingt. Fast nach jeder Kurve einer weniger. Nach zwei Dritteln des Aufstiegs ist es nur noch ein Dutzend. Pingeon, der Sieger von 1967, fehlt, aber es fehlen auch Gimondi und Poulidor. Das überrascht Merckx.
Aber noch mehr überrascht ihn, wer sich einen Kilometer unterhalb des Gipfels, der auch das Etappenziel ist, noch an seinem Hinterrad hält. Zwei Fahrer sind es nur, und daß Galera, einer dieser leichtgewichtigen spanischen Bergflöhe, dabei ist, entspricht der Logik. Aber mit dem zweiten hat er nicht gerechnet. Es ist kein anderer als Rudi Altig, und was der macht, ist schlicht unbegreiflich. Er ist ein Mann der Ebene, der mit den Bergen immer auf Kriegsfuß gestanden hat, und jetzt, wo die Kletterkönige bis auf Galera abserviert sind, ist er immer noch da!
Merckx ist beeindruckt. Bravo würde er sagen, wenn er es sich nicht in den Kopf gesetzt hätte, so auf den Tisch zu hauen, daß nichts mehr stehenbleibt. Und überhaupt, wieso ausgerechnet Altig? Sind ihm Flügel gewachsen? In diesem Augenblick, und an einer Stelle, wo der Wald vor dem kahlen Gipfel des Ballon d'Alsace lichter wird, entschließt sich Eddy Merckx zum allerletzten, zum entscheidenden Test. Er muß Altig abhängen. Nur wenn ihm das gelingt, hat er die Tour in der Tasche. Hinter der nächsten Kurve muß es passieren. Und es ist eine gute Kurve für sein Vorhaben, denn sie führt in eine der giftigsten Steigungen hinein. Und Merckx hat nicht nur die größeren Reserven, sondern auch das Privileg der Jugend auf seiner Seite. Und ohne daß er auf einen kleineren Gang zurückschalten würde, wird sein Tritt schneller. Und er bringt es fertig, im Sattel zu bleiben, während Altig sich verzweifelt in die Pedale stellt und seinen Lenker zerreißt, um an einem Hinterrad zu bleiben, das nicht mehr von einem Rennfahrer, sondern vom Satan angetrieben zu werden scheint.
Nach der Kurve der steile Stich. Wie ein Pfeil geht ihn Merckx an, und jetzt muß hinter ihm die Leere sein. Das ist unerbittliche Logik für ihn. Aber als er den Kopf dreht, muß er ihn mit unfaßbarer Verwunderung schütteln. Nicht Altig hat er abgehängt, sondern Galera, den Bergspezialisten! Zwar keucht der Deutsche aus einem schweißüberströmten Gesicht, aber er hält sich an seinem Hinterrad, als ob er, Merckx, nicht eine Parforcetour auf einem Terrain entfesselt hätte, auf dem Altig noch nie Heldentaten vollbrachte. Heute vollbringt er, der Mann der Ebene, eine der größten seiner Karriere. Der Sprinter Rudi Altig hält Eddy Merckx am Berg in Schach, und das Ziel ist nahe.
Aber nicht nahe genug. Aus der nächsten Kurve schießt Merckx heraus wie ein Sprinter aus der Kurve einer Radrennbahn in die Gerade, aber diese Gerade steigt so an, daß der bis an die Grenze seiner Leistungsfähigkeit gegangene Altig den Kampf aufgeben muß. Plötzlich scheint er auf der Stelle zu treten, während der Belgier mit wütender, nie nachlassender Wucht dem Gipfel entgegenstrebt. Rudi Altig hat mehr gegeben, als er hatte. Er wäre vom Rad gefallen, wenn er versucht hätte, den diabolischen Rhythmus zu halten. Vom letzten Kilometer verliert er einen halben auf Merckx und muß auch noch Galera an sich vorbeilassen. Merckx gewinnt die Etappe auf dem Ballon d'Alsace vor Galera und Altig und übernimmt das Gelbe Trikot – um es nicht mehr abzugeben. So groß ist seine Überlegenheit, daß er im Schlußklassement für Abstände sorgt, die man lange nicht erlebt hat: Pingeon wird Zweiter mit einem Rückstand von 17 Minuten, Poulidor Dritter mit 22 Minuten und Gimondi Vierter mit einer halben Stunde.

Der Kannibale

Eddy Merckx' Sieg war so eindrucksvoll, daß sie anfingen, ihn den Allesfresser, den Kannibalen und das Krokodil zu nennen. Denn im Gegensatz zu Anquetil sammelte er korbweise die Siege bei den großen klassischen Tagesrennen. Kaum Brosamen überließ er der Konkurrenz. Veranstalter und Manager, die sich zunächst die Hände gerieben hatten, wurden ratlos. Die Gagen, die man dem Belgier für ein gewöhnliches Bahnrennen anbieten mußte, stiegen so hoch, daß nichts für die Konkurrenz übrigblieb, aber das war noch nicht das ganze Problem. Firmen, die es gewohnt waren, beträchtliche Summen in einen Rennstall zu stecken, erwogen den Rückzug, weil sie es für sinnlos hielten, in eine Sache zu investieren, bei der es nichts mehr zu gewinnen gab. Das Phänomen wurde bedrückend. Bisher hatte der Radsport in seiner Gesamtheit aus allen großen Namen Profit gezogen, aber jetzt war ein Kannibale gekommen, der ihn aufzufressen drohte. Sogar die Tour de France. Ehe sie 1970 begann, hatte sich der ,,Allesfresser" den Luxus des folgenden Siegesmenüs geleistet: Gent–Wevelgem, Belgische Straßenmeisterschaft, Belgien-Rundfahrt, Paris–Roubaix und den Pfeil von Wallonien. Anschließend gewann er den Giro d'Italia auf einem Bein.

Bei der Tour würde er beide brauchen. Aber wer sollte ihn schlagen?! Anquetil fand die richtige Antwort: ,,Nur er selbst kann sich schlagen." Das klang seltsam, aber es steckte, wie sich zeigen sollte, viel Weisheit drin. Anquetil, der Normanne mit dem Sparsamkeitssinn für alles, also auch für den Kräftehaushalt, hatte immer wieder den Kopf geschüttelt, wenn Merckx zu generös mit seinen Kräften umging, wo es gar nicht notwendig war. ,,Er denkt", sagte er, ,,nur an den Sieg und läßt alle Phasen verstreichen, in denen er sich schonen könnte." Da war was dran. Und obwohl Eddy Merckx bei der Tour 1970 einen zweiten großen Sieg herausfuhr, war es tatsächlich kein Gegner, sondern er selbst, der ihn gefährdete. Es war am Mont Ventoux, als er längst Gelb trug und die Sonne so heiß brannte wie drei Jahre zuvor, als der Berg Tom Simpson tötete. Der ,,Kannibale" wollte, obwohl ihn nichts zu einem Großangriff zwang, auch den Teufelsberg fressen. Und er attackierte schon in den ersten Rampen, noch ehe der Wald aufhörte, anstatt Kräfte für die letzten Kilometer zu sparen. Er mußte es büßen. Fast an der gleichen Stelle, wo Tom Simpson in tödlicher Ohnmacht vom Rad gefallen war, erlebte man den ersten großen Schwächeanfall des Unantastbaren. Und der letzte Kilometer war viel schwerer für ihn als Rudi Altigs letzter Kilometer am Ballon d'Alsace. Indes war sein Vorsprung groß genug, um die Etappe auf dem Ventoux-Gipfel vor seinen Landsleuten van den Bosche und van Impe zu gewinnen. Aber es war ein halb ohnmächtiger Merckx, der sich über den Zielstrich quälte. An diesem Tag hätte er sich tatsächlich fast selbst geschlagen. Die schnaufenden Verlierer hatten zwar nichts von der Schwäche des Unantastbaren gesehen, aber sie hörten natürlich davon, und sie spitzten die Ohren. Er war also doch keine Maschine, und vielleicht gab es eine Chance, wenn sich die Besten gegen ihn verbündeten. Aber im Jahre 1970 war Eddy Merckx auch ein Champion im Verdauen außergewöhnlicher Anstrengungen. Souverän verteidigte er sein Gelbes Trikot bis Paris und verwies Zoetemelk mit 12 und den erstaunlichen Schweden Gösta Petterson mit 16 Minuten Rückstand auf die Ehrenplätze.

Merckx wackelt, aber Ocaña stürzt

Trotzdem ist das Klima beim Start der Tour de France 1971 ein anderes. Der Schwächeanfall von Merckx am Mont Ventoux wirkt wie eine Vitaminspritze auf die Männer, die der ,,Kannibale" namenlos zu machen droht. Und zu denen, deren Herz nicht mehr in die Hose rutscht und die sich besonders viel vorgenommen haben, gehört der in Frankreich lebende Spanier Luis Ocaña. Im

1971 setzt der Spanier Luis Ocaña – hier vor dem spanischen Kletter-As José-Manuel Fuente – Merckx überraschend zu. Noch verhindert ein Sturz seinen Sieg, doch 1973 glückt ihm der. Nächste Doppelseite: 1977 führt Merckx wie gewohnt das Feld an, in der Absicht, den absoluten Rekord von sechs Tour-Siegen aufzustellen. Das gelingt ihm nicht, doch nach Merckx' Abstieg vom Radsport-Olymp jubeln die Franzosen dem flämischen Menschen Eddy zu.

Jahr zuvor hat ihm in den Alpen eine Leberkrise zu schaffen gemacht, aber jetzt fühlt er sich im Vollbesitz von Kräften, die Merckx irritieren. Alle seine Versuche, Ocaña auf der Ebene abzuhängen, scheitern, und mit einem unguten Gefühl geht der Belgier in die Etappe des Puy de Dôme, auf der das legendäre Ellenbogenduell Anquetil/Poulidor stattgefunden hat. Es trügt ihn nicht. Auf dem letzten Kilometer vor dem Gipfel hängen ihn Ocaña, Zoetemelk und der bärenstarke Portugiese Agostinho ab. Sicher, sie gewinnen nur 15 Sekunden. Aber die pumpen sie mit Moral voll, als wären es 15 Minuten! Und Merckx wäre nicht Merckx, wenn er das Alarmzeichen übersähe. Bei der abendlichen Mannschaftsbesprechung in Clermont-Ferrand verlangt er von seinen Leuten eine gnadenlose Verschärfung des Rennens, um diesen Ocaña vor den Alpen müde zu machen. Aber Merckx, der Unantastbare, wird selbst das Opfer dieser Operation. So viel Kraft kostet sie ihn, daß er in der Königsetappe der Alpen, die in Merlette endet, den bisher katastrophalsten Einbruch seiner Karriere erlebt. Ocaña gewinnt mit 5:42 Minuten Vorsprung vor dem kleinen belgischen Kletterer Lucien van Impe und 8:42 Minuten vor Merckx, Zoetemelk, Petterson, Thévenet und Labourdette! Die Sensation ist perfekt. Luis Ocaña übernimmt das Gelbe Trikot, niemand zweifelt daran, daß die Herrschaft des „Kannibalen" gebrochen ist.

Doch niemand ahnt etwas von dem grausamen Pech, das den Spanier in den Pyrenäen ereilen wird. Schlimmer als weiland Eugène Christophe, dem „Vieux Gaulois", wird es Luis Ocaña auf der 14. Etappe Revel–Luchon ergehen. In einem fürchterlichen Gewitterregen, der die Straße seifig macht, stürzt er bei der Abfahrt des Col de Mente so schwer, daß ihn der Hubschrauber ins Krankenhaus transportieren muß.

Der schöne Traum ist vorbei. Eddy Merckx aber, der hinter dem spanischen Kletterkönig José-Manuel Fuente Zweiter der Etappe wird, setzt sich wieder an die Spitze der Gesamtwertung.

FIAT
FIAT
FIAT
FIAT
Esso

TI-RALEIGH
RALEIGH

Doch am nächsten Tag verzichtet er darauf, das Gelbe Trikot zu tragen, um dem unglücklichen Rivalen seine Reverenz zu erweisen. Trotzdem wird er von chauvinistischen Zuschauern ausgepfiffen. Leute, die ihm seine lange Siegesserie nicht verzeihen können, machen ihn nun auch noch für das Pech Ocañas verantwortlich. Merckx gibt zu, daß ihn Ocaña in schwere Nöte gebracht hat, behauptet aber, daß die Tour beim Ausscheiden des Spaniers noch lange nicht entschieden gewesen sei. Und sein starker Endspurt untermauert es. Er gewinnt mit 10 Minuten Vorsprung auf den in die Poulidor-Rolle geschlüpften Zoetemelk und mit 11 Minuten auf van Impe. Ocaña hofft auf süße Rache bei der anschließenden Weltmeisterschaft in Mendrisio, aber mit zu heißem Kopf begeht er taktische Fehler gegen den kühl rechnenden Merckx, der seine Saison mit dem Regenbogentrikot des Straßenweltmeisters krönt.
Hätte Radsport etwas mit mathematischer Logik zu tun, dann wäre es bei der Tour 1972 zur Stunde der Wahrheit, zum unerbittlichen Duell zwischen Merckx und Ocaña gekommen. Aber der Spanier war weder von Merckxscher Zähigkeit, noch war er ein Glückskind. Daß Merckx, wiewohl bei weitem der komplettere Rennfahrer, 1971 in großer Gefahr war, die Tour an Ocaña zu verlieren, steht außer Zweifel. Doch Luis Ocaña war viel anfälliger als der Belgier. In den Pyrenäen zog er sich eine schwere Erkältung zu, und als es in die Alpen ging, spuckte er am Galibier Blut, und am nächsten Tag gab er auf. Merckx übernahm das Gelbe Trikot in den Pyrenäen, verteidigte es ohne Probleme in den Alpen und gewann seine vierte Tour sicher vor Gimondi und Poulidor.
1973 aber gewann ein völlig wiederhergestellter und sein Temperament mit einer für ihn ungewöhnlichen Disziplin zügelnder Ocaña die Tour mit frappierender Leichtigkeit. Das einzige, was seinem spanischen Stolz fehlte, war ein Opfer namens Merckx. Aber der Belgier hatte auf den Start verzichtet, und so bleibt reine Spekulation, ob es ein gigantisches Duell geworden wäre oder nicht.
Auch 1974 brachte die Antwort nicht. Merckx kam wieder, aber Ocaña fehlte, und es spricht Bände über die Ohnmacht der Konkurrenz, daß der 38jährige Poulidor des Belgiers stärkster Gegner war. Hätte der populäre „Poupou" durch einen Schwächeanfall am Galibier nicht 6 Minuten auf Merckx verloren, wäre es zu einem heißen Kampf gekommen. Denn in den Pyrenäen griff „Poupou" plötzlich wie ein junger Himmelsstürmer an, und der „Kannibale" war heilfroh, daß dem Veteranen keine weiteren Berge mehr zur Verfügung standen. Bei den Zeitfahren von Bordeaux und Orléans machte er die Sache klar. Er gewann, den Rekord von Jacques Anquetil egalisierend, seine fünfte Tour de France mit 8 Minuten Vorsprung auf Poulidor, der seinerseits den spanischen Bergspezialisten Lopez-Carril mit dem hauchdünnen Vorsprung von 5 Sekunden auf den dritten Platz verwies. Es war der letzte Tour-Sieg von Eddy Merckx. Eine Uhr, die man für unverwüstlich gehalten hatte, obwohl man weiß, daß der Leistungssport ein unabdingbares Privileg der Jugend bleibt, war abgelaufen. Unzerstörbare Logik des Sports. Und trotzdem: War Eddy Merckx jemals größer als bei der Tour de France 1975? Nie hat er den Kriegsnamen „Löwe von Flandern" mehr verdient als bei diesem Versuch, Anquetils Rekord zu brechen. Auf den ersten zehn Etappen beherrschte er das Rennen zusammen mit Francesco Moser, und beim Zeitfahren von Merlin-Plage nahm er dem jungen Italiener das Gelbe Trikot ab. Aber dann kam Bernard Thévenet. In den Pyrenäen, beim steilen Aufstieg nach Pra-Loup, bereitete Frankreichs neuer Star dem flandrischen Löwen sein Waterloo und übernahm das Gelbe Trikot. Eddy Merckx beendete die Etappe zermürbt, und als er beim Start in Valloire stürzte und den linken Backenknochen brach, hätte er tausend Gründe zum Aufgeben gehabt. Aber der körperlich und

moralisch schwer angeschlagene Eddy Merckx hielt durch. Er, der vielfache Millionär, von dem sie sagten, daß ihm nur der Sieg wichtig sei, wollte sein in der Mannschaftswertung führendes Team nicht im Stich lassen und sich für die Unterstützung bei so vielen großen Siegen bedanken. Und mit einer Energie, die bewundernswerter als bei vielen dieser Siege war, hielt er seinen zweiten Platz bis Paris mit einem Rückstand von nur 2:47 Minuten hinter dem strahlenden Bernard Thévenet, den sie liebevoll „Nanard" nannten.

Der Kleinste ist der Größte

Bei der Tour de France 1976 war Lucien van Impe der Größte. Der belgische Bergfloh, der bei einer Größe von 1,67 Meter nur 57 Kilo auf die Waage brachte, zementierte seinen Sieg im Hochgebirge, trug 12 Tage das Gelbe Trikot und verwies Joop Zoetemelk und Raymond Poulidor auf die Ehrenplätze. Freilich, es fehlten Merckx, Gimondi und Moser, und Thévenet, völlig außer Form, gab drei Tage vor Paris auf. Es war ein regulärer und logischer Sieg des kleinen van Impe, aber lange Zeit hatte Frankreich an das Wunder geglaubt. Hatte Raymond Poulidor mit 40 Jahren und bei seiner 14. Tour de France die Alpenberge nicht eindrucksvoller gestürmt als die meisten Jungen? 24 lächerliche Sekunden fehlten ihm da am Gelben Trikot. Warum also nicht Poupou! Lucien van Impe merkte, nachdem er seinem Landsmann Freddy Maertens das Gelbe Trikot abgejagt hatte, sehr schnell, daß die Massen am Straßenrand in ihm einen Dieb sahen, der ihrem Poupou den gelben Sonntagsanzug geklaut hatte. Früher waren es Diebe mit größeren Namen gewesen. Einen van Impe, das schworen die Leute an der Straße, hätte der Poulidor der großen Tage auf der Ebene und am Berg zu stellen vermocht. Aber jetzt schleppte er bei jedem Pedaltritt seine 40 Jahre mit, obwohl dieser Tritt nichts von seiner Souplesse eingebüßt zu haben schien.

Mit Lucien van Impe, klein, leicht und wie geschaffen für steilste Berge, war über ein Jahrzehnt lang stets zu rechnen. Krönung seiner Erfolge bei der Tour war der Gesamtsieg 1976.

Dietrich Thuraus 15 gelbe Tage

Merckx unternahm 1977, acht Jahre nach seinem ersten Tour-Sieg, den letzten Versuch, mit sechs Siegen alleiniger Rekordmann zu werden. Es war das Jahr des Tour-Debüts eines jungen Mannes, den der „Kannibale" schon zwei Jahre zuvor als den ersten Deutschen, der die Tour gewinnen könnte, bezeichnet hatte. „Aber er sollte", sagte er, „nichts überstürzen. 1977 ist vielleicht noch ein Jahr zu früh. Ich habe gewartet, bis ich 24 war." – Doch Dietrich Thurau fühlte sich reif. Geboren am 9. November 1954 in Frankfurt, war er gerade zweiundzwanzigeinhalb Jahre alt, als er sich in Fleurance zum Start der 64. Tour de France stellte. „Geule d'ange", Engelsgesicht nannten ihn die Franzosen auf Anhieb, und die Älteren erinnerte er mit Aussehen, Statur und dem harmonischen Pedaltritt an den jungen Hugo Koblet. Erst recht, als er Gelb trug, kaum daß das Rennen begann. Reif für das große Rennen fanden ihn auch Sportmediziner. 1,82 Meter, 76 Kilo, Lungenkapazität 6,4 Liter, 48er Pulsschlag. Großes Vorbild: Eddy Merckx. Hemmungen: keine. – Auch nicht seines Alters wegen. Es hat jüngere Tour-Sieger gegeben. Allerdings nicht viele. Der jüngste war der Franzose Henri Cornet, aber das war eine seltsame Sache, die bei der zweiten Tour de France 1904 passierte. Die vier Erstplacierten, Maurice Garin, Pothier, César Garin und Accouturier wurden disqualifiziert, und so rückte der 20jährige Cornet am grünen Tisch auf den ersten Platz. Octave Lapize aber war 1910 im Alter von 21 Jahren ein regulärer Sieger. Mit 22 gewannen Romain Maes (1935) und Felice Gimondi (1965). Thurau hätte also zu den Jüngsten gezählt, wenn er 1977 Tour-Sieger geworden wäre. Anquetil war 1957 immerhin 23, wie auch Bernard Hinault, der Sieger von 1978. Bobet gewann seine erste Tour mit 28, Coppi mit 29, und der älteste Sieger war Bartali mit 34.

Das Außergewöhnliche dieser Tour de France von 1977 war ihr Start am Fuße der Pyrenäen. Nach einem kleinen Zeitfahren in Fleurance ging es sofort über Berge, die Thurau nie gesehen hatte, und ihre Namen waren furchterregend genug: Aspin, Tourmalet und Aubisque! Der Frankfurter Junge fuhr mit dem Gelben Trikot hinauf, da er das Zeitfahren mit 3 Sekunden Vorsprung vor seinem holländischen Mannschaftskameraden Gerry Knetemann von Ti-Raleigh gewonnen hatte. Aber niemand traute ihm zu, daß er es über diese Berge retten würde. Die Behauptung, daß es ein mörderischer Start war, ist nicht übertrieben, wenn man bedenkt, daß vier Fünftel der Gestarteten nach dieser Etappe alle Chancen verloren hatten. Sie waren sozusagen kalt von den Bergen erwischt worden. Auch Thurau und Merckx hatten am Tourmalet Probleme, aber noch vor dem Aubisque schafften sie wieder den Anschluß, und in Pau erlaubte sich Thurau den Luxus, den Sprint der 14köpfigen Spitzengruppe und damit seine erste Hochgebirgsetappe der Tour de France zu gewinnen. Jetzt spürte er das Gelbe Trikot fester auf den Schultern. Aber wer nicht in dieser 14er-Gruppe war, wußte, daß er nichts mehr mit dem Ausgang dieser Tour zu tun hatte. Und das am ersten Renntag! Das kleine Zeitfahren von Fleurance war ja nur ein Prolog fürs Publikum gewesen.

Unter den 14 waren neben Thurau freilich handfeste Klienten wie Merckx, Thévenet, van Impe, Kuiper und Zoetemelk. Die nächste Gruppe hatte schon 7 Minuten Rückstand, das Gros 14! Außer der 14er-Gruppe ist niemand zufrieden. Nicht nur von den Rennfahrern, auch von der Presse müssen sich die Organisatoren beschimpfen lassen, und da sie an einem farbigen, möglichst lange offenen Rennverlauf interessiert sind, haben sie natürlich selbst begriffen, daß es ziemlich phantasielos war, das „kalte" Feld am ersten Tag ins Hochgebirge zu jagen. Die Reaktion kommt prompt. Auf der zweiten Pyrenäenetappe, die

Dietrich Thurau geht 1977 mit 22 in seine erste Tour, streift nach dem Prolog das Gelbe Trikot über und verteidigt es respektlos 15 Tage lang bis in die Alpen. Mehr als sein fünfter Platz zum Schluß – bester Neo-Profi – zählt noch die Begeisterung, die er damit in Deutschland auslöst.

nach Vitoria in Spanien führt, findet praktisch kein Rennen statt. Man läßt den bescheidenen Spanier José Nazabal davonziehen und gewinnen. Die Gesamtwertung bleibt zementiert, und auch am nächsten Tag passiert nichts. Denn in Bordeaux muß gegen die Uhr gefahren werden, und dieses Zeitfahren hat eine ganz andere Bedeutung als der harmlose Prolog von Fleurance.
Vor dem Start liegen die Ersten der Gesamtwertung „dans un mouchoir", in einem Taschentuch, wie die Franzosen sagen. Thurau führt mit 8 Sekunden vor Merckx; Laurent liegt 13, van Impe 14, Zoetemelk 18 und Thévenet 19 Sekunden zurück. Aber jetzt, im Kampf gegen die Uhr, wird Thurau einen Coup landen und für klarere Verhältnisse sorgen, und er sagt es auch jedem, der es wissen will. Kesse Worte für einen Debütanten, zumal er noch sein Bedauern für die vergleichsweise kurze Distanz hinzufügt: „Wenn sie doppelt so lang wäre, würde es ein Malheur geben!" In der Tat sind die 30 Kilometer des „Circuit du Lac" von Bordeaux ein vergleichsweise leichter Parcours. Aber Dietrich Thurau, in einem Stil, der die Experten sprachlos macht, schlägt einen Merckx, der schon lange keinen so starken Eindruck mehr gemacht hat, um 51 Sekunden. Es ist, wenn man den Prolog einrechnet, sein dritter Etappensieg, und die eindrucksvolle Leistung von Merckx erhöht seinen Wert. Auf den nächsten Plätzen folgen Knetemann mit 1:05, Thévenet mit 1:06, Bruyère mit 1:09 und Kuiper mit 1:17 Minuten Rückstand. In der Gesamtwertung führt Thurau jetzt mit 58 Sekunden Vorsprung auf Merckx und 1:25 Minuten auf Thévenet. Deutsche Illustrierte, die sich bisher höchstens für Beckenbauer interessierten, wenn's um Sport ging, bekommen Gelbfieber und schicken Reporter nach Frankreich. Dietrich Thuraus Hotelzimmer wird abends in der Etappe zum Konferenzraum. Er trägt das Gelbe Trikot auch noch beim Ruhetag in Freiburg, und da wird es ganz schlimm. Das Goldkind ist über den Rhein gekommen, und jetzt wollen alle Blätter bis zum „Lahrer Hinkenden Boten" ihr Interview. Doch ausgerechnet in Freiburg hat man ihm ein Hotelzimmerchen verpaßt, bei dem man die Tür öffnen muß, wenn man die Jacke ausziehen will. Dieser Ruhetag ist für Thurau schlimmer als eine Bergetappe. Oh, er genießt diese Popularität durchaus, aber er ist auch froh, daß es am nächsten Tag in Besançon wieder ruhiger wird. Freilich weiß er auch, daß dies die Ruhe vor dem Sturm ist. Die Pyrenäen hat er, nicht ohne Schwierigkeiten, aber mehr als zufriedenstellend mit dem Elan der Jugend genommen. Aber inzwischen hat man 13 Etappen in den Beinen; 13 Etappen, bei denen nur ein einziger das Gelbe Trikot getragen hat. Dieser Dietrich Thurau, der jeden Abend ein neues kriegt und jetzt schon einen Sonderkoffer für den Sonntagsanzug der Tour braucht, denkt in der Uhrenstadt Besançon an die nahen Alpen, wo die entscheidende Stunde schlagen wird. Und sein Vorsprung in der Gesamtwertung, der sich seit Bordeaux praktisch nicht verändert hat, sieht nicht wie ein Kapital aus, das sich vermehren läßt. Merckx folgt ihm mit 51 Sekunden Rückstand, Thévenet mit 1:22, Kuiper mit 1:40, Meslet mit 2:09 und der Bergspezialist van Impe mit 2:15 Minuten. Ihn fürchtet Thurau am meisten, weil die Alpenetappen in diesem Jahr schwieriger angelegt sind als die der Pyrenäen. Für einen van Impe in guter Form sind 2:15 Minuten ein Nasenwasser.
Indes bringen die Berge der 15. Etappe nicht den Großangriff van Impes, sondern von Zoetemelk. Der Holländer, der durch einen Sturz auf den Flachetappen Terrain verloren hat, setzt, ganz gegen seine Gewohnheit, einmal alles auf eine Karte und läßt van Impe um 45 Sekunden hinter sich. Aber Bernard Thévenet wird mit einem Rückstand von 1:55 Minuten Dritter und damit neuer Träger des Gelben Trikots, weil Dietrich Thurau bei seinem ersten Rendezvous mit den Bergriesen der Alpen bis zur totalen Erschöpfung kämpfen muß, um das Trikot, das er vom ersten Tag an getragen hat, zu retten. Fast wäre es ihm gelungen, aber 11 winzige Sekunden

fehlen bei der Abrechnung in Avoriaz. Eddy Merckx hat etwas weniger Zeit verloren, aber dennoch zuviel.
Die Experten wissen Bescheid. Der Löwe von Flandern wird keinen neuen Rekord aufstellen. Und Thurau wird die Tour de France nicht auf Anhieb gewinnen. Bei Höhen über 1500 Meter, wo die Baumgrenze anfängt, zeigen sich Grenzen bei ihm. Ob er zu hohe Übersetzungen tritt oder einfach, wie der junge Anquetil, Anpassungsschwierigkeiten hat, bleibt dahingestellt. Natürlich sind 11 Sekunden Rückstand aufs Gelbe Trikot keine Katastrophe. Und die 16. Etappe Morzine–Chamonix läßt sogar wieder strahlend gelbe Illusionen aufkommen. Nur ein Berg, der Col de la Forclaz, steht auf dem Programm. Zu viel zwar für den alternden Merckx, der am Forclaz zusammen mit Thurau abgehängt wird, aber nicht genug für den jungen Deutschen, der alle Reserven mobilisiert, wieder aufschließt und im Spurt sogar seine vierte Etappe gewinnt.
Aber es ist nur ein retardierendes Moment des Dramas. Die 17. Etappe Chamonix–l'Alpe d'Huez ist die schwerste dieser Tour, und sie pumpt Dietrich Thurau aus, wie ihn noch nie ein Rennen ausgepumpt hat. Lucien van Impe placiert am Glandon eine scharfe Attacke, und theoretisch ist er auf dem Gipfel Träger des Gelben Trikots. Er ist es auch noch beim Aufstieg nach l'Alpe d'Huez, denn sein Vorsprung beträgt 2:20 Minuten auf das Trio Kuiper/Thévenet/Zoetemelk. Aber zuerst bricht Zoetemelk ein und dann van Impe. Hennie Kuiper siegt vor dem verzweifelt kämpfenden Thévenet mit 41 Sekunden Vorsprung und verfehlt das Gelbe Trikot um ganze 8 Sekunden. Van Impe beendet die Etappe mit 2, Zoetemelk mit beinahe 5 Minuten Rückstand, und hinter ihm sind die Einbrüche katastrophal: 13 Minuten für Thurau, 14 für Merckx! Und zu allem Überfluß stürzt der völlig ausgelaugte Thurau dicht vor dem Ziel. Er fällt auf den 6. Platz der Gesamtwertung mit 12:02 Minuten Rückstand auf Thévenet zurück.
20. Etappe, 50-km-Zeitfahren bei Dijon. Hier hat Thurau die Tour gewinnen wollen. Distanz und Parcours sind ideal für ihn, aber alle Hoffnungen sind in den Bergen geblieben. Nie in seinem Leben hat er sich so geschunden, nie hat er geglaubt, daß Berge so wehtun können. Das erste Rendezvous mit dem Hochgebirge ist mißglückt, aber schon am nächsten Tag schwört er, daß er wiederkommen wird, um es zu packen. Und dieses Zeitfahren von Dijon will er gewinnen. Das ist Prestigesache für den Roller, den die Berge so heftig gebremst haben. Tatsächlich beweist er auf diesen 50 Kilometern, daß er sich wieder gefangen hat, aber es reicht nicht ganz. Er muß sich mit dem zweiten Platz hinter einem entfesselten Thévenet begnügen, der Hennie Kuiper hier distanzieren muß, um die Tour zu gewinnen. Und der Franzose schafft es. Kuiper wird Dritter, und aus den 8 Sekunden Vorsprung Thévenets werden 36. Zwei Tage vor den Champs-Elysées, die wieder 500 000 Menschen säumen werden, ist das der Sieg.
Es gibt auf der schönsten aller Prachtstraßen der Welt diesmal zwei Halbetappen. Die erste ein Zeitfahren über 6, die zweite ein Rundkurs über 90 Kilometer. Und Dietrich Thurau will die erste gewinnen. Er braucht, nachdem er die Herzen der Franzosen erobert hat, zum Abschluß einen Sieg im Herzen von Paris. Radfahrer als Könige der Champs-Elysées. Die Sache ist um so pikanter, als es zu keiner Tages- und Nachtzeit einen Autofahrer geben wird, der Dietrich Thurau auf diesen 6 Kilometern schlagen könnte. Aus dem höchst einfachen Grund, weil die Champs-Elysées die Autos im wahrsten Sinne des Wortes zur Schnecke gemacht haben. Tag und Nacht können sie zwischen Triumphbogen und Concorde nur schleichen. Es ist ein eigenartig reizvolles Gefühl, die Pariser Prachtstraße von der ständig über sie hinwegrollenden Blechlawine geräumt und ver-

Nächste Doppelseite: Die letzten Kilometer einer langen Reise auf den Champs-Elysées.

P

wandelt zu sehen in eine Via Triumphalis der Männer, die mit reiner Muskel- und Willenskraft die große Schleife durch Frankreich gezogen haben. Wahrhaft königliche 6 Kilometer für jeden, der bereit war, sich von der Ambiance des Ereignisses mitreißen zu lassen. Da ist der sanfte, aber auf dem Rennrad doch recht spürbare Aufstieg von der Concorde zum Triumphbogen, wo Thurau den hohen Gang schon auf volle Touren peitscht. Diese unheimliche 56 x 12-Übersetzung, die so viel Boden einbringt und so schwer in Schwung zu halten ist. Dann geht's hinunter zu den Fontänen des Rond Point, zu den alten Bäumen des Tuilerien-Gartens und zum großen Bogen, der über die Rue de Rivoli wieder zu den Champs-Elysées führt. Und um all dies drängt sich eine halbe Million Menschen, fließt der Champagner in den mondänen und das Bier in den kleinen Straßencafés, und alle sind sich einig, daß hier noch kein größeres Fest gefeiert wurde, bei allem, was die Champs-Elysées erlebt haben. Und Dietrich Thurau erfüllt sich seinen Wunsch, am Triumphbogen zu triumphieren.
Natürlich kann man auf 6 Kilometer im Kampf gegen die Uhr keinen riesigen Vorsprung herausfahren, aber er schlägt Knetemann um 3 und Thévenet um 6 Sekunden, und dann kommt, mit einem Rückstand von 10 Sekunden, schon Eddy Merckx. Der „Kannibale" hat ein schönes Defilee auf den Champs-Elysées. Früher, als er Tour um Tour gewann, nannten ihn die Pariser ein unersättliches Monstrum. Jetzt, wo er von seinem unerreichbaren Olymp heruntergestiegen und wieder zum Menschen geworden ist, der Schwächen hat wie du und ich, lieben ihn die Franzosen. „Merckx est mort, vive Eddy!" – Aber der Beifall für Thurau ist stürmischer. Fast so wie der für den Tour-Sieger Bernard Thévenet, der sich wieder seinen Kosenamen „Nanard" von 1975 zurückgeholt hat. Doch auch Thurau hat den seinen. Von allen Seiten prasseln ihm Kaskaden von „Didi" entgegen. Die Franzosen haben ihn adoptiert wie nie einen deutschen Sportler zuvor, und Jacques Chirac, Bürgermeister von Paris, spricht aus, was alle denken: „Seit Konrad Adenauer hat keiner für die deutsch-französische Freundschaft mehr getan als Dietrich Thurau!"
In der Gesamtwertung ist er Fünfter. Aber viel wichtiger ist, daß er in diesem heißen französischen Sommer mehr in Bewegung gebracht hat als die Pedale einer Rennmaschine. Am Abend empfing Bürgermeister Chirac „le tout Paris" im Rathaus, so an die 1000 von den oberen Zehntausend. – Die Rennfahrer freilich blieben nicht lange. Nach 21 Etappen reizte sie weder hauptstädtische Prominenz noch opulentes Kaltes Büffet. Die Erfolgreichen wie Thévenet und Thurau gingen schon am nächsten Tag auf die Tournee der großen Ernte – und für Thurau hat sie sich vom Herbst bis weit in den Winter hinein verlängert. Denn Deutschland ist das Land, in dem der Radsport im Saal stattfindet. Nirgendwo gibt es so viele Winterbahnen, nirgendwo so viele Sechstagerennen. Und alle Veranstalter dieser 6tägigen Volksfeste wollten den Mann, der 15 Tage lang das Gelbe Trikot getragen hatte. Damals, beim Empfang im Pariser Rathaus, hatte mir Louison Bobet gesagt: „Er wird die Tour gewinnen, und wenn er will, nicht nur einmal. Aber sag ihm, er soll sich auf den Winterbahnen nicht verheizen lassen." Aber die Veranstalter lockten mit Spitzengagen, und Thurau unterschrieb Vertrag um Vertrag. 9000 Mark pro Tag bei den Sixdays, das war ein Geschäft, das außer ihm keiner machen konnte. Er kam mit viel Geld aus diesem Winter heraus. Und, so mancher Expertenvorhersage zum Trotz, auch mit einer guten Form. Sogar bestechend war sie bei den klassischen Eintagesrennen des Frühjahrs. Doch dann kam der Giro d'Italia, Pflichtwettbewerb für Thurau, der den Rennstall gewechselt hatte. Giro plus Tour aber wäre für den 23jährigen zuviel gewesen. Und dann war schon der Giro zuviel. Thurau, gesundheitlich indisponiert, fand seinen Rhythmus nicht und gab auf, ehe ihn das Hochgebirge in die Knie zwingen konnte.

Hinault auf Anhieb

Als Klaus-Peter Thaler in der ersten Woche der Tour de France 1978 für zwei Tage das Gelbe Trikot trug, kam rechts des Rheins erneut Gelbfieber auf, aber es blieb in bescheidenem Rahmen, und schnell zeigte es sich, daß der Lövenicher keinen Husarenritt à la Thurau hinlegen würde. Aber er fuhr als nützlicher Mannschaftskamerad von Männern wie Kuiper und Knetemann eine solide Tour. – Was sich von Bernard Thévenet nicht sagen läßt. Es ist sicher etwas dran an der Behauptung, daß ihn sein zweiter Tour-Sieg dem süßen Leben zu nahe gebracht hat. Völlig entkräftet und demoralisiert gab er in den Pyrenäen auf, über deren Berge der Belgier Joseph Bruyère, einst Leibdomestike von Eddy Merckx, überraschend das Gelbe Trikot rettete. Auf den nächsten Plätzen der Gesamtwertung aber lagen hier schon die Favoriten Hinault, Zoetemelk, Pollentier und Kuiper.

Bernard Hinault, 23 Jahre, Bretone und von seinem Mannschaftsleiter Cyrille Guimard mit ungewöhnlicher Behutsamkeit aufgebaut, war nicht nur die Nummer 1 der französischen Experten. Sein „runder" Tritt und seine Klasse erinnerten an Thurau, und auch er hatte, wie der Frankfurter, im Gebirge noch einiges zu beweisen. Nachdem er gut über die Pyrenäen gekommen war, schien der Fall klar, zumal er im Zeitfahren keinen Gegner zu fürchten hatte. Aber es kam der 14. Juli, der Nationalfeiertag, an dem Bernard Hinault 300 000 erwartungsvollen Zuschauern am Puy de Dôme die festliche Stimmung verdarb. Und viele waren überzeugt davon, daß er sich seine Tour de France verdorben habe, denn beim Bergzeitfahren auf den Puy de Dôme fand er nie seinen Rhythmus und verlor 1:40 Minuten auf den Belgier Michel Pollentier.

Aber Hinault, der große starke Mann der jungen Generation, überwand den Schock. Fast jeder Tour-Sieger vor ihm hat einen schwarzen Tag, wenn nicht mehrere, ausbügeln müssen. Er bewältigte die Alpen noch besser als die Pyrenäen, und in Dijon, zwei Tage vor Paris, hatte er es nur noch mit einem ernsthaften Gegner zu tun, mit Joop Zoetemelk, der das Gelbe Trikot mit hauchdünnem Vorsprung trug. Freilich, die Spannung wäre hineingetragen worden bis nach Paris, wenn die Alpen nicht Michel Pollentier und Hennie Kuiper eliminiert hätten. Bei Pollentier war es nachgewiesenes Doping mit dem Versuch, die Ärzte mit falschem Urin zu überlisten; bei Kuiper war es der stupide Sturz, dieser verhaßte und ewige Begleiter der Rennfahrer. Aber wer gesehen hat, mit welcher Leichtigkeit Bernard Hinault Joop Zoetemelk beim 50-km-Zeitfahren von Dijon mehr als 4 Minuten abgenommen hat, ist überzeugt davon, daß auch Kuiper und Pollentier seinen ersten Tour-Sieg nicht verhindert hätten.

Bernard Hinaults zweiter Streich

Die Tour de France 1979 hatte ein zackiges Gesicht. Und undurchsichtig war es auch, obschon Bernard Hinault als Superfavorit in Fleurance an den Start ging. Das bedeutete, wie schon 1977, sofortigen Einstieg in die Pyrenäen, ein Start, der Thurau nicht ungelegener kommen konnte. Was er gebraucht hätte, waren die Etappen des Einrollens, die früher immer garantiert waren, als der Startplatz Paris so unverrückbar feststand wie der Eiffelturm. Denn Thurau, kaum von einem Bruch des Schlüsselbeins genesen, hatte sich bei der Tour de Suisse erhebliche Verletzungen an der rechten Hand und am linken Oberschenkel zugezogen. Acht Tage Flachland hätte er leicht verdaut, wenn auch vielleicht nicht so gemütlich wie Gino Bartali, der mir einmal sagte: „In der ersten Woche mache ich Fußpflege; ernst wird es erst am Fuße der Berge." – Aber da war man ja in Fleurance schon. Und nach dem winzigen Prolog über 5 Kilometer gegen die Uhr ging es in einem Bergzeitfahren gleich von Luchon nach Superbagnères hinauf. Das brachte Thurau 7 Minuten Rückstand auf einen entfesselten Hinault ein – noch nicht die ganze Rechnung, die ihm die Pyrenäen präsentierten.

12 Minuten verlor er auf der zweiten Bergetappe Luchon–Pau – und damit alle Chancen aufs Gelbe Trikot, das er zwei Jahre zuvor 15 Tage lang durch Frankreich getragen hatte. Aber die Pyrenäen schonten auch Hinault nicht. Und auch nicht den erstaunlichen portugiesischen Veteranen Joaquim Agostinho, der auf dem Kopfsteinpflaster zwischen Amiens und Roubaix alle Chancen verlor, in die Entscheidung einzugreifen. – Die Hölle des Nordens. Generationen von Rennfahrern haben sie verflucht, und wenn sie für Hinault nicht zum totalen Verhängnis wurde, so ist er zumindest durch ihr Vorzimmer gegangen. Durch das Fegefeuer, das schreckliche Angst macht. Er hatte, just in dem Moment, als vorne die Post abging, eine jener Pannen, die irreparabel sind auf Straßen, die diesen Namen nicht verdienen – und Dietrich Thurau, der an der Spitze die meiste Führungsarbeit leistete, zog ihm praktisch das Gelbe Trikot aus.
Nicht für sich freilich, sondern für Joop Zoetemelk, den ewigen Zweiten, den Poulidor aus dem Land der Tulpen. Im Gegensatz zu Thurau und Hinault, die ihre zweite Tour bestritten, fuhr er seine neunte, und er wollte nicht Schubert mit einer Unvollendeten kopieren. Bis Hinaults Materialwagen herankam auf diesen Straßen, die keine sind, war die Spitzengruppe schon über alle Katzenköpfe. Um ihre Widerlichkeit zu ermessen, muß man sie in ihrer ganzen Grausamkeit erlebt haben. Für Männer, die sich mit reiner Muskelkraft fortbewegen auf zwei Rädern, deren mit 8 atü vollgepumpte Reifen mit solcher Wucht auf klobige Steine prallen, daß sie durchgeschüttelt werden, als ob sie nicht mit einem Lenker, sondern mit einem Preßluftbohrer steuerten. Normalerweise fahren hier Traktoren im Tempo von Ochsenkarren. Teuflischerweise aber sucht

Bernard Hinault fährt 1979 bei seiner zweiten Tour nach der „Hölle des Nordens" einige Zeit im Grünen Trikot, für ihn durchaus ungewohnt. Joop Zoetemelk rechts neben ihm scheint sich in Gelb indes zu verwandeln, vom „ewigen Zweiten" zum echten Champion, der er bei seinem Sieg 1980 mit 33 Jahren dann auch wird.

MOTO-PRESSE
REPORTAGE
TOUR 1979
213 PRESSE

die Tour diese Kopfsteinpflaster aus, zwischen denen zentimeterdickes Gras wuchert, um die Einbildungskraft des Publikums auf die schauerlichste aller Strapazen zu lenken.
Daß Bernard Hinault die Rechnung bezahlte, war natürlich eine der unvorhersehbaren Folgen des Kopfsteinpflasters. Joop Zoetemelk, an diesem Tag unter dem flandrischen Himmel von keinem Defekt beunruhigt, hing glück- und kraftvoll hinter der Lokomotive Thurau, die ebenfalls unbeschadet blieb, und er entriß Bernard Hinault das Gelbe Trikot.
Jetzt war bei ihm alles anders. Das Gelbe Trikot verwandelt einen Mann. Joop Zoetemelk, den sie früher „Hinterradschlotzer" nannten, weil er oft andere die Arbeit machen ließ, verwandelte sich in einen Eddy Merckx, der die zweiten Plätze wie die Pest haßte.
Er sah seine Chance. Zum erstenmal im vollen Bewußtsein seiner Stärke in den Bergen, deren Machtwort diese 66. Tour de France nach menschlichem Ermessen entscheiden mußte. Das gebirgige Horsd'œuvre vor den Alpen, deren Streckenführung brutaler denn je war, brachte keine Vorentscheidung. Am Ballon d'Alsace, dem höchsten Berg der Vogesen, verlor Zoetemelk nur 3 Sekunden auf Hinault. Hennie Kuiper aber, der einzige, dem man noch zugetraut hatte, Zoetemelk und Hinault zu beunruhigen, büßte am Ballon d'Alsace viereinhalb Minuten auf die beiden Spitzenleute ein. Ein Defekt am Fuße des Berges war schuld daran und wohl auch die gewaltigen Anstrengungen, die er am Vortag unternommen hatte. Da hatte die Tour gezittert, denn um fast 10 Minuten waren die Asse von dem entfesselten Holländer abgehängt worden, ehe sie die Situation mit gemeinsamer Anstrengung wieder in den Griff kriegten.
Es war, im Gegensatz zu den vergangenen Jahren, eine unerhört schnelle Tour ohne Verschnaufpausen. Und Bernard Hinaults Mannschaft vertrug sie viel besser als die von Joop Zoetemelk. Auf der längsten Etappe, die über 253 Kilometer von Belfort nach Evian führte, holte sich Hinault dank glänzender Mannschaftsarbeit den Löwenanteil der durch Spurts zu gewinnenden Zeitgutschriften. Er nahm dem auf sich allein gestellten Holländer 40 Sekunden von seinem Vorsprung ab, so daß das Bergzeitfahren über 55,5 km von Evian nach Morzine-Avoriaz sein Sprungbrett zur Wiedereroberung des Gelben Trikots wurde. Nur noch 49 Sekunden trennten ihn in Evian davon. Freilich ging es, noblesse oblige, nur noch ums Prestige. Die Tour war zum Duell Hinault–Zoetemelk geworden, und so, wie die Dinge lagen, mußte dem Zeitfahren der 15. Etappe entscheidende Bedeutung zukommen. In Wahrheit waren es zwei Zeitfahren. Der erste Abschnitt ging über 40 Kilometer bei vergleichsweise sanftem Aufstieg von den Ufern des Genfer Sees übers Alpenvorland, und erst dann begannen die giftigen Rampen nach Morzine-Avoriaz mit fast 1000 Metern Höhenunterschied. Es war, als ob Bergsteiger vor dem Eintritt in die Wand einen Marathonlauf absolvierten. Die Einteilung der Kräfte war bei diesem verfälschten Bergzeitfahren ungemein schwierig. Wer vor der gewaltigen Steilwand, die sich vor dem Etappenziel aufbaute, den kräftezehrenden hohen Gang trat, riskierte den Schwächeanfall am Berg, und nur ein ganz Starker konnte in Morzine-Avoriaz gewinnen.
Der Mann hieß Bernard Hinault. Nur er brachte es fertig, dieses teuflische Zeitfahren sowohl als überdurchschnittlicher Roller als auch als überdurchschnittlicher Kletterer durchzustehen. Damit war die Tour praktisch entschieden. Joop Zoetemelk, der mit Sicherheit schon früher eine Tour gewonnen hätte, wäre ihm kein Merckx über den Weg gelaufen, war erneut auf einen Supermann getroffen und schien endgültig zum ewigen Zweiten abgestempelt. Er war auch Zweiter dieses Zeitfahrens, wiederum also besser als alle anderen Verfolger Hinaults, aber eben auch 2:38 Minuten langsamer als der Mann, der ihm das Gelbe Trikot entriß.
Thurau war, als es nach Les Menuires zum Ruhe-

Ein Bild aus den frühen Tagen der glanzvollen Karriere des bretonischen „Dickschädels" Bernard Hinault. Mit 23 bei seiner ersten Tour gewinnt er gleich, wiederholt den Erfolg bis 1985 noch viermal, scheitert aber ebenso wie Merckx und später Indurain beim Versuch, die „große Schleife" sechsmal für sich zu entscheiden.

tag hinaufging, erneut in Bergnot geraten. Bis 5 Kilometer vor dem Ziel lag er mit Hinault in der kleinen Favoritengruppe, aber als van Impe und Hinault zum Duell um den Etappensieg ansetzten, verlor er 5 Minuten; pro Kilometer also eine. Doch auch Zoetemelk verlor gegen diesen entfesselten Hinault eine weitere Minute und meditierte am Ruhetag über sein Schicksal, das ihm bei jeder Tour einen Stärkeren vorsetzte. Was früher sein Merckx war, war jetzt sein Hinault. Weniger starke Fahrer als er haben die Tour gewonnen, weil sie nicht auf Supermänner stießen. In l'Alpe d'Huez trat die Tour sozusagen auf der Stelle, denn der Wintersportplatz war Etappenziel der 17. und der 18. Etappe. Moutiers–l'Alpe d'Huez war die schwerste aller Bergetappen, denn dem Col de la Madeleine und dem Col du Télégraphe folgte der schneebedeckte, 2645 m hohe Galibier, ehe es hinaufging zum Etappenziel. Es war die vorletzte Chance für den Bergspezialisten Zoetemelk. Doch in der rauhen Praxis war er an diesem Tag von Hinault viel weiter entfernt als die 2:45 Minuten, die ihn in der Gesamtwertung von ihm trennten. Mit den Beinen war das nicht zu schaffen. Er hätte den Mann im Gelben Trikot schon mit einem Stock vom Rad prügeln müssen. Doch hatte Hinault nichts dagegen, daß Joaquim Agostinho davonzog. Der portugiesische Veteran gewann mit dreieinhalb Minuten Vorsprung auf die Hinault-Zoetemelk-Gruppe und bewies, daß er ohne seinen schweren Sturz in der Hölle des Nordens ein ganz schwerer Brocken für den Allesfresser Hinault geworden wäre. Thurau war auf allen Pässen, sogar am Galibier, bei Hinault geblieben. Erst am letzten Stich hinauf nach l'Alpe d'Huez hatte er den Anschluß verloren. Eine starke Leistung für einen Roller, die ihn sogar auf den 10. Platz der Gesamtwertung vorrücken ließ. Thurau sehnte sich nach der Ebene wie die Forelle nach den klaren Bächen, die zu Tal stürzen, aber eine weitere Alpenetappe, die in einem Rundkurs nach l'Alpe d'Huez zurückführte, nagelte ihn fest. Und er war nicht der einzige,

der die Organisatoren für die Anhäufung von giftigen Steigungen verfluchte. Auf dieser letzten Alpenetappe lehnte sich Joop Zoetemelk mit einer Energie gegen die ihm anhaftende Legende auf, die Hinault erzittern ließ und die ins Buch der großen Taten der Tour gehört. Beim 14 km langen Aufstieg zum Etappenziel l'Alpe d'Huez begann sein begeisternder Angriff und Bernard Hinaults beängstigendes Drama. Gewiß, er hielt es in Grenzen. Aber er, das prestigebewußte Energiebündel mit dem Dickschädel des Bretonen, mußte nicht nur Zoetemelk ziehen lassen, den man gerne früher mit dieser wilden Entschlossenheit gesehen hätte, sondern auch den kleinen belgischen Kletterkönig Lucien van Impe.
47 Sekunden verlor er auf den Etappensieger Zoetemelk, davon die Hälfte auf dem letzten Drittel des hochprozentigen Aufstiegs zum Ziel. Weshalb ruhig gesagt werden darf, daß Zoetemelk nur ein paar Kilometer fehlten, um für die ganz große Sensation dieser 66. Tour de France zu sorgen.
So aber konnte sich Hinault fast 2 Minuten Vorsprung in der Gesamtwertung bewahren, und so, wie die Dinge lagen, genügte das. Und Dietrich Thurau zeigte auf der 19. Etappe in Saint Priest, daß er nicht nur ans Zeitfahren von Dijon dachte. Es war nach den Alpen eine jener Transitetappen, bei denen alle verschnaufen. Das Stundenmittel sank nach den gewaltigen Parforcejagden auf 33 Kilometer, und der jetzt bei Grenoble wohnende Bernard Thévenet begrüßte seine alten Kameraden der Landstraße mit einem Champagnerbüffet, an dem viele abstiegen und einen Schluck nahmen. Es herrschte Waffenstillstand wie in den ruhigen Etappen der guten alten Zeit. Und es gab die obligate Massenankunft mit einem der ganz wenigen klassischen Sprints dieser Tour. Die vielen Bergankünfte, die Mannschaftszeitfahren und die vergleichsweise kurzen Flachetappen hatten den Sprintern nur Brosamen gelassen. Alle waren sie scharf auf den Spurtsieg in Saint Priest. Aber Thurau steckte sie, obwohl er sich nicht zu den Königen des Sprints zählte, in die Tasche. Ein glänzender Etappensieg des Frankfurters vor den belgischen Spurtspezialisten Jos Jacobs und Marc Demeyer, der ihn seine Wut über die brutale Streckenführung der Alpen vergessen ließ und ihn mit der Tour wieder ins reine brachte. Die letzte große Kraftprobe bestätigte die Prognosen, wenn man von der kleinen Enttäuschung absieht, die die Thurau-Fans einstecken mußten. Die ganz große Leistung konnte er in diesem 50-km-Zeitfahren von Dijon nach den Strapazen der Alpen nicht aus sich herauspeitschen, aber der sechste Platz war respektabel und brachte neue Punkte fürs Grüne Trikot.
Paris war nahe, und unterwegs hatte man ein Drittel der 150 in Fleurance gestarteten Fahrer verloren, unter ihnen den 32jährigen Schweizer Ueli Sutter, der auf seiner ersten Tour de France erstaunlich lange den vierten Platz gehalten hatte. Aber ausgerechnet die Alpen hatten ihn, den Kletterer, aus dem Rennen geworfen. Keine Verletzung, sondern Zeitüberschreitung. In einer früh dezimierten Mannschaft war er plötzlich Leader geworden und hatte zu viele Kräfte in die ständige Hetzjagd werfen müssen.
Dann kam die Ruhe nach dem Sturm. Die Positionen an der Spitze der Gesamtwertung waren zementiert, und sowohl nach Auxerre als auch nach Nogent-sur-Marne schlich sich der große Haufen im Tempo von Altherrenklubs, die einen gemütlichen Ausflug machen. Erst der Endspurt brachte Bewegung. In Auxerre siegte Gerry Knetemann, in Nogent kein anderer als Bernard Hinault, der Kannibale, der nicht einmal den Sprintern ihre Brosamen gönnte. Und jedesmal war Dietrich Thurau Vierter und sammelte Punkte für das Grüne Trikot. Er hat es, wie vor ihm Rudi Altig, auch nach Paris gebracht, eine stolze Genugtuung für den Frankfurter nach seinem verkrachten Start in den Pyrenäen, auch wenn dieses Grüne Trikot eigentlich Hinault gehörte, der nicht nur Zeit-, sondern auch Punktbester war. Aber ein gelbgrünes Trikot gibt es nicht.

Der unbekannte Soldat

Tour de France 1979. Es könnte auch 1932 oder 1925 sein. Ein Haufen Namenloser kommt am Sonntag nach Paris, zusammen mit denen, die die großen Schlagzeilen und auch das große Geld gemacht haben. Beziehungsweise es noch machen werden in den zahllosen Après-Tour-Rennen. Es sind die Erbhofbauern, die die große Ernte einfahren. Ihre Großknechte kriegen natürlich auch etwas. Sagen wir den Zehnten, der von ihrem Tische fällt. Die Kleinknechte kriegen nichts. Und sie sind in der Überzahl. Bei weitem. Ganz wörtlich ist dieses „Nichts" zwar nicht zu nehmen, aber wenn sie zusammenzählen, was unter dem Strich herauskommt, dann hätten sie genausogut vier Wochen lang als Hilfsarbeiter auf den Bau gehen können. Sie hätten nicht weniger verdient, aber sich viel weniger schinden müssen. Warum tun sie's? Was hält sie, von denen keiner spricht, im Sattel? Greifen wir einen heraus. Julien heißt er. Ein Name, der sich so brav und unbedeutend anhört wie sein 51. Platz in der Gesamtwertung. Ferdinand Julien, Wasserträger seines Zeichens in einer Mannschaft, die keinen Fahrer unter den ersten zwanzig plazieren konnte und deren Kasse so leer ist wie ein Gänsestall nach Weihnachten. Trotzdem plagt sich der Ferdinand Tag für Tag unverdrossen. Als Amateur hatte man ihn einen „espoir" genannt, einen vielversprechenden Fahrer, aber seit er Profi ist, hat er in Frankreich kein einziges Rennen mehr gewonnen. Nur einige unbedeutende Kriterien in der Schweiz. Obwohl ihm die Berge behagten. Aber der Bauernsohn aus dem Loiretal ist ein Zauderer. Ein Mini-Junkermann sozusagen. Hören wir ihn selbst: „1976 bei der Tour de Suisse war ich in Form. Ehrlich. Es lief mir so gut, daß ich, ohne zu forcieren, einen schwierigen Paß in Angriff nahm und plötzlich feststellte, daß keiner mehr an meinem Hinterrad war. Das war mir unheimlich. Ich begriff nichts mehr. Wollten sie mich foppen? Ich drosselte mein Tempo, weil ich kein Mann für die Spitze bin. Der Deutsche Thurau und der Belgier Pollentier holten mich ein, und ich muß zugeben, daß ich lieber in Gesellschaft fahre. Aber ich gebe auch zu, daß man so nicht gewinnen kann. Ich bin an diesem Tag Dritter geworden. Heute ärgere ich mich darüber, weil ich weiß, daß ich hatte gewinnen können." – Heute kann er nicht mehr gewinnen. Er ist 32 und kommt nicht mehr so flott über die Berge. Aber immer noch kann er Wasser tragen und sich im Mittelfeld der Gesamtwertung halten. Er ist ein braver Schweißvergießer ohne Ambitionen. Einer von denen, die man braucht, ohne sie zu beachten, und die trotzdem das masochistische Kunststück vollbringen, stolz auf ihre Teilnahme zu sein.

Ferdinand Julien, unbekannter, aber nicht nutzloser Soldat der Schlacht auf der Landstraße, die so manche Ähnlichkeit mit dem Kampf hat, den wir alle in unserem Berufsleben führen.

CREDIT
OFFICIEL

Joop Zoetemelks später Triumph

Nach dem Wunsch der Organisatoren hätte die Tour de France 1980 eigentlich in Stuttgart gestartet werden sollen. Félix Lévitan hatte mich gebeten, entsprechende Verhandlungen mit der Stadt anzubahnen. Ich tat es mit Begeisterung, aber die Überzeugungskraft reichte nicht aus, um Oberbürgermeister Rommel die Million aus dem Stadtsäckel zu ziehen, die der smarte Co-Direktor der Tour verlangte. Der sparsame Schwabe vermochte sich nicht anzufreunden mit den Plänen Lévitans, der die harte D-Mark sehr zu schätzen weiß – und sie sich dann auch problemlos in Frankfurt holte.
Schließlich war das Dietrich Thuraus Stadt, und sie zahlte mit Freuden. Aber es wurde weder die Tour von Thurau noch die von Hinault. Thurau hatte im Winter viel Geld bei den Sechstagerennen verdient, aber auch die Form, die man auf der Straße braucht, in den verräucherten Hallen gelassen. Beide gaben auf, und es ist müßig, die Frage zu stellen, ob sie durchgekommen wären, wenn es nicht eines der regenreichsten Rennen aller Zeiten geworden wäre.
Und Bernard Hinault hatte Probleme mit seinem rechten Knie, die wie ein Staatsgeheimnis gehütet wurden. Zwar gewann er das Zeitfahren von Spa-Francorchamps, aber im eisigen Regen der Ardennen entzündete sich die sehr komplizierte Verletzung, und von elender Kürze ist bei Etappenrennen die Zeit für eine vernünftige Pflege. Schlecht und recht gelang es dem Favoriten, seine Beschwerden zu kaschieren, aber das Zeitfahren in der Gascogne zwischen Damazan und Laplume deckte unerbittlich auf, was er an den Hinterrädern hatte verbergen können. Kein anderer als der mit 33 schon zu den Veteranen zählende Joop Zoetemelk gewann vor Kuiper und Agostinho. Hinault mußte sich mit dem 5. Platz begnügen, und sein Rückstand von 1,40 Sekunden auf den Holländer sprach Bände. Das Ende kam in den Pyrenäen. Joop Zoetemelk fiel ein Gelbes Trikot zu, das er nicht auf der Straße erobert hatte. Aber er hat es dann mit Bravour verteidigt, sowohl in den Bergen als auch auf der Ebene, und der ewige Zweite gestattete sich sogar den Luxus, das abschließende Zeitfahren auf den Champs-Elysées mit dem hervorragenden Stundenmittel von 45,290 km vor Knetemann, Agostinho und Kuiper zu gewinnen.

Mit Laurent Fignon tritt 1983 ein weiterer sehr junger Champion auf den Plan. Gerade 22, siegt er bei der Tour. Und 1984 erweist er sich als so stark, auch einen überaus kampfeslustigen Hinault zu schlagen.

Hinault kehrt zurück

1981 kam Bernard Hinault wieder. Gesund, als ob er nie Kniebeschwerden gehabt hätte und mit dem Ehrgeiz eines Champions, der so auf den Tisch des Hauses schlagen will, daß nichts stehen bleibt. Aber auch als kühler Rechner à la Anquetil. Wenn ein Opa wie Zoetemelk gewinnen kann, sagte er sich, dann ist nicht viel los mit dem ganzen Haufen. Wenn ich eine starke und koordinierte Mannschaft habe, kann mich nur einer schlagen, und das bin ich selbst.
Seine Mannschaft war stark. Zehn Mann starteten, zehn Mann kamen in Paris an, und die Taktik, die der Boß vorschrieb, klappte vorzüglich. Bergspezialisten wie van Impe und Alban bekamen auf der Ebene ihren Rückstand aufgebrummt, Roller wie Bernaudeau, Zoetemelk oder Kuiper wurden am Berg abgehängt.

Hinault auf einem Bein

1982 war es, als ob der Kuchen aufgeteilt gewesen wäre, ehe man sich an den Tisch setzte. Und als ob Hinault Merckx und Anquetil in einer Person wäre. Die Konkurrenz setzte nicht auf Gelb, sondern auf eine andere Trophäe. Nehmen wir Sean Kelly, den Iren, der mit einer ähnlich gewaltigen Spurtkraft wie André Darrigade aufwarten konnte. Er interessierte sich ausschließlich für das Grüne Trikot der Punktwertung, wohl wissend, daß er in den Bergen zu viel Zeit verlieren würde. Da war er ein Bruder im Geist Rudi Altigs. So kontrollierte Bernard Hinault das Rennen mit einer starken Mannschaft vom Start bis ins Ziel, ohne gezwungen zu werden, sich voll zu verausgaben. Er gewann mit dem vergleichsweise knappen Vorsprung von 6:21 Minuten auf Zoetemelk, aber wenn man ihn dazu gezwungen hätte, hätte er dieses Kapital ohne Schwierigkeiten vergrößert. Es war Hinaults vierter Sieg und zum sechsten Mal der zweite Platz für den fast 36jährigen Holländer.

Simons Pech und Fignons Glück

Allesfresser ja, unverwundbarer nein. Die Tour de France 1983 fand ohne Hinault statt, weil das rechte Knie wieder zu streiken begann. So vertraute Mannschaftsleiter Guimard auf das Talent des Franzosen Laurent Fignon, der ein bißchen aus dem Rahmen fiel, weil er nicht nur ein gebildeter Bursche, sondern auch Brillenträger war. – Oh, es gibt viele Brillenträger. Aber nie hatte auch noch einer das Gelbe Trikot dazu getragen. Fignon hat keine einzige Etappe gewonnen, und ein Tour-Sieger sollte wenigstens auf einer Hochgebirgsetappe oder bei einem Zeitfahren triumphieren. Vor allem dann, wenn ihm das Gelbe Trikot durch das Pech eines anderen zugeflogen ist. – Pascal Simon, Landsmann von Hinault und Fignon, hatte sich in den Pyrenäen die Spitze erobert, dann aber bei einem Sturz das rechte Schulterblatt gebrochen und war trotz erheblicher Schmerzen noch einige Tage in Gelb gefahren, ehe er in den Alpen aufgeben mußte. Laurent Fignon las nicht nur Zeitungen sehr aufmerksam, sondern er hörte auch Volkes Stimme. Eine einzige Chance blieb ihm, um das Tüpfelchen aufs i zu setzen, und die war das sehr schwere Zeitfahren in Dijon, am Tag vor der Ankunft in Paris. Der 50-Kilometer-Parcours war so hügelig, daß er eher die Bergspezialisten als die Roller begünstigte, und eine glühende Hitze weichte den Makadam der Straßen auf. Hier mußte es geschehen. – Und es geschah. Laurent Fignon gewann dieses Zeitfahren im Stil eines großen Champions vor Arroyo, Roche und van Impe und verwandelte damit den restlichen Weg nach Paris in eine Via Triumphalis. Kein Lästermaul mäkelte mehr an seinem Gesamtsieg vor Arroyo und Winnen herum. Hatte er den Schlußpunkt unter die Ära Hinault gesetzt?

Fignon schlägt auch Hinault!

Nun, Hinault hatte sein Knie operieren lassen. Delikate Operation für einen Mann, der ja nicht nur spazieren gehen will, ohne zu hinken, sondern den Sieg im schwersten Etappenrennen der Welt anvisiert. Bei Fignon dagegen drehte sich alles wie im Ölbad. Auf jedem Terrain war er stärker geworden, und in diese Tour de France 1984 stieg er mit der Entschlossenheit, auch die letzten Zweifler an seiner Klasse zu bekehren. Ein Hinault, dessen Energie bewundernswert, aber dessen athletische Wucht angeknackst war, prallte auf einen Athleten in Hochform. Untrüglicher Beweis: Fignon gewann nicht nur die drei Zeitfahren dieser Tour, sondern dominierte in den Alpenetappen mit frappierender Leichtigkeit. Wo sollte Hinault jemanden angreifen, der ihn in den beiden bedeutendsten Spezialitäten abhängte? Aber verzichten? Sich fügen ins Unvermeidliche? Solche Ideen existieren nicht im bretonischen Dickschädel des Bernard Hinault. Und er suchte sich die schwerste Alpenetappe von Grenoble nach l'Alpe d'Huez aus, um einen entscheidenden Schlag gegen den jungen Rivalen zu landen. Aber es wird die Etappe des Laurent Fignon und der Schwanengesang des Bernard Hinault. Oh, der Bretone geht mit fliegenden Fahnen unter und versucht noch einmal die große Überrumpelung beim langen und giftigen Anstieg nach l'Alpe d'Huez. Eine Hochgebirgsetappe von grandioser Dramatik! Zwar zieht Herrera in den steilen Rampen unwiderstehlich davon, aber in der Gesamtwertung hat der Kolumbianer nichts zu melden. Und dann, zehn Kilometer vor dem Gipfel, ist ein entfesselter Fignon hinter ihm, der alles abhängt und das Ziel als Zweiter mit nur 49 Sekunden Rückstand auf Herrera erreicht. Hinault wird nur Siebter hinter Arroyo, Millar, Acedevo und Lemond und verliert drei Minuten auf Fignon, der das Gelbe Trikot überstreift und es bis Paris nicht abgeben wird.

Hinaults Comeback

Und wer hätte es gedacht: 1985 wurde das Jahr des großen Comebacks von Bernard Hinault. Er gewann die Tour zum fünftenmal und zog mit Anquetil und Merckx gleich. Fignon, von einer hartnäckigen Verletzung geplagt, fehlte.
Hinault, inzwischen 31 und auch weiser geworden, wußte, daß er scharf kalkulieren mußte. Daß er ein reicher Mann geworden war, bedarf weniger der Erwähnung als die Tatsache, daß Bernard Tapie, der ,,Boß" seines Rennstalls ,,La Vie Claire", damals Frankreichs erfolgreichster junger Geschäftsmann, ihm jede gewünschte Summe zur Verstärkung seiner Mannschaft zur Verfügung stellte. Hinault konnte regieren wie kein anderer Kapitän eines Teams. So holte er den Schweizer Niki Rüttimann, der ihn beeindruckt hatte und auf jedem Terrain ein starker Helfer sein konnte.
Aber er holte auch den Amerikaner Greg Lemond, alles andere als ein Wasserträger, sondern einer, der gewinnen wollte und wußte, daß er das Zeug dazu hat. Warum holte er ihn? Konnte er nicht zum Floh in seinem stolzen Pelz werden? Und warum akzeptierte Lemond? In jeder anderen Mannschaft hätte er Nummer 1 sein können, und es mußte ihm klar sein, daß er die eigene Chance nur nutzen durfte, wenn Hinault nicht durchhalten würde. Klar, daß der smarte Monsieur Tapie auch dies bedachte. Zwei Eisen wollte er im Feuer haben, und es ist durchaus möglich, daß er sich insgeheim den Sieg Lemonds wünschte, weil er mit seiner Lebensmittelkette ,,La Vie Claire" Fuß fassen wollte auf dem amerikanischen Markt.
Aber Greg Lemond verlangte klare Abmachungen. Er war kein Greenhorn mehr und wußte nur zu gut, daß er nicht mit einem Wasserträger Hinault rechnen konnte, falls sich das Rennen zu seinen Gunsten entwickeln sollte. Dazu kannte er den Bretonen, dem sie den Spitznamen ,,Blaireau", also Dachs, gegeben hatten, zu gut.
Und Bernard Hinault spielte den gerissenen Dachs. Er schlug vom Start weg so auf die Pauke, daß ihm das Gelbe Trikot zufiel – und Lemond die Aufgabe, es zu schützen. Ein typischer Schachzug des Dachses!
Aber er bekam Schwierigkeiten in den Pyrenäen. Bei einem Sturz hatte er sich das Nasenbein gebrochen. Auf der Ebene war das ziemlich problemlos für ihn, aber hochprozentige Steigungen machten ihm das Atmen schwer.
Beim Aufstieg zum Etappenziel Luz-Ardiden sah Greg Lemond seine große Stunde gekommen und wollte sein Temperament nicht mehr zügeln. Zügig kletterte er zusammen mit den Bergflöhen Roche und Chozas in dichtem Nebel, und Hinault lag mit dem Gelben Trikot mehr als eine Minute zurück. Greg Lemond aber fühlte sich stark wie nie, und er spürte, daß seine beiden Begleiter schwächer wurden. Jetzt oder nie! Wie ein Siegesrausch kam es über ihn. Er winkte den Wagen seines Schweizer Mannschaftsleiters Köchli an seine Seite: ,,Darf ich abhauen? Die beiden sind am Ende."
Aber der Teamchef schüttelte den Kopf. ,,Bernard hat einen Durchhänger, aber er kommt durch. Wenn du abhaust, greifst du ihn an, und ich kann das nicht zulassen!" An diesem Abend gab es im Hotel der Mannschaft ,,La Vie Claire" einen großen Krach. Lemond wollte sogar aufgeben, aber das Machtwort sprach nicht Boß Hinault, sondern der größere Boß Bernard Tapie: ,,Hinault liegt immer noch gut im Rennen, und du wirst ihm helfen, seine fünfte Tour zu gewinnen! Im nächsten Jahr wirst du der Sieger sein, und er wird dir dabei helfen!" Hinault versprach es feierlich. Das ist verbürgte Tour-Geschichte.

Und die Tour lief weiter, als ob Bernard Tapie sie auf dem Reißbrett vorgezeichnet hätte. Hinault, jederzeit sicher, jede Unterstützung von Lemond zu erhalten, gewann vor dem Amerikaner, und die Mannschaft von „La Vie Claire" holte nicht nur Platz eins und zwei, sondern auch die Mannschaftswertung.
Mehr geht nicht. Und mit großer Wahrscheinlichkeit hätte auch ein Fignon in der Form des Vorjahres keine Chance gegen das Tandem Hinault-Lemond gehabt.

Greg Lemond schlägt den „Dachs"

1986 stellte sich die Frage, ob ein Rennfahrer in der Lage ist, das schwerste Etappenrennen der Welt sechsmal zu gewinnen, natürlich auch für Hinault.
Doch da war sein Versprechen, Greg Lemond 1986 mit all seinen Kräften zu helfen, die Tour zu gewinnen. Aber ein Jahr ist lang. Kurzum, es war nicht viel klar in der Mannschaft „La Vie Claire", was nichts anderes bedeutet als „das klare Leben". Gegen den Dachs mußte Greg Lemond Fuchs und Hase zugleich sein. Klar indes war, daß Fignon, der monatelang an einer Beinverletzung laboriert hatte, keine Rolle spielen konnte. Zwei gleichberechtigte Kapitäne kann es praktisch nicht geben. Die Sache erinnert an Coppi und Bartali im gleichen Team, aber auch an zwei Männer, die es auf die gleiche Frau abgesehen haben. Einer zieht dabei den kürzeren. Und keiner wollte es sein.
Als Lemond das Gelbe Trikot erobert und sich vor allem in Superbagnères und l'Alpe d'Huez glänzend behauptet hatte, schien die Tour gelaufen. Es waren die beiden schwersten Bergetappen. In Superbagnères hatte er gewonnen; in l'Alpe d'Huez war er gemeinsam mit dem Dachs über den Zielstrich gefahren, hatte den Sieg jedoch um ein paar Zentimeter dem Älteren überlassen. Eine Geste des Danks. Sie bedeutete, daß man sich an den Pakt vom Vorjahr halten würde.

Der nächste beherrschende Fahrer der achtziger Jahre ist Greg Lemond: 1983 und 1989 Weltmeister, bei der Tour de France 1984 Dritter, 1985 Zweiter, 1986, 1989 und 1990 dreimal Sieger. Unvergessen das Herzschlag-Finale von 1989, als er Fignon um ganze 8 Sekunden auf 3285 km distanziert.

Aber ein Blick auf die Gesamtwertung ließ Zweifel aufkommen. Nicht nur bei Leuten, die das Gras wachsen hören. Hinault hatte den Schweizer Zimmermann vom 2. Platz verdrängt und lag nur noch 2:45 Minuten hinter Lemond. Und zwei Tage später folgte das Zeitfahren von St. Etienne mit der hohen Distanz von 58 Kilometern.

So begann der Dachs zu rechnen, denn beim Zeitfahren sind noch nie Geschenke gemacht worden. Er spürte, wie die Franzosen sagen, Ameisen in den Beinen. Keine Utopie war es für ihn, dem Amerikaner 2:45 Minuten auf dem welligen Kurs abzunehmen und damit den Rekord von sechs Tour-Siegen aufzustellen. Nicht nur in der Mannschaft „La Vie Claire" spürte man, daß das Energiebündel aus der Bretagne den Wecker stellte. Bei einem Einzelzeitfahren kann einem niemand Vertragsbruch vorwerfen.
Aber es wurde die Etappe der Wahrheit, bei der Greg Lemond seinen Sieg um so eindrucksvoller gestaltete, als sein Gelbes Trikot nach wenigen Kilometern in höchste Gefahr geriet. Sturz in einer Kurve! Hinault bekam wertvolle Zeit geschenkt, aber ein entfesselter Lemond, der neben einer großartigen Form das Privileg der Jugend einzusetzen hatte, nahm ihm Sekunde um Sekunde davon ab und beendete das Zeitfahren mit nur 25 Sekunden Rückstand auf den Dachs.
Damit war, drei Tage vor Paris, die Entscheidung gefallen. Greg Lemond gewann die Tour de France als erster Amerikaner mit 3:10 Minuten Vorsprung auf Bernard Hinault, und der drittplazierte Schweizer Zimmermann lag schon fast elf Minuten zurück. Der 4. Platz des Amerikaners Hampsten spricht Bände für den Aufschwung des Straßenrennsport in den USA.

1987 Start in Berlin

Nie zuvor war der deutsche Anteil an einer Tour de France so umfangreich wie 1987: Startort Berlin, das 750 Jahre alt wurde, Etappen Karlsruhe–Stuttgart, Stuttgart–Pforzheim, Pforzheim–Straßburg. Dadurch beanspruchte diese Tour 26 Tage statt der üblichen 21 oder 22.
Die Tour de France in Berlin. Ein ungewöhnliches Ereignis. Gewiß, die Herren der Tour hatten es sich lange angewöhnt, auch die Nachbarländer am großen Spektakel teilhaben zu lassen. Auch Deutschland. Freiburg war Etappenstadt geworden, Köln und Frankfurt waren Startorte. Aber von da war es eben gerade mal eine Tagesreise auf den Rennrädern, um wieder französisches Terrain zu erreichen. Doch Berlin–Paris, das wäre eine halbe Tourstrecke gewesen.
Jacques Chirac war gekommen, damals Premierminister und Bürgermeister von Paris. Mit dem Amtskollegen Eberhard Diepgen und Außenminister Hans-Dietrich Genscher durchschnitt er am Brandenburger Tor das Startband. Vom „Symbol europäischer Freundschaft und Einheit" sprach er. Der Blick durchs Tor war auch ihm verwehrt.
In der Tour-Organisation hatte es große Veränderungen gegeben. Félix Lévitan, viele Jahre Chefredakteur von „Le Parisien Libéré" war ausgeschieden. Die 4,5 Millionen, die Berlin zu zahlen bereit war, hatte er noch ausgehandelt. Jacques Goddet war mit 82 Jahren zum letzten Mal dabei.
Die beiden Glorreichen der letzten Jahre aber fehlten. Bernard Hinault hatte im Winter überraschend seinen Rücktritt erklärt. Das Knie, das vermaledeite. Dabei war er 1986 mit 17 Saisonsiegen reich belohnt worden, und dabei ist er fünf Tage jünger als Didi Thurau, der sich das Abenteuer ja noch einmal zumutete, obwohl seine Karriere nicht so verlaufen war, wie das zehn Jahre vorher den Anschein hatte.
Und Greg Lemond, der 1986 Hinault den sechsten Toursieg vermasselt hatte, fehlte auch. Eine merkwürdige, dramatische Geschichte: Zur Ausheilung einer Handverletzung war er in die USA geflogen. Bei Tirreno–Adriatico war er gestürzt. Vor der Rückkehr nach Europa ging er mit seinem Schwager zur Truthahnjagd. Der Schwager sichtete ein Huhn in einem Gebüsch. Doch hinter dem Gebüsch lauerte Lemond. Dreißig Schrotkugeln drangen in den Körper ein. Verletzten Niere und Leber. An Radsport war 1987 nicht mehr zu denken.
Das neue Duell lieferten sich Stephen Roche aus Irland und Pedro Delgado aus Spanien. Es war ein Feilschen um Sekunden. In den Zeitfahren gewann sie Roche, in den Bergetappen Delgado.

Am Ende stand Roche um 40 Sekunden besser im Klassement. Der Sohn eines Milchmanns mit den wasserblauen Augen, die immer ein wenig feucht schimmern, erreichte mit diesem Sieg die wichtigste Station auf dem Weg zu einer historischen Figur der Radsportgeschichte. Er hatte nämlich sechs Wochen vorher bereits den Giro d'Italia gewonnen, und er gewann sechs Wochen später auch noch die Weltmeisterschaft. Giro – Tour – WM, eine Triplette, die außer Stephen Roche nur Eddy Merckx in seiner Erfolgsliste stehen hat. Und das lag schon 13 Jahre zurück. Nach seiner glorreichen Saison 1987 ließ sich Stephen Roche operieren. Ein Knorpel im Knie. Kein Problem. Denkste. Es begann eine Leidenszeit für den Iren, die praktisch nie mehr endete, auch wenn er öfters noch gute Plazierungen erreichte. Immer wieder mußte er Training und Rennen abbrechen, er reiste von einem Spezialisten zum andern nach Irland, Belgien, Spanien, der Schweiz, fuhr auch zu Klaus Eder, dem Physiotherapeuten der deutschen Fußball-Nationalmannschaft. Keiner konnte helfen.

Sieg mit Nachgeschmack

Die Tour 1988 rollte ohne den Vorjahressieger. Auch wieder ohne Greg Lemond, der zwar wieder Rennen gefahren war, aber erneut im Krankenhaus landete.
Niemand schien Pedro Delgado aufhalten zu können. Außer dem Doping-Kontrolleur! Der hatte nach Delgados Sieg im Bergzeitfahren nach Villard-de-Lans aus seinem Urin das harnfördernde Medikament Probenocid herausgefiltert, und nach medizinischer Auffassung hilft es, anabole Steroide oder Testosteron im Körper zu überdecken. Das große Glück für „Perico", wie die Spanier liebevoll Delgado nennen, war die Tatsache, daß Probenocid zwar in der Verbotsliste des Internationalen Olympischen Komitees stand, aber nicht in der des Radsport-Weltverbandes UCI. „Wir haben keine Grundlage für eine Bestrafung von Delgado", erklärte der Jury-Vorsitzende Mario Prece (Italien). Da schwang kein Bedauern mit. Das war auch dem Jury-Mann lieber, als einen Toursieger zu disqualifizieren. Delgados bester Helfer übrigens hieß über Jahre Miguel Indurain.

Lemonds größter Coup

Greg Lemond war auferstanden wie der Phönix aus der Asche, auch wenn in seinem Körper noch immer Schrotkugeln kursierten. Man könnte einen makabren Spruch bemühen: „Ein Kerl aus echtem Schrot und Korn!" Doch kaum etwas in der langen Anlaufzeit zur Tour deutete darauf hin, daß er wieder der sei, der sich mit Bernard Hinault herumgebalgt hatte vor vier und vor drei Jahren. Im Giro d'Italia beispielsweise war er 39. geworden, fast eine Stunde hinter dem Sieger. Und der hieß Laurent Fignon. Auch der Toursieger von 1983 und 84 war nach etwas mageren Jahren wieder auferstanden. Er wollte das Double Giro und Tour, das zweimal Fausto Coppi und Eddy Merckx (später auch Miguel Indurain), einmal Jacques Anquetil, Bernard Hinault und Stephen Roche gelungen ist.
Das Duell beginnt am 5. Rundfahrttag in der Bretagne: Zeitfahren Dinard–Rennes über 73 Kilometer. Lemond hat sich einen Triathlon-Lenker einbauen lassen, testet ihn. Mit Erfolg. Er gewinnt vor Delgado und Fignon und zieht das Gelbe Trikot an. Er trägt es fünf Tage lang bis zum Fuß der Pyrenäen. Fünf Sekunden hinter ihm lauert Fignon. Dann steht der Superbagnères im Weg, mit seinen 1804 Metern. Fignon ist zwölf Sekunden früher oben als Lemond, wenn auch drei Minuten hinter dem Etappensieger Millar aus Schottland, dem als nächster Delgado folgt. Das Gelbe schmückt nun Fignon, auch für fünf Tage. Lemond hat sieben Sekunden Rückstand. Die Karawane erreicht die Alpen. Bergzeitfahren von Gap nach Orcières-Merlette. Lemond ist 47 Sekunden schneller als Fignon, führt für die

nächsten zwei Tage mit 40 Sekunden Vorsprung. Nächste Wende in l'Alpe d'Huez. Fignon klettert besser durch die 37 Serpentinen, hat danach 26 Sekunden Vorsprung, weitet sie am letzten Alpentag in Villard-de-Lans auf 50 Sekunden aus, fährt vier Tage in Gelb und sieht eigentlich zuversichtlich dem abschließenden Zeitfahren von Versailles nach Paris entgegen. Es war ja nur 24,5 Kilometer lang. Dafür sollten 50 Sekunden ein dickes Polster sein. – Sie waren es nicht. Lemond mit Triathlonlenker, aerodynamischem Sturzhelm und einer Übersetzung von 54 mal 12 fuhr wie entfesselt mit einem Stundenmittel von 54,545 Kilometern. Fignon, mit normalem Rad und wehendem Zöpfchen, seiner eigenwilligen Frisur, war zwei Minuten nach ihm gestartet. Er hörte nur Bedrohliches, wie sein Vorsprung dahinschmolz, rutschte unruhig auf dem Sattel hin und her, verlor den Rhythmus und die Nerven. Und er verlor die Tour quasi auf dem letzten von 3285 Kilometern. Er kam erst 2:58 Minuten nach Lemond ins Ziel auf den Champs-Elysées, um 8 Sekunden hatte der intellektuelle frühere Veterinär-Student in seiner Heimatstadt Paris gegen den unbekümmerten Sonnyboy aus Kalifornien verloren.
Ende August in Chambéry wurde Greg Lemond gar noch Weltmeister, und mit ihm in einer kleinen Spitzengruppe spurtete auch Fignon. Er resignierte, wurde Sechster.

Der Osten rückt an

Eine Besonderheit der Tour de France 1990 war der Einzug der „Staatsamateure" aus dem Ostblock in die unheiligen Hallen des Profiradsports, den sie auf staatliche Weisung hin so lange als „dekadent" ablehnen mußten. Eine komplette sowjetische Mannschaft – Alfa Lum – mit Vizeweltmeister Konyschew, Abdushaparow, Ugrumow, Saitow trat an, Verfolgungs-Weltmeister Ekimow fuhr in Peter Posts Team Panasonic, und neben dem einzigen bundesdeutschen Starter Andreas Kappes, der im Jahr zuvor als 96. angekommen war (Gölz war ausgeschieden), standen in drei verschiedenen Mannschaften fünf Fahrer aus der DDR, die es im Juli 1990 noch gab: die Amateur-Weltmeister Uwe Raab und Uwe Ampler, Olympiasieger Olaf Ludwig und die Vierer-Olympiasieger Mario Kummer und Jan Schur, der fröhliche Sohn vom alten „Täve". In den Jahren zuvor war die stets überschätzte „Friedensfahrt" ihr verordneter Saisonhöhepunkt. Von der Tour durften sie nur heimlich träumen. Daß sie es taten, gestanden sie später.
Aber wieviel mehr da verlangt wurde, merkten sie recht schnell, auch wenn Ampler gut startete, bis er auf der 13. Etappe mit Sturzverletzungen aufgeben mußte. Das Endklassement für die deutschen Fahrer lautete: 87. Raab, 88. Kummer, 105. Schur, 136. Kappes, 141. Ludwig. Die Russen schnitten besser ab. Aber Olaf Ludwig hatte das Grüne Trikot des Punktbesten gewonnen, vor dem vielseitigen Belgier Johan Museeuw. Er war in Besançon Etappensieger geworden. Unvergeßlich ist für ihn, den Mann der hohen Gänge, wie mühsam er sich nach l'Alpe d'Huez hinauf kämpfen mußte, prustend und keuchend immer mit verstohlenem Blick zur Uhr, ob er es wohl vor Kontrollschluß schaffen könne. Er schaffte es, kam 37 Minuten nach dem Tagessieger Gianni Bugno ins Wintersport-Paradies.
Das war einer der Tage, an denen Greg Lemond wenigstens eineinhalb Minuten gut machte gegen Claudio Chiappucci, der sich wie ein wütender Spitz festbiß an den Hinterrädern der Favoriten, der in diesen drei Wochen vom Nobody zum geachteten Champion aufstieg, quasi zum Raymond Poulidor der Italiener, der mehr zweite und dritte sogenannte „Ehrenplätze" anhäufte als Siege.
Eine Woche lang wehrte sich Chiappucci über alle Pyrenäenberge hinweg in seinem Gelben Trikot. Erst am vorletzten Tag im 45,5 Kilometer langen Zeitfahren am Lac de Vassivière wurde er von Greg Lemond entthront, der mit 2:16 Minuten Vorsprung seine dritte Tour gewann – übrigens ohne einen einzigen Etappensieg.

Indurain von 1991 bis 1995

Mit Beginn der neunziger Jahre wurde in der Tour eine neue Ära ausgerufen. Ihr Regent hieß Miguel Indurain. Ein Modellathlet, der bewundert und geachtet wurde, der keine Feinde und keine Neider hat, was im Metier Spitzensport ganz ungewöhnlich ist, der bescheiden und zurückhaltend wirkt, mit seinem melancholischen Blick und dem Lächeln, von dem – wie Martin Born vom „Sport" in Zürich einmal formulierte – niemand weiß, ob es eines ist, das aber immer so aussieht, als wär es eins, eine Distanz aufrichtet zu seiner Umwelt, den nie jemand zornig oder überschäumend fröhlich sah.
Er sollte der vierte „fünffache Tour-de-France-Sieger" werden. Was er seinen Vorgängern voraus hatte, war die Tatsache, daß er seine fünf Siege am „laufenden Band" von 1991 bis 1995 einfuhr. Doch im Gegensatz zu ihnen gewann er nicht beim ersten Auftritt wie Jacques Anquetil 1957, Eddy Merckx 1969 und Bernard Hinault 1978. Miguel Indurain nahm einen ganz, ganz langen Anlauf.
Der Bauernsohn aus Olaz nahe Pamplona in der Provinz Navarra war 1985 zum erstenmal am Start der Tour. Er war damals gerade 21 Jahre alt. Im Prolog in Plumelec in der Bretagne landete er auf dem 100. Platz. Auf der 4. Etappe in Roubaix schied er aus. Niemand nahm davon Notiz. Von 1987 an, mit dem Startort Berlin, war er dann regelmäßig im Tourfeld zu finden, aber vier Jahre lang hatte Indurain nur die Aufgabe, Pedro Delgado, seinen Kapitän und Freund, zu unterstützen.
1991 trat er noch einmal gemeinsam mit Pedro Delgado an, der auch 1990 als Gesamtvierter wieder gut abgeschnitten hatte. Und Favorit war Greg Lemond. Alles schien auch programmgemäß zu laufen. Dritter war Lemond beim Prolog und auf der ersten Etappe, Zweiter beim 73 Kilometer langen Zeitfahren von Argentan nach Alençon. Lemond durfte wieder einmal das Gelbe Trikot überstreifen. Er trug es bis zu den Pyrenäen.
Geschlagen in dem langen Zeitfahren aber hatte ihn Indurain. Um lächerliche acht Sekunden. Alle anderen hatten die beiden um eine und mehr Minuten deklassiert. Es waren aber wohl beim schweigsamen Indurain acht Sekunden für das Selbstvertrauen, das den Modellathleten plötzlich in eine neue Leistungsklasse hievte. Er streifte die Lehrjahre ab, streifte auch den Domestiken-Status ab, Delgado erklärte sich sofort bereit, zurückzugeben, was ihm Indurain jahrelang gegeben hatte, und so lauerte er darauf, Lemond abzulösen. Der Tourmalet wurde zum Schicksalsberg für den Amerikaner. Sieben Minuten nahm ihm Indurain ab, und der „Sport" in Zürich hielt fest: „Noch niemandem ist es gelungen, den intelligentesten zeitgenössischen Fahrer, Lemond, so zu bestrafen." Und in Spanien jubilierte ein Boulevard-Blatt: „Indurain, du hast keine Gegner mehr. Welche Vorstellung, welche Kraft. In den Pyrenäen grub er das Kriegsbeil aus." Zwar war am Etappenziel Val Louron Chiappucci eine Radlänge vor ihm, aber alle großen Rivalen waren vernichtend geschlagen. Lemond hatte als Siebenter am Ende der Tour gar über 13 Minuten Rückstand. Indurain demonstrierte noch einmal Überlegenheit im Zeitfahren am vorletzten Tag und gewann die Rundfahrt mit dreieinhalb Minuten vor Gianni Bugno, der später in Stuttgart Weltmeister werden sollte, und fast sechs vor Claudio Chiappucci. Sechster wurde Fignon, Siebter Lemond, Neunter Delgado. Der neue Tourkönig war inthronisiert, die alten hatten abgewirtschaftet.
Olaf Ludwig, der auffälligste der neun deutschen Tourstarter, war zweimal Zweiter, dreimal Dritter der Tageswertung geworden und auch Dritter im Kampf ums Grüne Trikot, das an den Usbeken Abdushaparow fiel.
Die Toursiege des Miguel Indurain hatten alle das gleiche Strickmuster. In den Zeitfahren brillierte er dank seiner geradezu gravitätischen Position auf dem Rennrad – bei 1,88 Meter Körpergröße naheliegend –, seiner idealen Hebelverhältnisse und seiner ungewöhnlichen Lungenkapazität.

Den Vorsprung aus den Zeitfahren, der meist ansehnlich ausfiel, mußte er dann im Hochgebirge verteidigen. Und wie er das zustande brachte, war einfach beeindruckend. Immerhin hatte er an die 80 Kilogramm auf den Gipfel zu schleppen. Andere große Rennfahrer ähnlicher Statur und gleicher Gewichtsklasse – wie van Steenbergen, van Looy, Altig, Moser, Ludwig – scheiterten in den baumlosen Regionen über 1500 Meter. Eddy Merckx indes hatte nicht viel weniger Gewicht zu bewegen gehabt.
Was Indurain aber besonders auszeichnete, waren seine Regenerations-Fähigkeit und sein Ruhepuls von in seinen besten Zeiten lediglich 28 Schlägen, der wohl auch verantwortlich war für die ungewöhnliche Ruhe und Gelassenheit, die der temperamentlose Spanier ausstrahlte und die – wie einmal treffend gesagt wurde – selbst Stoikern auf die Nerven ging.
Im Jahr '92, als die Tour de France im Zeichen fortschreitender europäischer Einigung zu einer „Tour d'Europe" geworden war mit dem Start in San Sebastian (Spanien) und Etappenzielen in allen EG-Ländern um Frankreich herum (Belgien, Niederlande, Deutschland mit dem Ziel in Koblenz, Luxemburg und Italien) waren wiederum die Italiener Chiappucci und Bugno dem spanischen Grande am nächsten. – Doch mit 4:35 und 10:49 Minuten Rückstand dieses Mal in umgekehrter Reihenfolge.
Zum erstenmal seit den Zeiten der Nationalmannschaften war 1992 eine deutsche Mannschaft am Start, das Team Telekom, das aus dem Team Stuttgart hervorgegangen war. Jens Heppner aus Gera, der ein paarmal einen günstigen Zug erwischte, wurde Zehnter im Endklassement. Das hatte es seit Thuraus Zeiten nicht mehr gegeben. Und Olaf Ludwig wurde Vierter im Kampf um die Punkte für das Grüne Trikot.
Indurains Sieg Nummer drei, 1993, fiel ihm leichter als gedacht. Die Experten hatten sich auf ein großes Duell eingerichtet: Indurain gegen den Schweizer Tony Rominger, der eher einem zuverlässigen Buchhalter denn einem athletischen Radrennfahrer ähnelt. Rominger gab erst mit 21 Jahren sein Debüt als Radrennfahrer, wurde mit 25 Profi und hatte dreimal in Folge die Spanien-Rundfahrt gewonnen, ein starker Zeitfahrer und leichtfüßig in den Bergen.

Olaf Ludwig gewinnt 1990 bei seiner ersten Tour das Grüne Trikot des Punktbesten, plaziert sich im Wettbewerb der Sprinter danach stets weit vorne.

Das Duell entschied sich früh auf merkwürdige Art. Beim Mannschaftszeitfahren hatten zwei Teamkollegen Romingers einander angeschoben. Das ganze Team bekam eine Strafminute. Auch Rominger. Das bewirkte, daß er und Indurain beim Zeitfahren am Lac Madine zu unterschiedlichen Tageszeiten antreten mußten. Rominger fuhr unter Hagelkörnern bei grimmiger Kälte, Indurain fand Sonnenschein vor. Zwischen beiden lagen 2:42 Minuten. Am Ende der Tour 4:59 Minuten. Aber Rominger konnte erhobenen Hauptes aus der verlorenen Kraftprobe herausgehen. Er hatte Indurain auf zwei Bergetappen, in Serre Chevalier und in Isola 2000, geschlagen, wenn auch nicht abgehängt, hatte den Bergpreis gewonnen, und er hatte ihn sogar am vorletzten Tag im 48 Kilometer langen Zeitfahren in Bretigny sur Orge-Monthlery bezwungen. Mit einem Vor-

sprung von 48 Sekunden. Also hoffte man im Jahr darauf, daß Rominger „Don Miguel" fordern könne, zumal der angeschlagen aus dem Giro d'Italia kam.
In dieser Tour 1994, die zum Gedenken an die Invasion der Alliierten 50 Jahre zuvor einen Abstecher nach England machte, präsentierte sich Indurain am neunten Tag im gewohnten Outfit, in Gelb. Und er fuhr damit die restlichen zwölf Tage ungefährdet nach Paris, gewann so deutlich wie nie zuvor mit 5:39 Minuten Vorsprung vor dem Letten Pjotr Ugrumow und 7:19 vor Marco Pantani. Auf Platz 9 landete Udo Bölts, der aggressive Pfälzer. Ein schöner Erfolg.
Und Rominger? Er war krank geworden. Ein Virus. Auf der 13. Etappe gab er auf. Die Franzosen hatten Luc Leblanc (4.) und Richard Virenque (5.) als neue Tour-Hoffnungen entdeckt.
Beim fünften Sieg irritierte „der Außerirdische", wie Indurain inzwischen betitelt wurde, die Konkurrenz. Er hielt sich nicht ans Strickmuster. In den Ardennen, einen Tag vor dem ersten Zeitfahren, preschte er in Begleitung des Belgiers Johan Bruyneel aus dem Feld heraus. Mit einer Minute Vorsprung kamen sie in Lüttich an. Man kannte Indurain nur als Defensivkünstler. Jetzt zeigte er sich einmal in der Offensive. Trotzdem gewann er anderntags das Zeitfahren vor Bjarne Riis, Tony Rominger und dem Russen Jewgeni Berzin, der sich nun auch ins große Spektakel hineingewagt hatte, ohne es zum guten Ende zu bringen.
Rominger hatte wenige Wochen davor den Giro d'Italia vor Berzin gewonnen, und mußte nun feststellen, daß er nicht mehr frisch genug war für die Tour de France. Achter Platz für ihn, 16 Minuten zurück, aber zweiter Platz für seinen Landsmann Alex Zülle und dritter Platz für Bjarne Riis, der Indurain beinahe im zweiten langen Zeitfahren hinter sich gelassen hätte. Er führte bis kurz vor dem Ziel.
Doch die ganze Tour 1995 war überschattet vom Todessturz des Fabio Casartelli. In Barcelona 1992 war er Olympiasieger, gleich danach Profi

Tony Rominger liefert sich mit dem übermächtigen Miguel Indurain 1993 einen großen Kampf und gewinnt das gepunktete Trikot des Bergbesten.
Nächste Doppelseite: Die Rangfolge 1995 auf demTreppchen in Paris ist hier in den Bergen Frankreichs bereits vorweggenommen: Erster Miguel Indurain, Zweiter Alex Zülle und Dritter Bjarne Riis.

geworden. – In der amerikanischen Mannschaft Motorola stand er unter Vertrag. – Auf der Abfahrt vom Col de Portet d'Aspet in den Pyrenäen wurde er mit ein paar anderen Fahrern aus der Kurve getragen, stürzte, prallte gegen einen Bordstein und blieb regungslos liegen. Unweit von ihm lag auch der Badener Dirk Baldinger. Er hatte das Becken gebrochen.
Am Tag nach diesem Todessturz, dem vierten Todesfall in ihrer 92jährigen Geschichte, legte die Tour Trauer an. Das Feld rollte langsam und einträchtig über die Pyrenäenberge von Tarbes nach Pau. Casartellis Teamkollegen fuhren kurz vor dem Ziel ein Stück voraus und in breiter Front über den Zielstrich. Hommage an den toten Kollegen.

Fausto COPPI
Banesto

ONCE

Wie Telekom die Ohrfeigen schluckte

Der „Tagesschau" war es am 12. Juni 1995 eine Meldung wert. Wilhelm Wieben verlas sie: „Das Team Telekom wird nicht an der Tour de France teilnehmen. Die deutsche Mannschaft wurde vom Veranstalter nicht eingeladen. Eine Begründung liegt nicht vor." Sie wurde nachgereicht. Das Team habe, hieß es da lapidar, keine neun tourtauglichen Fahrer. Dieser Meinung war Jean-François Pescheux, der als sportlicher Direktor (Directeur sportif) im Gremium der Société du Tour de France fungierte, dem inzwischen kein Geringerer als Jean-Claude Killy, das einstige Ski-Idol der Franzosen, als Präsident vorstand. Und als „Directeur Général" hatte seit 1989 Jean-Marie Leblanc das Sagen, der einstige Radprofi, Journalist, Chefredakteur des Magazins „Vélo". Auf ihn prasselten nun die empörten Proteste aus Deutschland ein, ihm machten Teamleiter Walter Godefroot, BDR-Präsident Werner Göhner, der auch den UCI-Präsidenten Hein Verbruggen um Hilfe bat, klar, welche gravierenden Folgen der unverständliche Beschluß nach sich ziehen würde. Es war wie ein Vernichtungsschlag gegen den gerade etwas aufblühenden deutschen Radsport. Eine deutsche Profimannschaft von der Güteklasse, wie sie sich nun unter der Ägide des Kommunikations-Unternehmens Telekom entwickelt hatte, hatte es hierzulande noch nie gegeben. Das zarte Pflänzchen hatte einmal Winfried Holtmann gesät, der Journalist aus Sindelfingen, als er 1989 das Team Stuttgart gründete. 1992 war daraus das Team Telekom geworden.

Keine tourtauglichen Fahrer? Immerhin gehörten ihm anno 1995 Udo Bölts an, der 1994 Neunter geworden war, Jens Heppner, der Zehnte von 1992, und auch Wladimir Pulnikow, der Ukrainer, der gleich zweimal, 1993 und 1994, als Zehnter ankam. Leute, die sich unter den ersten Zehn plazieren, sollten allemal tourtauglich sein. Und zudem fuhr ja Olympiasieger und Weltcup-Sieger Olaf Ludwig im magentafarbenen Telekom-Trikot. Er hatte 1990 in Besançon, 1992 auf den Champs-Elysées in Paris, 1993 in Montpellier nach lehrbuchmäßiger Vorarbeit des Teams Telekom Etappensiege gefeiert, 1990 das Grüne Trikot nach Hause gebracht. Nicht tourtauglich? Ein Witz. Und mit Erik Zabel gab es einen weiteren Etappenjäger. Er war 1994 immerhin Sieger des Klassikers Paris–Tours.

Monsieur Pescheux bezog seine Weisheit aus dem Giro d'Italia des gleichen Jahres. Die Telekom-Fahrer waren 1995 da recht diskret hindurchgerollt. Zweimal tauchte Jens Heppner, einmal Udo Bölts, einmal Wladimir Pulnikow, der im Endklassement Platz 14 belegte, unter den zehn Tagesbesten auf. Aber das war Absicht. Sie sollten auf Weisung von Godefroot im Giro keine Körner verschießen, die ihnen in der Tour fehlen könnten. Im Feld der Tour de France 1995 standen im Überfluß Italiener (9 Mannschaften) und etliche, die gewiß nicht besser waren als das Team Telekom, der einzige deutsche Repräsentant im Profiradsport. Nun, die Interventionen hatten halben Erfolg. Telekom durfte mit sechs Fahrern anrücken, die mit drei Fahrern von der Squadra Selle Italia das Quartier, aber nicht das gewonnene Preisgeld teilten und auch keine gemeinsame Rennstrategie entwickelten.

In Charleroi am 6. Fahrttag machten die Telekom-Fahrer Monsieur Pescheux zum erstenmal

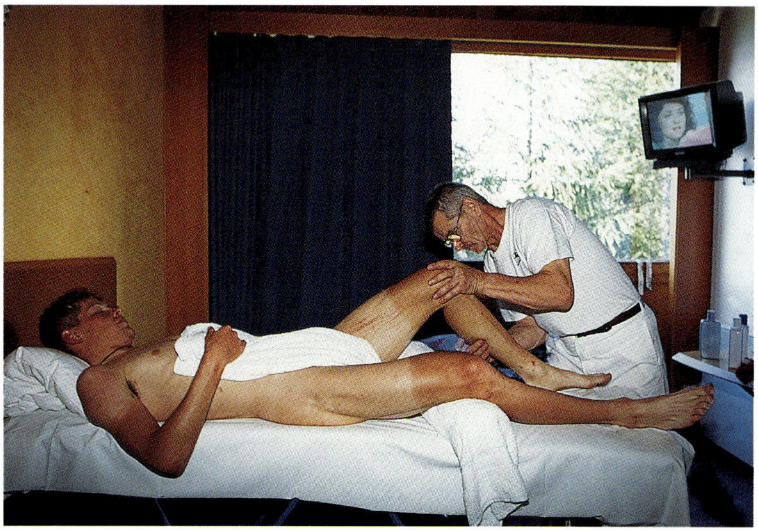

eine lange Nase, als Erik Zabel vor Jalabert und Abdushaparow mit Ludwigs Hilfe einen Massenspurt gewann, dem er in Bordeaux einen weiteren Etappensieg folgen ließ. Rolf Aldag wäre in St. Etienne fast ins Gelbe Trikot geschlüpft, und im Mannschafts-Klassement ließen die „Tour-Untauglichen" als Achte 13 andere Mannschaften hinter sich.
Das schockierende Erlebnis hatte aber auch sein Gutes. Das Team wurde für 1996 um den Tour-Dritten Bjarne Riis verstärkt, und der Giro d'Italia wurde aus dem Jahresprogramm gestrichen.

Erik Zabel (oben 2. v. li.) entwickelt sich seit 1995 zu einem der dominierenden Sprinter auf den letzten Metern der Etappen. Und mit Jan Ullrich – rechts in Aktion, links bei der täglichen Massage – verbinden sich nach seinem zweiten Platz 1996 die schönsten Träume deutscher Radsportfans.

Nicht Indurain – sondern Bjarne Riis

Die Tour 1996, die 83. der Geschichte, stand unter einem besonderen Aspekt. Man wollte dem ersten sechsmaligen Gewinner huldigen.
Doch am Ende feierten – geschätzt – 100 000 ausgelassene Dänen, meist in gelben T-Shirts und viele mit dem Danebrog, der Nationalflagge, bewaffnet, auf den Champs-Elysées den ersten Tour de France-Sieger aus dem kleinen Dänemark. Bjarne Riis, schon 32 Jahre alt, mit schütterem Haar, eher introvertiert, sechs Sprachen beherrschend, seit zehn Jahren in Luxemburg ansässig, verheiratet mit Frau Mette, Vater von Jesper und Thomas, hatte Außergewöhnliches vollbracht, nachdem er jahrelang kaum aufgefallen war. Domestike und Freund von Laurent Fignon war er, ehe er 1995 als Dritter der Tour erstmals ins Blickfeld geradelt war.
Nur er selbst war über seinen Sieg gar nicht verwundert. Er hatte knapp acht Monate vorher recht mutig und unerwartet seine Ambitionen öffentlich kundgemacht, als sich das Team Telekom zum erstenmal in neuer Besetzung traf. Neugierige Journalisten umringten den Tour de France-Dritten und designierten neuen Kapitän Riis, der sich einen Cowboy-Hut aufgesetzt hatte. „Ich will die Tour gewinnen. Auch Indurain ist verwundbar. Man muß ihn in den Bergen angreifen." Er sagte es leise, aber selbstbewußt, nicht marktschreierisch, wie Boxer oder auch Fußball-Trainer ihre Siege anzukündigen pflegen. Niemand glaubte ihm. Nicht einmal die Rennfahrer. „Ich hab' ihm zugetraut, unter die ersten Fünf zu fahren, aber gewinnen …", wunderte sich Teamkollege Rolf Aldag aus Ahlen noch mitten im Jubel von Paris. Doch nicht nur Bjarne Riis bot Verblüffendes und Wundersames. Noch größeres Staunen weckte Jan Ullrich. Er war erst 22, war Neuling im großen Abenteuer und bestand es ohne jegliches Anzeichen von Schwäche, Ermüdung, Nervosität. Er steigerte sich von Tag zu Tag. Immer, wenn man erwartete, daß ihn nun sein „jour noir" ereilen würde, von dem eigentlich kein Rennfahrer während der dreiwöchigen

Strapaze verschont bleibt, lieferte er eine neue Bravourleistung ab, gipfelnd im 63 Kilometer langen Zeitfahren am vorletzten Fahrttag von Bordeaux nach St. Emilion. Unbekümmert sauste er davon, obwohl er noch nie ein so langes Solo gegen die Uhr bestehen mußte, fast ohne all den technologischen Schnickschnack, mit dem sich die großen Zeitfahrer zu wappnen pflegen, trug eine schlichte Mütze statt aerodynamischem Helm. Am Ende war er 56 Sekunden schneller als Zeitfahr-König Miguel Indurain, zwei Minuten schneller als die Olano, Riis, Dufaux, Boardman, Virenque, Rominger, Berzin und wie sie alle heißen. Das war kein Zufallstreffer, hauchdünn und glücklich, nein, das war ein Triumph, eine Demonstration von Überlegenheit.
Ullrich festigte dadurch den zweiten Platz im Gesamtklassement, nur noch 1:14 Minuten hinter seinem Kapitän Bjarne Riis, der in Alpen und Pyrenäen seinen Toursieg zurechtgezimmert hatte. Zum zweiten Mal erst stand ein deutscher

Tour-de-France-Fahrer am Ende mit auf dem dreistufigen Ehrenpodest. 64 Jahre zuvor war das Kurt Stöpel aus Berlin gelungen. Der 88jährige Stöpel schickte dem 22jährigen Ullrich aus einem Seniorenheim in Berlin-Spandau ein Glückwunsch-Telegramm. Und diese 22 Jahre des sommersprossigen, rothaarigen Jan Ullrich, der in Rostock geboren wurde, in einer der DDR-Jugend- und Sportschulen in Berlin aufwuchs, in Hamburg für eine Bundesliga-Mannschaft fuhr, 1993 in Oslo Amateur-Weltmeister wurde, ehe er in Merdingen im Südbadischen heimisch wurde, verführten zu einem rosaroten Ausblick auf weitere zehn Jahre Radsport-Karriere, in denen er irgendwann auch der erste deutsche Tour-de-France-Sieger werden könne.
Die Tür aufgestoßen zum großen Triumphzug hatte Bjarne Riis ausgerechnet an einem Tag, wo er mit seinem Schicksal haderte. Die 190 Kilometer lange Etappe von Val d'Isère nach Sestrière wollte er zum großen Angriff nutzen. Doch an jenem 8. Juli herrschte plötzlich der Winter. Schnee, Schnee und nochmals Schnee, dazu ein Sturm, der Autos umwarf. Der Galibier und der Izoard, zwei Bergriesen, auf denen so oft Tourgeschichte geschrieben worden war: für Rennräder unpassierbar. Der Etappenstart wurde nach le Monêtier-les-Bains verlegt. So verblieben gerade mal 46 Rennkilometer über den Montgenèvre hinweg und nach Sestrière hinauf. Sie genügten dem wild entschlossenen Bjarne Riis, nach etlichen Attacken allein davonzustürmen und Jewgeni Berzin, der 1994 Indurain im Giro d'Italia geschlagen hatte und im Jahr vorher noch ein ungeliebter Teamkollege von Riis war, das Gelbe Trikot abzunehmen.
Der Däne zog es nicht mehr aus. Besonders eindrucksvoll bleibt im Gedächtnis, wie er nach Hautacam hinauf, oberhalb von Lourdes, Jan Ullrich die Weisung gab, an der Spitze Tempo zu machen, sich aufrichtete, die Konkurrenten vorbeidefilieren ließ und nach der Erkenntnis, daß sie alle mühsam keuchten, unwiderstehlich davonkletterte. Ein Angriff im Gelben Trikot. Das hatte es lange nicht mehr gegeben.
In den Pyrenäen was er dann der Boß, der die achtköpfige Spitzengruppe über sechs Gipfel hinweg trieb und ihnen klar machte: „Wenn wir hier vorne bleiben, sind wir die ersten Acht im Endklassement!" Da legten sich alle Acht ins Zeug. In Pamplona aber, im Etappenziel, stieg er auf die Bühne, wo der geschlagene Indurain geehrt wurde, reckte dessen Arm hoch, gab ihm seine Blumen. Die Geste des Siegers.
Doch alles dies und der Olympiasieg im Zeitfahren kurze Zeit danach war wenig Trost für Miguel Indurain. Die verlorene Tour de France nagte an seinem Selbstbewußtsein, er gab im Januar 1997 seinen Rücktritt bekannt. Vermutlich wird ein Rekord mit sechs Siegen nie aufgestellt.
Hätte es Riis und Ullrich nicht gegeben, ganz Radsport-Deutschland hätte in dieser Tour über Erik Zabel gejubelt, den Berliner, der im Westfälischen heimisch geworden ist. Zwei Etappensiege feierte er, sammelte Plazierungspunkte und stand drei Tage vor dem Ende als Träger des Grünen Trikots fest. So wie 1962 Rudi Altig und 1990 Olaf Ludwig. Und dabei durfte sich Zabel gar freuen, daß ihn ab und an sogar Riis in den Massenspurts ans Hinterrad nahm. So wuchs das Team Telekom zu einer verschworenen Gemeinschaft, die eine ganze Tour de France nach Belieben beherrschte. Wenn die magentafarbenen Trikots an der Spitze auftauchten, wenn Henn, Aldag, Bölts, Heppner und Holm sich einreihten, dann hatten die Rivalen keine Chance. Alle wuchsen sie im Erfolg über sich hinaus. Sie beschämten die Funktionäre, die ihnen ein Jahr vorher den Start verweigern wollten.
Die Schwerarbeit zahlte sich aus. Von 12 Millionen französischen Francs Preisgeld gewannen sie 4,1 Millionen. Ein Drittel also. Und die übrigen zwei Drittel mußten sich 21 Mannschaften teilen. Jeder Telekom-Fahrer durfte 170 000 D-Mark aufs Konto verbuchen. Die Tour 96 war eine „Tour Telekom". In jeder Beziehung.

LIMAR
RUDY PROJECT
PINARELLO

Tour '97: der große Ansturm der Telekom

Die Tour 97, die 84. ihrer Art, nahm in Rouen ihren Anfang. Der Startort war bewußt gewählt. Es hatte Aspiranten gegeben, die mehr Geld geboten hatten, aber Rouen hatte Argumente, die den Traditionalisten das Herz öffneten. Rouen und die Normandie waren die Heimat des Jacques Anquetil. Vierzig Jahre lag es zurück, daß er den ersten seiner fünf Toursiege heimgeholt hatte. Auch in Rouen hatte er die Etappe gewonnen. Zehn Jahre lag es zurück, daß er einem Krebsleiden erlegen war.
Alles in Rouen erinnerte während der Startwoche an Jacques Anquetil. Bei der Präsentation der Mannschaften wurden nicht nur die aktuellen Teams um Riis, Olano, Virenque auf die Bühne gestellt, sondern auch die „Équipe tricolore" von 1957 mit Darrigade, Stablinski, Bauvin, Bouvet, Privat und Roger Walkowiak, dem Überraschungssieger von 1956. Ein Rührstück französischer Art. Wie auch das auf dem Friedhof von Quincampoix, als die drei Champions am Grabe standen, die den Rekord des Jacques Anquetil mit fünf Siegen eingestellt hatten: Eddy Merckx, etwas füllig geworden, Bernard Hinault aus der benachbarten Bretagne und Miguel Indurain, scheu und zurückhaltend wie eh und je. Janine Anquetil übermannte die Rührung.
Einen Prolog, mit dem die große Schleife eröffnet wird, gibt es erst seit 1967. Da hatte Anquetil gerade die Tour verlassen. Es geht dabei um Sekunden, aber in ihnen steckt viel Prestige. Wie ein „Hoppla, jetzt komm' ich" wirkte die sausende Fahrt von Jan Ullrich über die 7,3 Kilometer. Er war früh gestartet, und seine Bestzeit hielt mehr als zwei Stunden. Nur Chris Boardman, der Stunden-Weltrekordmann und Verfolgungs-Weltmeister, hielt ihn vom Gelben Trikot fern – um lächerliche 1,8 Sekunden.
Der Tourfahrplan ließ dann den Sprintern, diesen furchtlosen Gesellen mit den strammen Oberschenkeln, eine volle Woche Zeit, sich auszutoben. Ihre Mannschaften mußten Ausreißer stoppen und sie selbst im Windschutz auf die Zielgerade lotsen. Keine Mannschaft machte das so perfekt wie das Team Telekom. Ihr Erik Zabel, der Berliner, der in Unna lebt, war der Stärkste, Schnellste, Cleverste. Er gewann in Plumelec in der Bretagne, als die Zielgerade bergauf führte und den schnellen Konkurrenten die Knie weich wurden. Er gewann auch in Marennes, aber weil er einem jungen Franzosen, der ihn bedrängt hatte, einen Kopfstoß verpaßt hatte, wurde er im Tagesklassement auf den letzten Platz gesetzt. Das wurmte „Ete" natürlich. Und anderntags, als in Bordeaux das wichtigste und schönste und traditionellste dieser Sprinter-Festivals auf dem Plan stand, da gewann er, wie er wollte und wie ein Jahr vorher

Beim Prolog in Rouen noch im Trikot des Deutschen Meisters, verpaßt Jan Ullrich nur um 1,8 Sekunden das Gelbe Trikot. – Oben: Walter Godefroot, in seiner Profikarriere 150mal siegreich, heute sportlicher Leiter des Teams Deutsche Telekom.

Oben: Mario Cipollini, einer der auffälligsten unter den pfeilschnellen Sprintern, entscheidet in der ersten Tourwoche zwei Etappen für sich, scheidet dann aber mit einer Verletzung aus.
Rechts oben: Drei fünffache Sieger der Tour de France, Miguel Indurain, Bernard Hinault und Eddy Merckx (von links), am Grab von Jacques Anquetil in Rouen, dem das Kunststück des fünffachen Tour-Siegs als erstem gelungen war.
Rechts unten: Nach Mario Cipollini schlägt wieder Erik Zabel zu, gewinnt nach perfekter Teamarbeit drei Etappen und sichert sich damit frühzeitig das Grüne Trikot des besten Sprinters.

– und wie einst dreimal sein Teamleiter Walter Godefroot. Das Grüne Trikot war praktisch hier schon gewonnen.

Hauptkonkurrent Mario Cipollini, der in den beiden ersten Massenspurts der Schnellste war, hatte dicke Beine gekriegt und die bunte Karawane bereits verlassen. Er war der bunteste Vogel in ihr mit immer neuen Einfällen modischer Art: Als ihm das Gelbe Trikot gehörte, fuhr er auf knallgelbem Rennrad und zog eine knallgelbe Rennhose an. Bußgelder für „unvorschriftsgemäße Rennkleidung" zahlte er lächelnd und klaglos. Das „Zwiebelchen", wie Cipollini auf deutsch heißt, ist schon ein besonderes Früchtchen.

Das Gelbe Trikot trug dann aber Cédric Vasseur aus dem französischen Norden an die Pyrenäen im Süden heran. Auch das ist eine der Geschichten, die man so gerne erzählt. Im Juli 1970 – Cedric war gerade noch nicht auf der Welt – schloß sein Vater Alain eine gut 180 Kilometer lange Solofahrt nach Felsberg als Etappensieger ab. Und jetzt machte es sein Sohn Cédric ihm nach. Er war 147 Kilometer allein unterwegs, rettete 2 von zeitweise 17 Minuten Vorsprung ins Ziel, die zur Übernahme des Gelben Trikots ausreichten. Er wurde auch nicht müde, seinen Vater zu loben, der seine Karriere gesteuert habe.

Die erste Woche war auch eine Woche der Stürze. Es polterte und rumpelte im 198 Fahrer starken Feld, das Tag für Tag zwar etwas kleiner wurde, sich an vielen Stellen dennoch wie ein aufgeblasener Lindwurm durch zu enge Straßen zwängen mußte. Kein Tag ohne Massensturz, ohne Schrammen, Prellungen, Zeitverluste – und prominente Ausfälle: Zuerst erwischte es Toni Rominger, den 36jährigen Schweizer, dreimal Vuelta-, einmal Girosieger. Es war sein letzter Versuch, auch bei der Tour glücklich und erfolgreich zu fahren. Einen Schlüsselbeinbruch wie Rominger erlitt auch der Russe Jewgeni Berzin, der seit seinem Girosieg 1994 gegen Indurain wenig Nennenswertes zusammengebracht hatte.

Alex Zülle, Zweiter der Tour 1995, Vueltasieger und Zeitfahr-Weltmeister 1996, war schon mit genageltem Schlüsselbein zum Start der Tour gekommen. Er wäre besser weggeblieben. Und Ivan Gotti, im Mai noch umjubelter Sieger des Giro d'Italia, sah frischen Lorbeer ganz rasch welken.
Die neue Woche stellte neue Herausforderungen. Im Fahrplan standen die Schreckensberge der Pyrenäen: der Soulor, der Tourmalet, auf dem anno 1910 die heroische Epoche der Tourgeschichte eingeläutet wurde, nachdem Redakteur Alphonse Steines ihn per pedes bezwungen hatte; der Aspin und der Portet d'Aspet, auf dem 1995 der junge Olympiasieger Fabio Casartelli zu Tode gestürzt war. Am Gedenkstein, der ihm

zu Ehren gesetzt worden war, hielt die Karawane an, verharrte minutenlang in betretenem Schweigen. Viele der Starter von 1997 hatten die Tragödie 1995 miterlebt.
Doch Stunden danach brachen großes Staunen und großer Jubel aus – im Team Deutsche Telekom, in vielen deutschen Stuben vor den Bildschirmen, wo es keinen ruhig im Sessel hielt. Jan Ullrich hatte losgeschlagen. Auf den ersten drei Seiten ihrer Mittwoch-Ausgabe am Tag danach widmete ihm die Sportzeitung „L'Équipe" klotzige Schlagzeilen: „Voilà le Patron" verkündete die Titelseite über einem großen Ullrich-Foto. „Kolossal Ullrich" stand über der Seite 2, und „Le nouveau géant" (der neue Gigant) über der Seite 3. Der Rotschopf aus Rostock mit den unzähligen Sommersprossen und dem feschen Ring im Ohrläppchen hatte die Radsportwelt revolutioniert. – Am ersten Pyrenäentag, dem Montag von Pau nach Loudenvielle hielt er sich noch zurück. Er schielte nach Bjarne Riis, dem Kapitän des Teams. Der hatte nicht den besten Tag erwischt. Ullrich, der leicht und locker die Pedale wirbelte, nahm ihn ans Hinterrad. Aber als Richard Virenque angriff, der dreimalige Bergpreissieger und Tour-Dritte 1996, den Frankreich zum nationalen

An 12 Tagen darf sich Jan Ullrich nachmittags ein neues Gelbes Trikot überstreifen lassen – das wichtigste am 27. Juli 1997 als Gesamtsieger in Paris.
Doch harte, härteste Arbeit wartet auf jeden Tour-Sieger, so hinauf nach l'Alpe d'Huez (rechts).

Favoriten erhoben hatte, da konterte ihn Ullrich. Nur Marco Pantani, der so oft vom Sturzpech verfolgte Kletterkünstler aus Italien, konnte folgen. Riis nicht. Er verlor 27 Sekunden.

Ganz nach vorne fuhr noch Laurent Brochard, ein Teamkollege von Virenque. Er gewann die Etappe in Loudenvielle. Ullrich aber hatte durch sein Zaudern, seine Loyalität zu Riis das Gelbe Trikot um 13 Sekunden verpaßt. Cédric Vasseur, mehrmals abgehängt, immer wieder vorgefahren, hatte es mit Zähnen und Klauen verteidigt. Schließlich schrieb man den 14. Juli, Frankreichs Nationalfeiertag.
Vasseur verteidigte sein Trikot auch tags darauf mit Bravour, holte mehrfach Rückstände wieder auf, griff in der Endphase der Etappe sogar an. Doch das war zuviel. Jan Ullrich gab keinen Pardon mehr. Was er auf den letzten zehn der 252 Kilometer langen Königsetappe über fünf Pässe hinweg zum 2240 Meter hohen Ziel in Andorra-Arcalis demonstrierte, forderte Vergleiche mit den Größten heraus: mit Merckx, Hinault und Indurain. Seine Überlegenheit provozierte die Schlagzeilen von „L'Équipe". – Ullrich hängte ja auch die besten Kletterer der aktuellen Radsportwelt, Virenque und Pantani, um über eine Minute ab, die übrigen Konkurrenten um mehr als drei Minuten: Auch Bjarne Riis, der neidlos den Wechsel in der Teamhierarchie hinnahm und den zehn Jahre jüngeren „Kronprinzen" umarmte. Der hatte, als neunter deutscher Fahrer in der Geschichte der Tour, das „Maillot jaune" übergestreift.
Auf der Fahrt von Andorra durch die östlichen Pyrenäen hinunter ans Mittelmeer passierte nichts Entscheidendes. Ullrichs Vorsprung von 2:38 Minuten auf Virenque war vor dem Ruhetag aber kein Polster, auf dem man sich ausruhen konnte.
In St. Étienne wurde dann schlagartig klar, daß Jan Ullrich nur noch rabenschwarzes Pech wie ein schwerer Sturz das Gelbe Trikot würde entreißen können. Beim Einzelzeitfahren fallen die Masken, und Richard Virenque, Frankreichs populärster Rennfahrer, mußte eine schwere Demütigung einstecken: Ullrich, der als Träger des Gelben Trikots als letzter startete, sah nach

PHOTO

44 Kilometern Virenque im weißen Trikot mit den roten Punkten des Bergkönigs vor sich. Und der war immerhin drei Minuten vor ihm gestartet. Virenque biß auf die Zähne, ließ den gelben Fixpunkt nicht mehr aus den Augen, kam dicht hinter ihm ins Ziel, und es ergab sich die wohl einmalige Situation, daß ein eingeholter Fahrer die zweitbeste Zeit fuhr, schneller als Bjarne Riis, schneller als Abraham Olano und schneller als Marco Pantani.

Was sich beim Zeitfahren und schon zuvor in den Pyrenäen angedeutet hatte, fand seine Fortsetzung in den Alpen: Nur noch zwei Gegner forderten Ullrich heraus, Richard Virenque, dem die ganze „Grande Nation" zujubelte und die Daumen drückte, und Marco Pantani. Dieser merkwürdige Typ mit der Glatze, den abstehenden Ohren, der verkniffenen Miene, dem unruhigen Fahrstil, mit dem er alle zu zermürben trachtet, die es wagen sollten, sich an seinem Hinterrad festzuklammern. Pantani, den sie seines seltsamen Outfits wegen „Elefantino" nennen, ist einer, der vom Pech verfolgt wird. Um Cesenático und Rímini herum kennt er alle Krankenhäuser, so oft mußte er dort nach schweren Stürzen wieder zusammengeflickt werden. Am schlimmsten hatte es ihn im Oktober 1995 beim Rennen Mailand–Turin erwischt. Ein Auto hatte ihn umgefahren. Mit Beckenbruch blieb er damals liegen. Jetzt aber, gleichsam auferstanden, gewann er samstags die legendäre Etappe mit den 21 Serpentinen hinauf nach l'Alpe d'Huez in neuer Rekordzeit. Auf dem zweiten Platz Jan Ullrich, deutlich vor Richard Virenque.

Virenque sah dann sonntags in der Etappe mit dem Schlußanstieg zum mondänen Wintersportplatz Courchevel seine letzte Chance. Früh griff er an, unterstützt von mehreren seiner besten Helfer. Mehr als eine Minute Vorsprung sprang dabei schnell heraus. Doch Ullrich blieb gelassen, wußte um die Stärke seines Teams, konnte vor allem im langen Anstieg zum Col de la Madeleine auf Bjarne Riis' Hilfe bauen. Klug teilten der Champion der Tour 1996 und sein 10 Jahre jüngerer Nachfolger ihre Kräfte ein, und als das Ziel nahte, forderte Ullrich nur noch ein Gegner heraus: Richard Virenque. Schon dreimal hatte er das Trikot des Bergkönigs errungen, aber was hätte er für das Gelbe Trikot gegeben, in das Jan Ullrich immer mehr hineinwuchs!

Links: Die Tour de France lebt von den Pässen und Bergankünften in den Alpen und Pyrenäen. Einer der wichtigsten und legendärsten, wenn auch nicht der schwierigsten Berge verstellt den Fahrern den Weg nach l'Alpe d'Huez: 21 Serpentinen mit gut 8 Prozent über mehr als 1000 Höhenmeter. Nirgends drängen sich die Zuschauer dichter und feuern die Fahrer so fanatisch an wie hier Marco Pantani. Der italienische Kletterkünstler mit der Glatze gewann 1995, siegt auch 1997, kann Jan Ullrich dabei um 47 Sekunden distanzieren. – Oben: Das Dreiergespann Pantani (links) – Ullrich – Virenque drückt der Tour 97 seinen Stempel auf; die Gesamtplazierung in Paris lautet dann aber: 1. Ullrich, 2. Virenque, 3. Pantani.

Marco Pantani konnte zwar sonntags in den sonst üblichen Dreikampf nicht mehr eingreifen. Bei der längsten Alpenetappe – mit rund 4500 Höhenmetern – am Montag von Courchevel nach Morzine aber wieder das gleiche Bild: Pantani setzte sich im letzten steilen Anstieg ab und gewann, und Ullrich hielt seinen Vorsprung gegen Virenque von 6:22 Minuten. O-Ton Virenque: „Ich kann machen, was ich will, der Bursche ist nicht abzuschütteln." – Und Paris rückte unaufhaltsam näher.
Ullrich ließ sich auch von keinem seiner Hauptkonkurrenten abschütteln, als nach den knüppelharten französischen Alpenetappen vermeintlich „leichte" Berge auf die Fahrer warteten. Zum Beispiel dienstags der Col de la Croix in der Westschweiz mit über 1300 Höhenmetern oder donnerstags hohe, mit über 1000, aber auch niedrigere Vogesenpässe wie der Col du Hundsrück mit nur knapp 400 Höhenmetern Anstieg. Leicht erkältet hatte Ullrich sich, aber dank seiner starken Mannschaft, die sogar verkraften konnte, daß es auch dem eisenharten Bjarne Riis nicht besonders gut ging, führten diese Handicaps zu keiner Verringerung seines Vorsprungs.
Dazwischen lag der Mittwoch. Was für ein Tag für das Maillot jaune! In den Gründerjahren der Tour hätte Jan Ullrich nach der 17. Etappe vom schweizerischen Fribourg nach Colmar wahrscheinlich in seiner neuen Heimat Merdingen südlich vom Kaiserstuhl geschlafen, denn man muß nicht einmal Rennfahrer sein, um von dort in einer knappen Stunde nach Colmar zu radeln. Sein Heimspiel hatte er dennoch, denn der halbe Breisgau setzte über den Rhein, um den künftigen Tour-Sieger zu bejubeln. So machten die Wirte von Colmar ein besseres Geschäft als Richard Virenque, von dem an diesem Tag ein Großangriff erwartet worden war. Doch er kam in Colmar im Hauptfeld an wie Ullrich. Und als er am Donnerstag ausriß, um in den Bergen der Vogesen zuzuschlagen, fand er in der Spitzengruppe keine Verbündeten. Pech für ihn und Glück für Ullrich, der sich zwischendurch zwar eine halbe Minute Rückstand einhandelte, aber mit Hilfe des perfekten Telekom-Teamworks wieder aufschließen konnte. Es blieb bei seinem Vorsprung von 6:22 Minuten vor dem französischen Publikumsliebling.
In Montbéliard war Schluß mit den Bergen und damit auch mit den Hoffnungen von Virenque, denn auf der Etappe Montbéliard–Dijon, der drittletzten, war Schonung angesagt, weil anderntags das schwere Zeitfahren von Disneyland vor den Toren von Paris anstand. – Schonung allerdings nicht für Jens Heppner, der, vom Teamwork entbunden, ganz dicht vor einem Etappensieg stand. Ganz zum Schluß hatten die beiden Ausreißer Voskamp und Heppner – vielleicht auch aus Erschöpfung – ruckartig aufeinander zu gesteuert, sich dadurch fast verhakt und wären beinahe

Oben: Trotz aller High-Tech-Fasern vertrauen viele Fahrer der guten alten Zeitung, wenn sie sich gegen den kühlen Fahrtwind auf der rasenden Paß-Abfahrt schützen wollen.
Rechts: Einzelzeitfahren, hier Richard Virenque auf den 55 km der 12. Etappe in St. Étienne, bedeutet höchste Konzentration, den Einsatz bester Technik und ein Fahren immer an den eigenen Leistungsgrenzen. In den letzten Jahren hat sich der Ausgang der Tour de France sehr oft beim Zeitfahren entschieden.

gestürzt. So rollte der Niederländer knapp vor dem Deutschen über die Ziellinie. Nach halbstündiger Beratung distanzierten aber die Rennkommissare alle beide mit der Begründung, daß sie sich einen irregulären Endspurt geliefert hätten. Zum Etappensieger erklärt wurde der als Dritter eingefahrene Italiener Mario Traversoni, obwohl er mit 17 Sekunden Rückstand eingetroffen war. Eine Entscheidung, die heftig kritisiert wurde und Jens Heppner zu der nicht unberechtigten Behauptung veranlaßte: „Wenn ich Franzose wäre, hätte ich meinen Etappensieg gehabt."

Beim schweren Zeitfahren der vorletzten Etappe mußte Jan Ullrich ähnliches nicht befürchten, denn der Chronometer ist unbestechlich, und schlicht unvorstellbar war es, daß ihm Virenque oder gar Pantani seinen Vorsprung würde abnehmen können. Da hätte ihn schon ein streunender Hund vom Rad werfen müssen.

Aber auch mit der Gesundheit muß ganz besonders beim Zeitfahren alles stimmen, und wenn dann noch maschinelle Defekte dazukommen wie bei Bjarne Riis, ist ein guter Platz in der Gesamtwertung schnell verspielt – oder gar ein komfortabler Vorsprung dahingeschmolzen.

Hart trafen den Vorjahressieger Defekte an seinem High-Tech-Fahrrad, denn er hatte vor den 63 Kilometern durchaus noch hoffen können, vielleicht als Vierter die Tour zu beenden oder im günstigsten Fall sogar als Dritter erneut auf dem begehrten Podium der Avenue des Champs-Elysées zu landen.

Jan Ullrich freilich hat dem Dänen für seine selbstlose Unterstützung viel zu verdanken, wie überhaupt allen Telekom-Kollegen, ohne deren taktische Hilfe auch Erik Zabel das Grüne Trikot des Punktbesten nicht nach Paris hätte bringen können.

Oben: Abraham Olano, auf den ersten Blick Miguel Indurain nicht unähnlich, zeigt beim ersten Zeitfahren von St. Étienne eine gute Leistung, gewinnt dann sogar das von Disneyland am vorletzten Tag vor Jan Ullrich und untermauert so seinen 4. Platz in der Gesamtwertung.
Rechts: Bis zum Zielstrich in Paris perfekt aufeinander eingespielt: das Team Deutsche Telekom, eine internationale Truppe, hier von links Bjarne Riis, Jan Ullrich und Erik Zabel.

Ullrichs zweiter Platz im Zeitfahren hinter dem Etappensieger Abraham Olano, der so auf den vierten Platz der Gesamtwertung rückte, ließ das Gelbe Trikot für Richard Virenque in noch weitere Ferne rücken als zuvor. Nicht den geringsten Zweifel konnte es danach mehr geben, daß der Triumphbogen auf dem Gipfel der Champs-Elysées ein ganz persönlicher für Ullrich werden sollte. Wer seine Klasse auf jedem Terrain bewiesen hat und mit gut neun Minuten Vorsprung in die Schlußetappe startet, bewegt sich auf einer Via triumphalis. Das beweist die Geschichte der Tour der France.

Die Franzosen sind große Liebhaber von Wortspielen, und zur Schlußetappe bot sich folgender Reim an:

„On verra le vainqueur du jour
et le vainqueur du Tour."
„Man wird den Sieger des Tages feiern
und den Sieger der Tour."

Und der konnte nur Ullrich heißen. Mit solch einem komfortablen Vorsprung – dem größten, den ein Sieger seit Anfang der achtziger Jahre erzielen konnte – sitzt man eher in einer Sänfte als im Sattel. – Weniger vornehm ist ein deutsch-französisches Wortspiel, denn Franzosen, die Deutsch verstehen, grinsen nicht schlecht über Ullrichs neuen Heimatort. In der Tat bedeutet Merdingen bei wörtlicher Übersetzung nichts anderes als „Sch … hausen". – Seltsames können Übersetzungen zustandebringen.

Wie nicht anders zu erwarten war, glich die Schlußetappe zunächst einem Betriebsausflug, bei dem man sich einmal zur Abwechslung aufs Rad gesetzt hat. Die jubelnden Menschen an der Strecke und Abermillionen vor den Bildschirmen verfolgten, wie sich die verbliebenen 139 Fahrer im Feld – von gestarteten 198 – in aller Ruhe, scherzend und plaudernd in einem wahren Bummeltempo Paris näherten. Ein paar langsame Kilometer haben aber nichts daran geändert, daß die Tour 1997 als die bisher drittschnellste in die Geschichte eingeht: Jan Ullrich brauchte für die

3942 Kilometer 100 und 1/2 Stunde. Durchschnittsgeschwindigkeiten von über 32 oder gar 40 Kilometern (hinauf nach l'Alpe d'Huez) in der Stunde selbst bei Hochgebirgsetappen mit mehreren tausend Höhenmetern waren normal. Auf den Flachetappen stieg der Etappenschnitt nicht selten auf 44, 45 oder über 46 „Sachen". Und die Endgeschwindigkeit der Sprinter auf dem Zielstrich ist atemberaubend: Nicola Minali, der zweimalige italienische Etappensieger, brachte es einmal auf Tempo 85, einmal auf 84.
Auf den letzten 60 Kilometern der Schlußetappe, also dem Rundkurs auf der Avenue des Champs-Elysées zwischen Arc de Triomphe und dem riesigen Place de la Concorde, begann der Kampf um den begehrtesten aller Etappensiege. Einer zunächst 18-, dann 11köpfigen Ausreißergruppe gelang es nicht, sich entscheidend vom Feld zu lösen.
Dennoch kam es im Ziel zu keinem Massenspurt, der einer Zielkamera bedurft hätte, weil Nicola Minali zuletzt einen deutlichen Vorsprung von über einer halben Radlänge herausfuhr. Dieses Mal auf dem zweiten Platz ein alter Bekannter: Erik Zabel, der damit sein 1996 errungenes Grünes Trikot eindrucksvoll verteidigte. Zu gerne

hätte er das Tüpfelchen aufs i gesetzt, aber man kann nicht alles haben. Und wenn man bedenkt, daß Telekom auch in der Mannschaftswertung – die Zeiten der drei Bestplazierten, Ullrich 1., Riis 7. und Bölts 21., wurden zusammengezählt – mit über 34 Minuten Vorsprung den Sieg davontrug, ist die Bilanz des Teams geradezu märchenhaft. Nebenbei bemerkt, Jan Ullrich wurde natürlich klar Erster in der Wertung der besten Jungprofis unter 25 Jahren, Zweiter der Österreicher Peter Luttenberger.

Wird Jan Ullrich Fehler machen wie zwanzig Jahre zuvor Dietrich Thurau, der nach seinen 15 Tagen in Gelb bei der Tour de France 1977 von einem Sechstagerennen ins andere sprang? – Mit Sicherheit nicht. Da ist er erstens zu gut beraten, zweitens sind ihm Star-Allüren fremd, und drittens rollen hochdotierte Verträge auf ihn zu, von denen man zu Thuraus Zeiten nur träumen konnte. – Mehr als ein Fußballstar wird Ullrich aber nicht herausholen können, auch wenn er

Links oben: Außer den bisher rund 500 Etappenorten zeigt die Tour de France auch immer die ganze Bandbreite französischer Landschaften von ihrer besten Seite.
Links unten: Auf dem Podium in Paris treffen sich am 27. Juli 1997 die drei Hauptkonkurrenten aus den Pyrenäen und Alpen wieder: Links Richard Virenque als 2., mit 9:09 Rückstand, der zum vierten Mal nacheinander das Bergpreistrikot gewinnt, und rechts Marco Pantani, der als 3., mit 14:03 Minuten Rückstand auf den Sieger Jan Ullrich, in die französische Hauptstadt einfährt.
Oben: Die dreiwöchige Arbeit von knapp 4000 schnellen Kilometern auf vor allem französischen Landstraßen ist höchst erfolgreich getan, und alle im Team Deutsche Telekom haben Grund, vor dem Triumphbogen in Paris ihre persönlichen und als Mannschaft errungenen Erfolge gebührend zu feiern.

sich sicher für ein vergleichbares Salär weit mehr plagen muß. – Und weil das so bleiben wird, sei zum Schluß ein Vorwort zitiert, das der Franzose André Reuze vor über 70 Jahren seinem faszinierenden Roman „Giganten der Landstraße" mitgegeben hat: „À mes amis les coureurs du Tour de France, héros inutiles, héros quand-même."
„Für meine Freunde, die Rennfahrer der Tour de France, unnötige Helden, Helden dennoch."

Siegerliste der Tour de France

1903 Maurice Garin (F) - Louis Pothier (F) - Augereau (F)
1904 Henri Cornet (F) - Dortignacq (F) - Jousselin (F)
1905 Louis Trousselier (F) - A. Aucouturier (F) - Dortignacq (F)
1906 René Pottier (F) - Passerieu (F) - L. Trousselier (F)
1907 Lucien Petit-Breton (F) - Garrigou (F) - E. Georget (F)
1908 L. Petit-Breton (F) - Faber (LUX) - Passerieu (F)
1909 François Faber (LUX) - Garrigou (F) - Alavoine (F)
1910 Octave Lapize (F) - Faber (LUX) - Garrigou (F)
1911 Gustave Garrigou (F) - Duboc (F) - E. Georget (F)
1912 Odile Defraye (B) - Eugène Christophe (F) - Garrigou (F)
1913 Philippe Thys (B) - Garrigou (F) - M. Buysse (B)
1914 Philippe Thys (B) - H. Pélissier (F) - Alavoine (F)
1919 Firmin Lambot (B) - Alavoine (F) - Christophe (F)
1920 Philippe Thys (B) - H. Heusghem (B) - Lambot (B)
1921 Léon Scieur (B) - H. Heusghem (B) - Barthélemy (F)
1922 Firmin Lambot (B) - Alavoine (F) - F. Sellier (B)
1923 Henri Pélissier (F) - Bottechia (I) - Bellenger (F)
1924 Ottavio Bottechia (I) - N. Frantz (LUX) - L. Buysse (B)
1925 Ottavio Bottechia (I) - L. Buysse (B) - Aymo (I)
1926 Lucien Buysse (B) - N. Frantz (LUX) - Aymo (I)
1927 Nicolas Frantz (LUX) - M. Dewaele (B) - J. Vervaecke (B)
1928 Nicolas Frantz (LUX) - Leducq (F) - M. Dewaele (B)
1929 Maurice Dewaele (B) - Demuysere (B) - Pancera (I)
1930 André Leducq (F) - Guerra (I) - A. Magne (F)
1931 Antonin Magne (F) - Demuysere (B) - Pesenti (I)
1932 André Leducq (F) - Kurt Stöpel (D) - Camusso (I)
1933 Georges Speicher (F) - Guerra (I) - Martano (I)
1934 Antonin Magne (F) - Martano (I) - R. Lapébie (F)
1935 Romain Maes (B) - Morelli (I) - F. Vervaecke (B)
1936 Sylvère Maes (B) - Magne (F) - F. Vervaecke (B)
1937 Roger Lapébie (F) - Vicini (I) - Amberg (CH)
1938 Gino Bartali (I) - F. Vervaecke (B) - Cosson (F)
1939 Sylvère Maes (B) - Vietto (F) - L. Vlaemynck (B)
1947 Jean Robic (F) - Fachleitner (F) - Brambilla (I)
1948 Gino Bartali (I) - Schotte (B) - G. Lapébie (F)
1949 Fausto Coppi (I) - Gino Bartali (I) - Marinelli (F)
1950 Ferdi Kübler (CH) - Ockers (B) - Louison Bobet (F)
1951 Hugo Koblet (CH) - Geminiani (F) - L. Lazaridés (F)
1952 Fausto Coppi (I) - Ockers (B) - B. Ruiz (E)
1953 Louison Bobet (F) - Malléjac (F) - Astrua (I)
1954 L. Bobet (F) - Kübler (CH) - Schär (CH)
1955 L. Bobet (F) - Brankart (B) - Charly Gaul (LUX)
1956 Roger Walkowiak (F) - Bauvin (F) - J. Adriaensens (B)
1957 Jacques. Anquetil (F) - M. Janssens (B) - A. Christian (AUT)
1958 Charly Gaul (LUX) - V. Favero (I) - R. Geminiani (F)
1959 Federico Bahamontes (E) - H. Anglade (F) - J. Anquetil (F)
1960 Gastone Nencini (I) - G. Battistini (I) - J. Adriaensens (B)
1961 Jacques Anquetil (F) - G. Carlesi (I) - Ch. Gaul (LUX)
1962 Jacques Anquetil (F) - J. Planckaert (B) - Raymond Poulidor (F)
1963 Jacques Anquetil (F) - F. Bahamontes (E) - Perez-Frances (E)
1964 Jacques Anquetil (F) - R. Poulidor(F) - Bahamontes (E)
1965 Felice Gimondi (I) - R. Poulidor (F) - G. Motta (I)
1966 Lucien Aimar (F) - Jan Janssen (NL) - Ray. Poulidor (F)
1967 Roger Pingeon (F) - Jul. Jimenez (E) - F. Balmamion (I)
1968 Jan Janssen (NL) - Herm. van Springel (B) - F. Bracke (B)
1969 Eddy Merckx (B) - Rog. Pingeon (F) - R. Poulidor (F)
1970 Eddy Merckx (B) - Joop Zoetemelk (NL) - Gösta Pettersson (S)
1971 Eddy Merckx (B) - Joop Zoetemelk (NL) - Lucien van Impe (B)
1972 Eddy Merckx (B) - F. Gimondi (I) - R. Poulidor (F)
1973 Luis Ocaña (E) - B. Thévenet (F) - J.-M. Fuente (E)
1974 Eddy Merckx (B) - Ray. Poulidor (F) - V. Lopez-Carril (E)
1975 Bernard Thévenet (F) - Eddy Merckx (B) - L. van Impe (B)
1976 Lucien van Impe (B) - Joop Zoetemelk (NL) - R. Poulidor (F)
1977 Bernard Thévenet (F) - Hennie Kuiper (NL) - van Impe (B)
1978 Bernard Hinault (F) - J. Zoetemelk (NL) - Joaquim Agostinho (P)
1979 Bernard Hinault (F) - J. Zoetemelk (NL) - J. Agostinho (P)
1980 Joop Zoetemelk (NL) – Hennie Kuiper (NL) – Raymond Martin (F)
1981 Bernard Hinault (F) – Lucien van Impe (B) – Robert Alban (F)
1982 Bernard Hinault (F) – J. Zoetemelk (NL) – J. van de Velde (NL)
1983 Laurent Fignon (F) – Angel Arroyo (E) – Peter Winnen (NL)
1984 Laurent Fignon (F) – B. Hinault (F) – Greg Lemond (USA)
1985 Bernard Hinault (F) – G. Lemond (USA) – Stephen Roche (IRL)
1986 Greg Lemond (USA) – B. Hinault (F) – Urs Zimmermann (CH)
1987 Stephen Roche (IRL) – Pedro Delgado (E) – Jean-F. Bernard (F)
1988 Pedro Delgado (E) – Steven Rooks (NL) – Fabio Parra (CO)
1989 Greg Lemond (USA) – Laurent Fignon (F) – Pedro Delgado (E)
1990 Greg Lemond (USA) – Claudio Chiappucci (I) – Eric Breukink (NL)
1991 Miguel Indurain (E) – Gianni Bugno (I) – C. Chiappucci (I)
1992 Miguel Indurain (E) – Claudio Chiappucci (I) – G. Bugno (I)
1993 Miguel Indurain (E) – Tony Rominger (CH) – Zenon Jaskula (PL)
1994 Miguel Indurain (E) – Piotr Ugrumov (LET) – Marco Pantani (I)
1995 Miguel Indurain (E) – Alex Zülle (CH) – Bjarne Riis (DK)
1996 Bjarne Riis (DK) – Jan Ullrich (D) – Richard Virenque (F)
1997 Jan Ullrich (D) - Richard Virenque (F) - Marco Pantani (I)

Bildquellen

Peter Witek, Göppingen: Einband, Einband-Rückseite sowie die Seiten 200, 204, 208, 210, 211, 212/213, 214, 215 (2), 216, 218, 219, 220, 221 oben, 226, 228, 229, 230 (2), 231
Agentur Bongarts, Hamburg: 221 unten, 225, 227 Rüdiger Fessel
Jürgen Burkhardt, Leinfelden-Echterdingen: 222, 223, 224
Vorsatz: Telekom/Spanner & Partner, Bonn; Hintergrundbild: Peter Witek
Nachsatz: Peter Witek